物理大师

从伽利略到爱因斯坦

MEN

OF

PHYSICS

〔美〕乔治·伽莫夫 著

金歌 译

团结出版社

前　言

　　有关物理学的读物大致分为两种：一种是教科书，目的是为了让读者观察到物理现象，学习到物理学理论，这类书通常会省略掉从历史的角度分析科学发展的部分，对古往今来伟大科学家的唯一介绍仅限于名字之后括号内的出生和死亡年份（或者是"—"）；另一种物理学的书，本质上是历史性的，它们致力于把这门学科历史上伟大科学家的传记故事以及性格特点交代清楚，而对于物理学家们的具体科研成果也只是简要地罗列出来，假定研究某一特定科学历史的读者是熟悉科学本身的。

　　但在本书中我尽量保持中间路线，我努力尝试兼顾两个方面，既讨论伽利略的审判，也对他发现的力学基本定律给予相当篇幅的解释，既回忆了印象中我和尼尔斯·玻尔的轶事，也细致地讨论了玻尔的原子模型。本书一共八章，每一章的讨论都围绕着一位或者至多两位伟大的物理学家，为了描绘出更多的背景，我会再顺带介绍同时代的一些其他物理学家以及他们对物理学所做出的贡献。这也就解释了为什么普通物理教科书上必须提及的物理问题在本书中可能没有被提到，而大多数关于物理学历史的第二类书中都会省略的许多名字也没有被完全提及。因为本书的目的在于让读者对什么是物理以及物理学家都是一些什么样的人，这两个问题有一个直观的认识，这样读者才会产生足够多的兴趣，通过

1

寻找这个课题下更系统的书籍从而继续自己的研究。

当读到一位伟大人物时，无论他出生于过去还是现在，读者通常都会好奇地想要了解他究竟长什么样。由于本书光面纸张的页数是有限的，所以我决定将这些纸张全部用来再现各种物理现象真实的照片，比如光谱、电子衍射，还有云室中核粒子的径迹等等。因此，将物理学家的肖像修改成钢笔素描就变得很必要了。不是艺术家的我必须借助特定的辅助工具来完成这些插画，比如把他们的照片投影到绘图纸上照着画，这样画出来的结果似乎相似度很高，足以识别出被列入的物理学家。

我由衷地希望这本书能给年轻的读者（也许也会给一些年长读者）带来学习物理学的冲动，这是我写这本书的核心要义。

乔治·伽莫夫

写于科罗拉多大学

目 录 contents

1

第七章 量子理论

第一章 物理学的黎明

物理这个学科的源头是很难追溯的，就像很难寻找到一些大河的源头一样。一些细小的水源从南方热带植被绿叶底下汩汩流出，或者是北方贫瘠土地上布满苔藓的石头下面一滴一滴落下；汇聚成的一束束小水流欢快地顺着山涧流下汇合形成了小溪，这一条条小溪再汇聚出更多的水量，多到足以称得上"河流"这个名字。不知道多少条这样的支流汇入了大河，所以，大河就扩展得越来越宽，最终水量非常庞大，就像密西西比河和伏尔加河、尼罗河和亚马孙河一样，最终把河流中的淡水注入了大海。

而给予物理学科这条大河生命的那个源泉分布在"智人"（Homo sapiens）所生存的地球表面的各个角落，而这些"智人"即可以思考的人类。然而，看起来大部分的智人集中在巴尔干半岛的南端，那里的居民现在被称为"古希腊人"；或者至少对于我们这些继承了古希腊早期"知识分子"文化的人来说，看起来是这样的。我们注意到很有意思的一点，其他的古代王国，比如古巴比伦和古埃及，他们都对数学和天文学的早期发展有很大的贡献，唯独对物理学这个领域发展的贡献是空白的。与希腊科学相比这部分缺失的一个可能的解释是，古巴比伦和古印度的神居住在远高于星星所在的地方，而古希腊的神居住在海拔仅仅10,000英尺左右的地方，在奥林匹斯山的顶端，接地气得多，于是他们的科学也就离实际问题近得多。根据一个传说，"磁"这个术语来自于一位希腊牧者马格尼斯，他惊奇地发现他的铁质钉掌的尖端是被路边的一块石头（磁铁矿石）吸引的。而"电"这个术语同样来自于希腊文ήλεκτρον（琥珀的意思），可能是因为另外一位希腊牧者有一天拿着一块琥珀试着在他的其中一只羊身上蹭一蹭，想要把这块琥珀磨得更光亮一些，从而注意到它因此获得了吸引松散的碎木屑的神秘特性，因而发现了电。

毕达哥拉斯弦定律

虽然刚才提到的希腊人发现电和磁的传说已经无从证实，但是生活在公元前6世纪中期的希腊物理学家毕达哥拉斯的发现却被很好地记录在案。他相信世界是被数字所统治的，于是他开始调查乐器产生悦耳和弦时，发出声响的琴弦之间具有何种长度关系。为了达到这个目的，他使用了一种叫"单弦琴"的东西。顾名思义，这种琴只有一根弦，而且它的弦长是可以改变的，弦的张紧程度也可以通过改变负重来调节。负重重量相等的情况下改变弦长进行实验，他发现当弦长调整到简单的数字关系时会奏出一对谐音。弦长度比为2：1时，对应着所谓的"八度音阶"，弦长度比为3：2时，对应着"5度音阶"，弦长度比为4：3时，对应着"4度音阶"。这个发现可能是从物理规律归纳出的第一个数学公式，而这个发现也被认为是当今理论物理学发展中的第一步。现代物理术语中，我们会把毕达哥拉斯的这个发现转述为："对于给定张紧程度的弦，它的振动频率（即每秒振动次数）与它的长度成反比。"因此，如果图中第二根弦的长度（图1-1b）是图中第一根弦（图

1–1a）长度的一半，那么第二根弦的振动频率将是第一根弦的二倍；同样，如果两根弦的长度比是3∶2或者4∶3，它们的振动频率之比将是2∶3或者3∶4（图1–1c, d）。因为接收从耳朵而来的神经信号的这部分大脑是按以下这个设定处理信息的：简单的振动频率比例，比如3∶4，会使人感到"愉悦"，而复杂的频率比例，比如137∶171，会使人感到"不快"（这个现象留给未来的大脑生理学家来解释），所以才有了"完美和弦一定有着简单的弦长比"这样的结论。

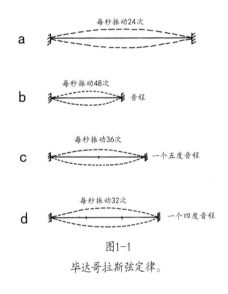

图1–1

毕达哥拉斯弦定律。

毕达哥拉斯试着在此基础上更进一步，于是他提出了一个猜想：由于天体运动"一定是和谐稳定的"，所以它们与地球之间的距离比很有可能和里拉琴的弦长比是一样的。这种希腊民族乐器的七根弦（在相同的张紧程度下）可以产生音阶中的七个标准音高。这个猜想可能是现在常说的"病态物理理论"[1]的第一个例子。

1.译者注：病态科学是科学研究者被其主观性错误所自我欺骗而导致的"科学式"的研究，其"结果"很容易被伪科学、假技术所利用。

德谟克利特，一位原子论者

另一个重要的物理学理论，用现代术语来讲，它可以被称作是"一个缺乏实验验证基础"但是结果却"像梦一样成为了现实"的理论。这个理论是由另一位希腊哲学家德谟克利特提出的，他生活在大约公元前400年，这期间他思考，也将他的思考成果传授给学生。德谟克利特产生了一个想法，就是所有物质体都是由无数小到肉眼看不到的粒子所组成的。他把这些粒子称为"原子"，或者在希腊文中是不可再分的意思（άγομος），因为他认为这些原子代表了物质体被分解成越来越小部分的最终阶段。他认为一共有四种不同类型的原子存在："石原子"，干燥而且重量大；"水原子"，湿润而且重量大；"气原子"，温度低而且重量轻；"火原子"，不稳定而且温度高。这四种不同的原子组成了所有人类已知的材料。比如，土壤是石原子和水原子的组合。土壤中生长的植物还会受到阳光的照射，所以植物是由土壤的石原子和水原子以及太阳提供的火原子所组成的。这也解释了为什么丢失掉所有水原子的干燥木材是可燃的，干燥木材燃烧后可以释放出火原子（火焰）而留下石原子（灰烬）。当某种特殊的石头（金属矿石）被丢入火焰，石原子和火原子相结合形成了一种新的物质，人们称之为"金属"。廉价的金属，例如铁，包含了非常少量的火原子，因此，铁看起来黯然失色，而金子含有最高含量的火原子，所以金子看起来光芒四射且价值连城。也就是说，如果有人能在普通金属铁中加入更多的火原子，他就能得到珍贵的黄金！

一个学生如果在他的基础化学测试中写了这么一段话，那么他肯定会不及格。但是，虽然这些化学变化本质的特殊例子很明显是错误的，但是无穷多不同种类的物质仅由一些基本化学元素构成的基本理念无疑是正确的，现在它代表着今日化学的基础。此后，从德谟克利特时代到道尔顿时代，人们却花了22个世纪去把错误的部分纠正过来，真正地把物质的组成解释清楚。

亚里士多德哲学

古希腊帝国的巨匠之一，有一位名叫亚里士多德的人，他的成名主要有两个原因：第一，因为他是位真正的天才；第二，因为他曾是一位家庭老师，后来成为马其顿国王亚历山大大帝的门徒。在公元前384年，亚里士多德诞生了，他出生在一个拥有马其顿皇家背景的前法院医生的家庭，他的诞生地是爱琴海一个名叫斯塔吉拉的小镇上，这个小镇曾是希腊的殖民地。在他17岁的时候，亚里士多德到了希腊首都雅典，成为了柏拉图哲学学院中的一员。直到柏拉图在公元前347年逝世前，亚里士多德一直跟随他学习。在此之后他开始了一段旅行，最终还是回到了雅典，成立了吕克昂哲学院校，随后在吕克昂学园创立了"逍遥派"[1]。留存至今的亚里士多德的大部分成果是"论文"，这些论文涉及了科学的各个分支，大致可以代表他在吕克昂发表过的演讲内容。有些论文在讨论逻辑学和心理学，亚里士多德是这两个领域的始创者；还有些论文是关于政治学以及各种各样的生物学问题，所涉及植物和动物分类的论文尤其多。但是，即使亚里士多德在所有这些领域都做出了卓越的贡献，即使他在这些领域的贡献影响了他去世之后两千年的人类思想，或许他在物理学领域最重要的成就仍是发明了这门科学的名字，他从希腊词汇φύσης（自然的意思）创造了"物理学"这个名

1.译者注：逍遥派以这个学派的老师和同学习惯在花园中边散步边讨论问题而得名。

词。亚里士多德哲学理论在研习物理现象时所体现的缺陷，应当归咎于亚里士多德伟大的思维没有像许多其他古希腊哲学家的思维一样具有数学化的倾向。他关于地球上物体运动和天体运动的观点对于科学的发展可能弊大于利。文艺复兴期间，在这个科学思想重新萌芽的时期，像伽利略一样的人必须要苦苦挣扎才能艰难地冲破亚里士多德哲学的束缚，因为这个时期人们普遍的认知是，亚里士多德哲学理论已经为知识画上了圆满的句号，人们都认为已经无须对自然界事物进行进一步的探索了。

阿基米德杠杆原理

另一位古希腊的伟人出现在亚里士多德之后一百年左右，他就是"力学之父"——阿基米德（图1-2）。阿基米德曾生活在锡拉库扎，这是位于西西里的一块希腊殖民地的首都。作为一位天文学家的儿子，阿基米德从小耳濡目染，对数学产生了兴趣，习得了运用数学的技巧，所以，在他此后的一生中才能够为数学领域的各个分支做出许多至关重要的贡献。他在纯数学理论范畴最重要的一项成果，就是找到了球体和它的外切圆柱体二者表面积以及体积的关系。事实上，根据他本人的意愿，内切球圆柱体这个形状被雕刻到他的墓碑上。另外，在他名为《Ψαμμίγης（数沙者）》的书中，他发明了一种书写超级大数字的方法：这一行数字里，每个数字根据自己的位置得到一个各不相同的"顺序序号"[1]，通过赋予每个数字一个序号来解决书写地球这么大的球体所包含的沙粒数量时所面临的困难。

1.现在我们所用的方法是把数字写成十进制，即多少个个位数，多少个十位数，多少个百位数，多少个千位数，等等。

图1-2

阿基米德和皇冠。

　　在他的著作《论平面图形的平衡》(分上、下两部)中,阿基米德提出了杠杆原理,并讨论了一个问题:对于给定物体而言,如何寻找到它的质量中心。对于现代读者来说,阿基米德书中的表述看起来就有些冗长和啰嗦了,这本书的风格和欧几里得几何学著作在许多方面都有着相似之处。事实上,在阿基米德时代,希腊数学家几乎完全被限制在几何学的思路中,而不久之后,代数学才被阿拉伯人发明出来。因此,当时对于力学领域和物理学其他分支的多种多样的理论证明都是从几何图形的角度得出的,而不是像我们现在这样,通过代数方程进行推导论证。正如令许多学生在他们的学生生涯中感到头疼的欧几里得《几何原本》一样,阿基米德首先提出一些假设,然后根据这些假设推导一系列的"命题",从而提出"静力学"基本定律(即对于平衡的研究）。在此，我们再现一下《论平面图形的平衡》上部开头的内容[1]。

1.等重量重物（距离支点）2等距时（系统）会处于平衡状态，而等重量重物（距离支点）不等距时（系统）不会保持平衡状态，同时（系统）会向（与支点相距）较远的重物这一端倾斜。

2.如果重物相距（支点）一定距离时（系统）处于平衡状态，那么给一端重物增加一些重量，将打破（系统）平衡状态，同时（系统）会向增加重量的这一端发生倾斜。

3.同样地，（在上一种平衡状态中）如果一端重物的一部分重量被取走，那么，将打破（系统）平衡状态，同时（系统）会向没有拿走重量的一端倾斜。

4.对于等大相似的平面几何形状，如果一个叠向另一个时能完全重合，它们的重心相应地也会重合。

5.如果（平面）几何图形相似但不等大，那么，它们的重心会处于相似的位置。相似图形的重心处于图形中相似的位置，对于这句话我的意思是，如果通过两个重心分别画直线，让两条直线分别通过相似图形中对应的顶角，则直线与对应边的夹角是相等的。

6.如果两个重物相距（支点）一定距离时（系统）处于平衡状态，那么，另外两个和它们重量都相等的重物，在相距（支点）同样距离时，（系统）也会处于平衡状态。（这难道不是显而易见的吗？）

7.周长都凹向同一个方向的任何（平面）几何图形，它的重心一定包含在图形之中。

1.本章中对于阿基米德、普鲁塔克、维特鲁威、赫伦以及托勒密著作的引用均来自《希腊科学的资料书》，作者为剑桥大学的莫里斯·R·科恩以及I·E·德拉布金，哈佛大学出版社，1948年后版权所有者为哈佛大学校长及其董事。这些引用经过此书出版商的允许可在此转载。
2.译者注：命题中括号内的文字均为译者添加。

这些假设加上简单的逻辑产生了接下来的十五条命题。我们在此给出前五条命题，省略了对它们的论证，并引述第六条命题的所有论证，因为第六条命题包含了杠杆原理的基础。

命题：

1.平衡于（支点两端）相等距离上，重物保持平衡的重量是相等的……

2.不同重量重物（距离支点）等距（系统）不会保持平衡，且（系统）会向重量大的一方倾斜……

3.不同重量的重物将（或者说可以）在（支点两端）不同距离处保持平衡，且重量大的重物（与支点的）距离较小……

4.如果两个重量相等的重物重心不在同一个位置，那么，这两个重物组成的系统的重心在它们两个重心连线的中点……

5.如果三个重量相等的重物的三个重心在一条直线上，那么，三个重物组成的系统的重心与中间重物的重心重合……

现在我们开始论证第六个命题，为了便于读者理解，表达上略微做了一些现代化的处理：

6.当系统处于平衡状态时，两个重物与支点间的距离与重物的重量成反比。

已知重量为A、B的重物，假设二者的重量是成比例关系的[1]，图示

_____

1.两个重物的重量可以由一个分数表示，比如5/3，117/32，等等。

的点α和点β分别表示两个重物的重心（图1-3a）：

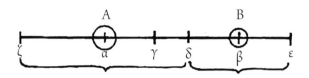

图1-3

杠杆原理的阿基米德论证。

连接αβ成一条直线，并且在αβ直线上找到一点γ，使得：

$$A:B = \overline{\beta\gamma}:\overline{\gamma a}$$

成立。

我们现在需要证明的是，γ是两个重物组成的系统的重心。因为重量A和B成比例，所以$\overline{\beta\gamma}$和$\overline{\gamma a}$也成比例。设$\overline{\beta\gamma}$和$\overline{\gamma a}$的公共计量单位为$\overline{\mu\nu}$。在直线αβ上找到三点δ、ε和ζ，使得$\overline{\beta\delta}$和$\overline{\beta\varepsilon}$都等于$\overline{a\gamma}$，且使得$\overline{a\varsigma}$等于$\overline{\gamma\beta}$。因为$\overline{\beta\delta}=\overline{\gamma a}$，则有$\overline{a\delta}=\overline{\gamma\beta}$。因此，$\overline{\varsigma\delta}$被点α等分，且$\overline{\delta\varepsilon}$被点β等分。所以$\overline{\varsigma\delta}$和$\overline{\delta\varepsilon}$一定分别包含$\overline{\mu\nu}$的偶数倍。

定义重量Ω，使得重量A包含Ω的个数等于$\overline{\varsigma\delta}$包含$\overline{}$的个数，即：

$$A:\Omega = \overline{\varsigma\delta}:\overline{\mu\nu}$$

同时我们有， $B:A = \overline{\gamma a}:\overline{\beta\gamma} = \overline{\delta\varepsilon}:\overline{\varsigma\delta}$

因此，两个等式联立，有$B:\Omega = \overline{\delta\varepsilon}:\overline{\mu\nu}$，即重量B包含Ω的个数等于$\overline{\delta\varepsilon}$包含$\overline{\mu\nu}$的个数。因此Ω可以看作重量A与重量B的公共计量单位。

将$\overline{\varsigma\delta}$和$\overline{\delta\varepsilon}$按$\overline{\mu\nu}$等分成整数段，每一段的长度等于$\overline{\mu\nu}$，同时将重量A和重量B按Ω等分成整数部分，每一个单元的重量等于Ω。因此，得到重量A所分成

的单元在数量上等于$\overline{\varsigma\delta}$所分成的线段个数，重量B所分成的单元在数量上等于$\overline{\delta\varepsilon}$所分成的线段个数。将A所分成的单元的重心依次放置于$\overline{\varsigma\delta}$中每段$\overline{\mu\nu}$的中点，将B所分成的单元的重心依次放置于$\overline{\delta\varepsilon}$中每段$\overline{\mu\nu}$的中点（图1-4b）。

那么，被折分后等距放置于$\overline{\varsigma\delta}$的重物A的重心将会在点$\alpha$，即$\overline{\varsigma\delta^1}$的中点。而被拆分后等距放置于$\overline{\delta\varepsilon}$中的重物B的重心将会在点$\beta$，即$\overline{\delta\varepsilon}$的中点。且A和B拆分成$\Omega$后所有单元组成的系统是偶数个重量单元按相等距离平均分布在$\overline{\varsigma\varepsilon}$上的系统。因为$\overline{\varsigma a}=\overline{\gamma\beta}$和$\overline{a\gamma}=\overline{\beta\varepsilon}$，所以有$\overline{\varsigma\gamma}=\overline{\gamma\varepsilon}$，即$\gamma$是$\overline{\varsigma\varepsilon}$的中点。

接下来命题7证明了当重物A与重物B的重量不成比例关系[2]时，结论依旧成立。

杠杆定理的发现及其在多种情况下的应用为古时候的人们带来一种意识的觉醒，正如我们在普鲁塔克的《马塞勒斯的一生》这本书中看到的一样，马塞琉斯是一位罗马将军，他在第二次布匿战争中攻陷了锡拉库扎，并且他对通过制造巧妙的战争机器而在锡拉库扎的城市防御上起到重要贡献的阿基米德的死也应当负一定的责任[3]。普鲁塔克这样写道：

"阿基米德是（锡拉库扎）国王耶罗的亲戚，也是他的朋友，他给国王的信中，大胆地宣称，对于任何给定的力都可以移动任何给定的重量，信中还说，他演示的力量让人信心倍增。他宣称，如果存在另一个地球，只要是他能过去，他就能撬得动它。耶罗被这封信的内容震惊了，请求阿基米德将他的建议付诸

1.译者注：原文有误为$\overline{\varsigma\gamma}$。
2.两个重物的重量比是一个无理数，比如$\sqrt{2}$。
3.译者注：身处西西里岛的锡拉库扎一直投靠罗马，但是公元前216年迦太基大败罗马军队，新继任的锡拉库扎国王随即与迦太基结盟，罗马军队于是派马塞琉斯将军从海路和陆路同时进攻锡拉库扎，阿基米德也在这次战争中被罗马士兵杀死。

实施,让他亲眼看到用一个很小的力可以移动某个巨大的重量。于是,由众多壮汉组成的劳动力将皇家舰队中的一艘三桅商船拖上了岸,阿基米德稳定住它,让许多乘客上船,又搬上了许多货物,他自己则坐在离船很远的地方,用手启动一个复合滑轮系统运作,不费吹灰之力就使岸上的船缓慢而平稳地向前移动了起来,看着就好像船在水面上滑行一样。"

图1-4

杠杆支点的左端长度是右端长度的三倍,所以左端端点向下移动的距离($\overline{aa'}$)是右端端点移动距离($\overline{\beta\beta'}$)的三倍。

杠杆原理在生活的方方面面都扮演着十分重要的角色,从农民用撬棍移走沉重的巨石到现代工程中的精密仪器都会用到它。阿基米德提出的杠杆原理让我们可以引入一个非常重要的机械概念,就是作用力所做的"功"。假设我们试图使用支点两端长度的比为 $\overline{a\gamma}:\overline{\gamma\beta}=3:1$ 的撬棍搬起一块非常重的石头(图1-4)。通过下压撬棍把手,我们仅仅使用石头所受重力的1/3的力,就可以将它抬起。从图中可以清楚地看出,假设石头被向上抬离地面1英寸($\overline{\beta\beta'}$),撬棒的把手端端点就会有向下3英寸的位移($\overline{aa'}$)。因此,我们可以总结出,在撬棍把手端施加的力乘以把手端向下的位移等于石头的重力乘以它上抬的位移。力乘以它使作用点产生的位移被称为这个力所做的功。因此,根据阿基米德杠杆原理,手向下按压撬棒较长一边的末端所做的功等于在撬棒较短一边末端抬起石头所做的功。这个定理可以推广到任何一种机械功。比如,因此我们可以这样说,搬家工人把一台大钢琴搬三层楼的高度所做的功等于这位搬家工人将三架大钢琴仅向上搬动一层所做的功[1]。

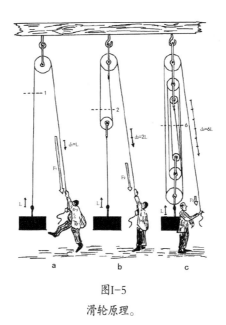

图I-5

滑轮原理。

　　杠杆两端做功相等的原理也被应用到另外一个相似的器械——滑轮上，也就是阿基米德用来挪动沉重船只，令国王耶罗大为惊叹的那个装置。为了抬起一个重物，如果我们使用一条绳子穿过固定在木质横梁上的滑轮（图1-5a），那么重物被抬起的距离（l）等于绳子另一端被拉下来的长度（d），而作用在绳子这头的力（Fl）将等于重物的重力。但是，如果我们用图1-5b所示的这种形式使用两个滑轮，那么，我们需要下拉两倍绳长，而使用的力仅仅是重物所受重力的一半。在图1-5c所示的装置中，抬起重物所需要的绳端拉力仅仅是重物重力的1/6，同时

1.然而专业的搬家工人会质疑这段话，说一次性搬三台钢琴还需要额外的能量去调整它们的捆绳之类的等等，但是我们这里所说的功仅仅考虑实际搬动重物这方面。

重物被抬起的高度仅仅是拉下绳长的1/6。

阿基米德浮力定律

阿基米德最著名的发现可能当属他关于固体浸入液体中排出液体重量的定律了。发现时的场景被维特鲁威[1]用以下文字描述了出来：

"对于阿基米德，尽管他做出了许多不同种类的奇妙发现，但是在所有这些发现中，我将要在下文中提及的这个似乎是无限创造性的产物。在耶罗掌控了锡拉库扎的皇家大权后，鉴于他本人所创下的辉煌功绩，他决定在他曾向永恒的神明们宣誓的那个祭坛中放置一项黄金皇冠还愿。他和皇冠的供应商以固定的价格签订了制造合同，又给他称了一块精确分量的黄金。在约定的时间，供应商给国王上交了一个满意的成果：一项精美而完整的手工艺品，而且看起来皇冠的重量与之前提供给供应商金子的重量完美契合。但是之后有一封起诉书中说那些金子被偷梁换柱了，供应商取出一部分金子又拿出等质量的银子加进去制造皇冠。耶罗觉得他被欺骗了而勃然大怒，但是又苦于拿不出证据指证这个窃贼，于是便叫阿基米德来考虑这个问题。阿基米德脑海中一直思索着这个问题，碰巧去泡了个澡。在他进入浴缸的时候他观察到他的身体浸入浴池中的水越多，就会有越多的水从浴缸中溢出来。当这个现象指出了解释问题的方法，他一刻也没有耽搁而且欣喜万分，从浴缸跳出来光着身子就跑回了家，大声地喊着找到了他在寻找的问题的答案：他一边跑一边用希腊语不停地喊着：'尤里卡！尤里卡！(εὕρηκα，译为"我知道了")！'

这就是阿基米德浮力定律发现的开端，据说他制造了两项相同质量的皇冠，一项是纯金打造的，而另一项是纯银的。制造完后，他在一个巨大的容器中

1.摘自维特鲁威的《关于建筑》一书，作者的全名叫马可·维特鲁威·波里奥，古罗马御用工程师、建筑师，约公元前50年到前26年在军中服役。

盛满水, 让水满到容器的边缘, 然后把银制皇冠放了进去。溢出水的水量与沉在容器底部银制皇冠的体积是相同的。接下来, 他把金属块取出, 用量具向容器内补充刚刚失掉的水, 直到水面像刚才一样满到容器的边缘。于是他就得到了这个质量的银块所对应水的体积。

这一步实验做完之后, 阿基米德用相同的方法把金制皇冠放入盛满水的容器中, 将它取出并像刚才一样测量, 发现等质量的金块溢出水的体积并没有刚才的多, 而是比刚才的少, 即等质量的金块和银块比较, 金块的体积比银块的要小。实验的最后一步, 他补充好容器中的水并把供应商呈给国王的皇冠放了进去, 他发现溢出的水量比刚才等质量的金制皇冠溢出水的体积要多。因此, 由于皇冠排出水的体积比该质量纯金物体应当排出的水量要多, 可以认定这顶皇冠是掺了银的, 阿基米德让这个供应商偷窃的事实变得非常明确。"

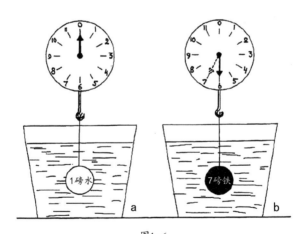

图1-6
阿基米德浮力定律的证明。

阿基米德定理的证明是他自己在他所著的《论浮体》这本书中给出的, 虽然完全正确, 但是表述上有些冗长, 在此我们就用更现代的语言把它重新表述一下，考虑当我们把一个固体金属球浸入一容器的水中会发生什么（图1-6）。假设我们首先不用铁球而是用一个同直径空心塑料球，并在里面装满水（图1-6a）。由于塑料球外壳的质量可以被忽略不计，空心塑料球中的水可以被看作容器本身的一部分，所以吊着塑料球的称指针会显示为零。现在把塑料球取出，用铁制空壳替代（图1-6b），铁壳的重量比同体积水的重量重七倍。由于1磅水会被剩下容器中的水支撑而使称显示为零，所以把1磅水用7磅空心铁球替代仅仅会增加7-1=6磅的额外重量，在这种情况下，称的读数就是6磅。因此，我们总结到，7磅重（空气中称重）铁球完全浸入水中会失去1磅的重量，即失去了它的体积排开的水的重量，这个就是"阿基米德定律"，它是这样表述的：任何固体浸入一种液体中减少的重量是它相应排开这部分液体的重量。

阿基米德，一位军事顾问

阿基米德除了是一位伟大的数学家之外，还是力学的创始人，而且用现代的表述来说，他也是一名以"工业和军事顾问"的身份服役于国家的人。他最为人熟知的工程发明被称为"阿基米德螺旋"，如图1-7所示，用以提升水势。这个装置的功能是显而易见的，它被广泛地应用于灌溉以及从井中打捞地下水。

图1-7

通过旋转阿基米德螺旋就能将水从管中抽上来。为了理解这件事，可以试图去想象一下当装置旋转时管的底部会发生什么，你会想到底端会上升，但是管子本身不会上升，而是管子进水的端口位置上升。用一个真正的螺旋状物体会帮助你理解，比如拿一根电线卷成螺旋形，看看它绕着自己的轴线转动时会发生什么。

阿基米德参与到战争事宜中，很明显是从向国王耶罗演示滑轮系统那会儿开始的。在普鲁塔克[1]《马塞琉斯的一生》中关于这一段就有非常戏剧性的描述：

"国王耶罗完全被这个演示所惊呆了，并且理解了他的创造所具有的巨大能量，于是劝说阿基米德为他准备一些用于各种围攻战的防御与进攻的机器。阿基米德从未自己使用过这些机器，因为他将自己一生的大部分时间用于远离征战，身处和平的节日仪式当中；但是现在，他发明的装置将保护锡拉库扎人不受罗马人的伤害，当然，也将保护它们的制造者。

因此，当罗马人从海上和陆路向他们进攻时，锡拉库扎人在强烈的进攻下毫无抵抗能力；他们认为无论如何都抵抗不住这种军力下激烈的进攻。但是

1.译者注：约公元46年-120年，罗马帝国时期的希腊作家、哲学家、历史学家，他的作品在文艺复兴时期大受欢迎。

阿基米德开始启动他的仪器，向陆军投射了各种火药炸弹和巨石，这些弹药以惊人的速度和密度向他们袭来；它们势不可挡，把作为目标的罗马军队弄得人仰马翻，完全乱了阵脚。与此同时，投射器还从城墙上向舰队发射巨大的横木，其中一些船只被从高处坠落的横木击中沉了下去；躲过投石器的船被起重机的铁爪或者说是铁喙钳制住了船头，被笔直地拉到了半空中，接下来又扎进了深渊。再或者罗马的舰船被城内的机器转了一圈又一圈，然后被扔向城墙下面凸出来的悬崖峭壁，船上的士兵都受到了重创，死的死，伤的伤。船从水面上直接被提到半空中也是经常的事，船被吊在那里一会儿甩向这边，一会儿又甩向那边，这场景真的是太可怕了，直到上面的船员从各个方向被甩了出去，船空了才会顺着墙落下或者从夹持它的那个机械臂上脱落下来。至于马塞琉斯在舰桥上拿出的机器名叫'桑布卡'，因为它和同名的乐器之间有些相似之处，当它接近锡拉库扎城但离城墙还有一定距离的时候，一颗十人重的石头投向了它，紧接着第二颗、第三颗；其中还有一些巨石，落到上面发出了巨大的声响并激起了巨大的水浪，它们粉碎了机器的底座，摧毁了它的结构，并使它与甲板脱离，于是马塞琉斯在困惑中命令他的舰队以及陆军以最快的速度撤退。

于是，罗马人在战争会议中决定，如果可以的话，他们要趁着夜色爬上城墙；因为他们觉得，当锡拉库扎人把巨大的能量注入投石器以后，阿基米德在这个机器中使用的绳索（像套马的动作一样扔出弹药）使弹药飞过他们的脑袋，而当他们距离很近，他们没有足够的空间投掷弹药。不过，看起来，阿基米德早已有足够的时间准备一个适用于近程弹药以及各种投射间隔的应急机器，从城墙中许多连续的小开口中，被称为'蝎子'的短射程机器就可以在敌人没有丝毫发现的情况下对抗近距离的进攻了。

因此，当罗马人聚集在城墙脚下，还以为谁都没有发现他们，却又再次遭到枪林弹雨的袭击：巨石几乎垂直地翻滚着向他们袭来，还有从墙上各个方向而来的箭也射向了他们。于是，罗马军队又一次被击败撤退了。这还没完，在他们距离城墙有一定距离的时候，弹药射出来并砸到了他们身上；他们停靠在一起的舰船中也有许多被砸，罗马人以任何方式都无力还击。由于阿基米德将他大部分的战争机器建造在紧挨城墙的后面，所以罗马人看起来是在与神灵对抗，因为现在向他们袭来的不计其数的伤害都是来自一个看不见的源头。

不过，这次还是让马塞琉斯逃脱了，他和罗马军队的工匠和工程师无奈地笑着说：'我们还是停止与这个几何届的布里亚柔斯[1]对抗吧，他让我们的船看起来就像个从海水中盛水的舀勺，鞭打和驱赶了我们的"桑布卡"让我们受辱，更不用提那些一次性向我们袭来的弹药了，简直超越了成百上千神话中的怪物。'当然在现实中，这并不是什么神捣的鬼，所有的锡拉库扎人都是阿基米德设计的战略中的一个'肢体环节'，而阿基米德本人就是背后那个掌握和控制所有一切的灵魂。当所有的武力都无用武之地的时候，阿基米德被这个城市雇佣，承担起防守和进攻的大任。最后罗马人开始变得胆小，每当他们看见一段绳子或者一条木材从城墙上露出来时，他们就会哭喊着：'快看呐！阿基米德又在建造对抗我们的战争机器了！'然后所有人都转身落荒而逃。马塞琉斯将这一切看在眼里，于是停止了对这座城市的进攻和侵略，从此以后很长时间没有再发起围攻。"

在这次战役的两年之后，也就是公元前212年，锡拉库扎最终被罗马人占领，一支由罗马士兵组成的小分队冲进了阿基米德的家，当时阿基米德正在后院的沙子上专心致志地绘制一些复杂的几何图案。

"Noli tangere circulos meos!（别碰我的图案！）"当一个士兵踩过来的时候，阿基米德用他不是很好的拉丁语惊叫道。作为回答，那个

1.译者注：Briareus，希腊神话中的百臂巨人。

士兵用他的长矛刺穿了这位老哲学家的身体。

当西塞罗[1]还是掌管财务的官吏时，在公元前137年曾去过西西里岛，他发现了阿基米德的坟墓，就在阿根廷的城门附近，墓碑上长满了荆棘和蒺藜。"因此，"西塞罗写道："如果不是被一个来自阿尔皮诺的人发现，这座希腊最著名也曾是得到最多历史教训的城市就会与它最天才的子民永不相认。"

亚历山大学院

随着雅典的政治和经济实力的衰弱，希腊的文化中心开始向亚历山大转移。亚历山大城是公元前332年由亚历山大一世在地中海的埃及海岸建造的，建造它的初衷是把它作为欧洲和东方货物交易的一个重要的商业口岸。当时的亚历山大城发展成了一座华美的城市：其间有"……4000座宫殿，4000个浴池，它们由12,000位园林工人以及40,000位犹太人参与建造，还有400座剧院以及其他各种娱乐场所。"亚历山大城还拥有一座顶级学府和一个馆藏丰富的图书馆，但该馆之后不幸被城市的一场火灾而摧毁，这场大火是由尤里乌斯·凯撒下旨烧毁停靠在亚历山大港口的埃及舰队而引起的。在这里欧几里得完成了他的著作《几何原本》，也是在这里，阿基米德作为一个锡拉库扎的年轻学生学习到了科学的知识。

在天文学领域中，亚历山大城的代表性人物是希帕克斯，他生活在公元前二世纪中期。希帕克斯发明了那个年代能给出的观测星体位置最精确的方式，并且编制了1,080颗恒星的目录，这个目录依旧被现

1.译者注：马库斯·图留斯·西塞罗，公元前106-前43年，古罗马著名政治家、演说家、法学家和哲学家。

代的天文学家作为天体位置的原始数据所引用。他还发现了"岁差现象"，即每经过一恒星年，太阳穿过该天体赤道落在天体球面上的点会发生变化[1]。这个现象是由于地球的自转轴在万有引力的作用下会逐渐倾向于它的轨道平面，围绕垂直于轨道的线经过大约26,000年的周期在空间中扫出一个完整的圆锥体。将近一千年后，这个运动的成因才被艾萨克·牛顿爵士发现。

随着物理学的发展，亚历山大学院又出现了一位代表性人物，名叫赫伦，与其说他是一位物理学家不如将他称为"工程的创始人"。他的著作《机械学》包含了许多正确的理论，但是也出现了许多不该有的数学错误。

尽管它在基础理论的数学证明上存在缺陷，但是赫伦机械学领域的书包含了对大量实用小机件的描述，比如复合滑轮系统，各种变速装置以及齿轮系统等等。在他关于"气体力学"的书中，他描述了虹吸管（图1-8a）以及蒸汽喷气机（图1-8b）的原理，虽然这个蒸汽喷气机类似于一个普通的草地喷灌机，但是它可以被视为现代喷气推进发动机的先驱。

1.译者注：回归年是以春分点作为参照物的，太阳直射点在南北回归线之间来回移动一个周期为一年，而恒星年以太阳为参照物，地球公转360度为一年。所以以春分点起始，一恒星年后不会落在春分点上。

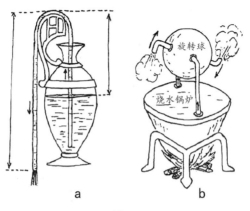

图1-8

这是赫伦发明的两个装置：(a)一个能从弯曲的管道自动导出容器中液体的虹吸管。这个装置的原理是：左边弯曲长管中液体的质量大于管右部所含的液体质量从而引起了液体在管中的运动，最终把水从容器的水面高度沿着管子提升到管的顶端高度。(b)赫伦的蒸汽喷气机中这个球体的旋转是由两个喷气机喷口处喷出的蒸汽量所控制的。

赫伦还写了一本书名叫《反射光学》，其中包含了镜面反射理论以及它们在实际当中的应用。我们从这本书中可以读到：

"反射光学很显然是一个值得研究的方向，在研究的同时也使观察者看到了不可思议的景象。在这项科学的帮助下，镜面被构造成右侧显示为右侧，同样左侧显示成左侧，而普通的镜子就其本质而言，则具有相反的性质，提供的是镜面的反相。"

这个装置只是由两片镜子搭建成的，没有其他框架，一面镜子的一条边与另一面的一条边相接，两面镜子成直角（图1-9）。

"在镜子的帮助下，我们能看到自己的后背（理发师剪完头发给你看后面剪得好不好的方法),也能看到一个颠倒的自己,头朝下,有三只眼睛和两个鼻子,面部表情扭曲得好像极度悲伤(就像在游乐场哈哈镜里看到的一样)。

于是,谁也不会认为这非常有用,我们应该能观察到,我们待在自己家里的时候,该如何知道街上有多少人并且他们都在做什么呢?"

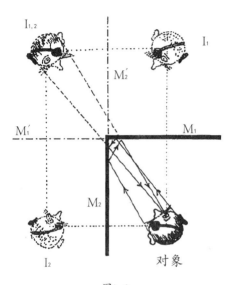

图1-9

当一个人看向一个复合的镜面系统,这个系统是由两个平面镜M₁和M₂的一边相连,它们的夹角成90度,这个人能从镜像中看到二次反射:首先经过M₁镜面的反射,然后经过想象中M₂镜面的延展镜面M_2'得到,或者首先经过M₂镜面的反射,然后经过想象中M₁镜面的延展镜面M_1'得到。由于二次反射,这个人的右手边在影像中依然是右边,左手边在影像中依然是左边。光线真正的路径在图中如实线所示。

从下面引用的一段文字中,我们可以很明显地看出赫伦对于自然光的看法:

"实际上所有写过折射光学的人都有过这样的疑问: 为什么我们眼睛发出的光线会被镜子反射以及为什么反射是等角的? 现在, 我们的视线是由视觉器官发出的直线, 这一观点可以被证明如下。对于任何匀速运动的物体都是直线运动, 我们所看到的从弓射出的箭可以作为一个例子。因为, 在推进力的作用下, 运动物体倾向于移动一个尽可能的最短距离, 因为物体没有时间去做减速运动。也就是说, 它没有时间去绕更远的路。推进力也没有给移动物体延迟的机会。所以, 也就是说, 由于它的速度原因, 移动物体倾向于沿着一条最短路径移动。而且具有两个相同端点的所有连线中最短的是直线。所以, 从我们眼中发出的光线具有无穷大的速度, 这可以从以下的考虑中得出。因为当我们闭上眼睛之后, 再次睁开眼睛望向天空, 不需要间隔时间视线就能到达那里。确实, 我们一抬头就能看到星河, 尽管我们与星星之间的距离可以说是无穷远的。同样, 如果间距还要远结果也会是相同的, 所以, 很明显, 光是以无穷大的速度被发射出去的。因此, 光线不会被干扰, 不会弯曲, 也不会打断, 而是会沿着最短的路径运动, 即沿着一条直线运动。"

这段文字揭示了一个很有趣的认知, 赫伦很明显与他同时代的人也都这样认为: 视觉的产生是由于从眼睛发射了射线, 遇到物体反射回来再由眼睛接收, 就像现在的雷达原理一样。

另一位伟大的亚历山大人是天文学家克劳迪奥·托勒密(不要把他和基督诞生以前很多年统治埃及的托勒密王朝的成员混淆), 他生活工作的年代是公元2世纪前叶。托勒密对恒星和行星观察, 并把他的观察结果收录在《天文学大成》这本书中, 这本书对250年前希帕克斯的数据有很大的补充。托勒密在物理学上重要的贡献记录在他的《光学》一书中, 这本书原始希腊手稿的阿拉伯语版本已经遗失, 我们找到的是拉丁文译本。除了其他方面之外，托勒密在这本书还讨论了一个重要问题，就是光从一种介质进入另一种介质的折射规律。他写道：

"可视光线可以通过两种方式改变：第一种是反射光，即光线遇到障碍物之后被反弹，这个障碍物就叫作'镜面'，它不允许光线的穿透；第二种是在可穿透介质中光路的偏转（即折射光），这种介质由于具有允许可见光穿透的共性而具有一个统一的名称（'透明物体'）。"

托勒密用下述简单的实验演示了光的折射现象，他把一枚硬币放置到一个盛满水的容器的底部，这个实验被称为"巴普斯汀"[1]（图1-10a）。

"假设眼睛处于这样的位置，从眼睛发出的光线刚好通过巴普斯汀装置的边缘而到达容器中硬币上方一点的地方。接下来，保持硬币在容器底部的位置不变，缓慢地向巴普斯汀中加水，直到视线刚好经过交界，向下弯折而落在了硬币上。结果是，沿着从眼睛到物体真实位置之上一点的直线，我们看到了之前看不到的物体。现在，观测者不会认为是视线向物体发生了弯折，而会认为是物体本身向上漂浮而达到了视线所能达到的地方。因此，这个物体将出现在从它的位置到水面的垂直位置上。"

在之后的段落中，托勒密设计了一个旨在研究光的折射定律细节问题的实验。

1.这个词汇大概用于教堂给孩子们洗礼。

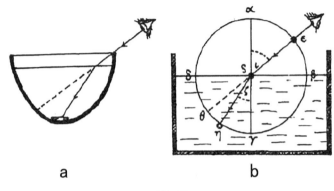

图1-10

托勒密的光的折射实验：(a)处在充满水的容器底部的硬币位置看起来比它真实的位置要高；(b)研究光的折射的实验装置。托勒密测量了在水中以及空气中的角δ、角ς以及角η之间的关系。

"在水中发生的并可以被观察到的折射量，可以通过借助一个铜片做实验来确定，用这个实验可以检验镜面反射规律。在这个铜片上画圆αβγδ（图1-10b），它的圆心为点ς，两条直径αςγ和δςβ相互垂直相交于圆心，将每个四分之一圆九十等分，用有颜色的笔在圆心处点上一个很小的点。接着将铜片竖直放入一个小容器中去，并向容器中倒入清水，水量要适量从而保证视线没有被遮挡。使垂直于水平面的铜片被水面分割成上下两个半圆形，而只有半圆周βγδ恰好完全浸入清水中。让圆的直径αςγ垂直于水平面。

现在取一段测量过的圆弧αε，从圆周上α点出发，这段圆弧处在水面上两个直角圆弧的其中一段。用有颜色的笔在点ε的位置做一个小标记。用一只眼睛看，将视线调整到ς和ε两个标记都出现在从眼睛看过去的直线上。同时，一根小细杆沿着对面水下的四分之一圆的圆弧γδ移动，直到杆的一端出现在圆弧上在ε和ς的延长线上的某点，将这个点标记为η。现在如果我们测量点η与点γ之间的角度，我们就会发现，这个弧γη对应的圆心角将永远小于弧αε对应的圆心角。

如果我们将眼睛放在垂直于ας的延长线上，则视线将不会出现弯折，而是落在点α对面的γ点上，与ας在同一条直线上。而当视线在除此以外的所有角度时，随着弧αε的增大，对应的弧γη也会增大，不过视线的弯折量还将逐渐增大。我们就是通过这个方法得到了光线在水中的偏折量。"

当入射角αε等于	10°	时, 折射角γη为	8°	2°
	20°		15 1/2°	4 1/2°
	30°		22 1/2°	7 1/2°
	40°		29°	11°
	50°		35°	15°
	60°		40 1/2°	19 1/2°
	70°		45 1/2°	24 1/2°
	80°		50°	30°

托勒密用相似的方法研究了光线在空气和玻璃界面发生折射的规律，并且发现在这种情况下，光线的折射角会比光线通过空气和水界面的折射角更大。但是他并没有试图把他的发现结果用数学公式表示（或者至少是他试了而没有成功），而光的折射定律的数学表达直到十七世纪才被人们总结出来。很有讽刺意味的是，托勒密本该轻而易举地就能做到这一点，因为光的折射实验所得到的实验数据中所隐藏的数学规律就是弧长与弦长的关系，而这个关系早在托勒密之前150年就被普鲁塔克讨论过了，而且托勒密自己也在《天文学大成》一书中用

很长的篇幅建立了这个关系与天文学观测结果之间的联系。

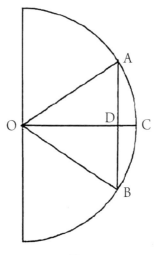

图1-11

普鲁塔克的"弦表"与现代三角函数表的关系。普鲁塔克将不同长度弧长ACB所对应的弦ADB制成了表。在现代三角形法则中，则是列出弧长AC对应的半弦长AD。AD的长度就是人们熟悉的角AOC的正弦值（或sin值），OD的长度是这个角的余弦值（或cos值）。

弧长	弦长	弧长	弦长	弧长	弦长
116°	1.014557	117 1/2°	1.023522	119°	1.032344
116 1/2°	1.020233	118°	1.025137	119 1/2°	1.033937
117°	1.021901	118 1/2 °	1.030741	120°	1.035523

这个弧长与弦长的关系，就是已知单位圆中弧ACB的圆心角，求这段弧所对应的弦ADB的弦长是多少的问题（图1-11）。用一些巧妙的数学方法，托勒密求解出了结果并将结果列了一个表格，表格的一部分我们摘录如下：

这个表格就是我们现在所说的正弦三角函数表，唯一的区别是现在的正弦三角函数表表征的是半弧长（角AOC）与半弦长AD之间的关系。单位圆中AD的弦长即$\sin\angle AOC$的值，线段OD的长度即$\cos\angle AOC$的值。三角函数关系在解决各种联系角和长度的问题上极其有用。

如果托勒密将光的折射实验结果与正弦三角函数表做比对，就会发现：入射角的正弦值与折射角的正弦值的比值是个常数，对于任何两种介质都是成立的。然而，他并没有做比对，上述光的折射定律的表述在1400年后才由荷兰天文学和数学家威里布里德·斯涅耳提出。接下来我们会看到，斯涅耳的这个公式对于理解光的本质是至关重要的。

托勒密的工作成果是古希腊文化对科学发展做出的最后一次重大贡献，在托勒密死后，亚历山大学院的科学研究开始迅速衰退。也许最后一位与亚历山大学院有关联还会被提及的名字就是希帕蒂娅了，也就是数学家西昂的女儿，而她本人是一位科学和哲学老师。她生活在罗马帝国使徒朱利安的统治时期，她反对逐渐扩大的天主教教堂势力，试图保护希腊的教育，保护希腊的神。公元415年，在朱利安死后，这种对抗引发了一系列事件，亚历山大主教基里洛斯（Kyrillos）组织了一场巨大的反希腊革命，希帕蒂娅就被众多天主教徒撕成了碎片。并且在这场革命中，亚历山大城中的图书馆也被摧毁了。

第二章 物理学史上的黑暗时期和文艺复兴时期

随着希腊文明的衰落，总体上，科学的发展，特别是物理学的发展实际上陷入了停滞时期。在人类的这段历史时期，统治着世界的罗马人对于抽象的思考并不重视，他们所重视的是"商业文明"，而且他们虽然提倡学习，但是他们更多的兴趣却在实际应用上面。罗马帝国逐渐衰落之后，情况变得更糟，而在它的废墟上所兴起的封建国家当然没有再次成为任何科学学科发展的沃土。在这段延续了一千多年的封建时期，唯一一统天下的力量就是天主教的宗教文化，教堂和修道院成为了智慧中心。相应地，社会主要的兴趣点是以神学问题为中心，任何古希腊文化衰落之后遗留的科学想法都屈从于宗教的独裁之下。托勒密的世界观，即"地球位于中心，太阳、行星以及恒星均可以围绕地球旋转"，这已经被当时的公众视为不可撼动的教义，因为它最符合梵蒂冈的中心地位的概念，就是罗马教廷的中心位置是上帝在地球上所选择的使者的庭院。当时，对于"科学"的讨论几乎都局限在：针尖上最多能容纳多少个天使跳舞或者至高无上的神是否能够创造出一块重到连他自己都举不起来的石头，诸如此类。原始的"李森科主义（Lysenkoism）"盛行于整个欧洲，而神圣的宗教法庭会负责消除任何偏离主流宗教信仰的行为。

在公元七世纪期间，阿拉伯帝国吞噬了地中海以南所有的土地，又越过狭长的直布罗陀海峡侵略到西班牙，而对我们来说幸运的是，希腊科学为这个新生的阿拉伯帝国建造了一个避难所。在"一千零一夜"的故事中，仁慈的统治者哈里发哈伦·拉希德于公元800年在巴格达建造了一所理科院校，而当时西班牙的科尔多瓦城是阿拉伯帝国在欧洲土地上的文化中心。阿拉伯学者研习并翻译了没有被完全摧毁的希腊图书馆中幸存下来的希腊手稿，并且在欧洲遭受着中世纪经院哲学[1]的扼杀快窒息的情况下，高高地举起了科学的大旗。我们现在所使用的一些科学术语就是科学史上这段阿拉伯时期的见证，例如：代数（Algebra）、酒精（Alcohol）、碱（Alkali）、混合物（Amalgam）、年鉴（Almanac）、心宿二（Antares）[2]等等。通过发展代数学以及引入比罗马数字更容易计算的阿拉伯数字，阿拉伯人在数学上取得了很大的进展。但是，也许就像山鲁佐德[3]神话中的结果一样，他们在天文学和化学上的大部分工作局限在对荒诞问题的求解上，比如基于一个人出生时的星象预测他的一生（星象学）或是寻找使普通金属变成金子的办法（点金术）。阿拉伯人看起来在物理学领域中没有取得任何成就，当然，除了炼金术可以被看作把一种化学元素变成另外一种化学元素的现代技术的先驱。但是，"当摩尔人（译者注：《一千零一夜》阿拉丁与神灯的故事中出现的人物）完成了他的使命，他就一定要走了"，到了十二世纪，成吉思汗向这片圣地发起了扩张以及在基督教十字军坚持不懈的东征下，阿拉伯帝国迅速地衰落了。

到这时，欧洲国家正在缓慢地从黑暗的中世纪的混乱中崛起，在求知上又取得了进展。公元784年，法兰西王朝的统治者查尔曼大帝下令，在他的广袤国土上，所有修道院都应该拥有一个附属的学校。于是，公元1100年，巴黎大学建成了。博洛尼亚大学、牛津大学以及剑桥大学也在不久之后被建立起来，并且这些学府很快就成为了公认的学术活动中心。学习的课程普遍是由"三学科"和"四艺"组成的：三学科包括了拉丁语语法、修辞和逻辑；四艺包括算数、几何、音乐和天文。然而，那个时候的教育仍旧在教堂的警惕监管之下，并且所有基督教国家的大学必须获得主教的批准才能继续存在下去。科学研究大部分基于亚里士多德的手稿，这些手稿是以阿拉伯文的翻译版本流传到欧洲的。正如我们之前所提到的，尽管亚里士多德在许多其他方面都优于常人，但是他在物理科学的领域并不是很强，对于刚从千年沉睡中苏醒过来的欧洲物理学，在它重获青春的过程中，亚里士多德确实没有起到正面的作用。

知识得以传播的其中一个重要因素是，十五世纪中期德国西部的一座城市美因茨中，一位名叫福斯特的人在他的店里发明了印刷机，而尼古拉·哥白尼的《天体运行论》（纽伦堡出版社，公元1543年）毫无疑问是这些早期印刷机的产物中最重要的书之一，在这本书中，哥白尼建立了一个新的世界系统，以太阳为这个系统的中心。不过，为了使此书免遭教会的封杀，有必要给它加上一段前言（根据猜测，这段前言是由这本书的编辑安德烈·奥西安德在哥白尼不知情的情况下写成的），在这段前言中声明：本书中的所有观点均是假想的自然科学，本书想表达的只是数学演算而不是对真实情况的描述。

开普勒的演讲和开普勒定律

下面这段文字可能是这一时期神学和真正科学混合产物的最好例子，这段文字是从天体运动基本定律的发现者，约翰尼斯·开普勒所著的《宇宙的奥秘（1596）》一书中摘录的。开普勒是天体运动基本定律的发现者，由于这本书要献给对他的研究予以支持的各个德国贵族，所以，在开头部分才有下面的一段文字：

"向杰出、尊贵、正直的贵族：西吉斯蒙德·弗里德里希和费尔卑斯坦男爵……向施第尔杰出庄园中最高贵的人们，向尊敬的五人委员会，我亲切又仁慈的领主，

献上我卑微的敬意以及诚挚的问候！

七个月前我曾许诺完成一项工作，根据学者们的判断，呈现的结果会是优雅而令人印象深刻的，比各种版本的年鉴包含的内容还要多得多，现在，亲爱的同伴，我尊贵的领主们，我将向你们用精简的语言展示我通过个人卑微的努力在这个奇妙的课题上所获得的工作成果。如果你喜欢古老的问题，毕达哥拉斯在大约两千年前就已经被这个问题所困扰。如果你渴慕新奇，这个主题是第一次由我自己向全人类呈现。如果你崇尚浩渺，那么还有什么比宇宙的问题还宏大的呢？如果你敬畏庄严，没有什么比我们壮观的神坛更宝贵和美丽的。如果你对神秘的事物感到好奇，自然界中的任何事物都没有或不曾有它神秘莫测。不过，还是有一个原因使我的课题不能满足每个人的需要，那就是对于不常思考的人来说，它的实用性不是很明显。我所说的就是在《圣经》中被高度评价的自然之书。圣保罗劝诫异教徒像太阳反射在水面或者镜面上一样从内而外地效仿上帝。如果天主教徒认为用真实的方式荣耀、敬畏、崇拜上帝是我们理所应当的任务，那么为什么他们效仿起来反而愁眉苦脸呢？我们对于宗教的虔诚是更深刻的，而我们对于创造和造物伟大的意识则是更强烈的。确实，有多少首赞

美诗不是上帝忠诚的仆人大卫唱给造物主,也就是上帝的呢?当他唱赞美诗的时候,他的思维虔诚地沉浸在对于天空的思考。他唱到:'诸天闪耀着上帝的光芒。我会思索你的天堂,你的手创造的,还有你所数算的星星和月亮。上帝是我们的主,他的能力很大;他数过众多的繁星,并且知道每一颗星星的名字。'在另外的诗中,在被圣灵感动充满喜悦的时刻,大卫向世界呼喊:'你们要赞美耶和华,赞美他,赞美太阳和月亮……'"

我们接着往下读,会看到:

"我们生活的世界是被限制在一个球面里的,亚里士多德已经详尽地讨论过这个事实(记录在他的《论天》一书中),他主要用球面的特殊现象作为证据论证了他的理论。正因为这个原因,所以,即使现在已知的恒星中最远的那颗星也保持着这种形式,尽管由此还无法推测它的运动。这个理论把太阳放在了球体最深处的中心位置,正如它本身所在。事实上,从恒星的圆周运动可以观测到,其他的恒星轨道都是圆形的。因此,我们不需要进一步地证明曲线就是对于世界的修饰。但是,说到这里,我们要提到世界上的三种量:形状、数字以及体中所包含的内容,而曲线只属于形状这类。在这三者中,体中所含的内容不是最重要的,因为一个结构可以向自己的内部收缩成为同心相似的结构(比如:大球面收缩成小球面,大圆收缩成小圆),而包含的东西不发生任何改变,要么。天体问题,由于它是一个绝对特殊的量,所以只能把它归到第三类量中。"

当开普勒在写这些华丽的文字时,他很努力地想解决一个乏味的问题,即:天体运动的确切规则是怎样的?《天体运行论》一书所描述的哥白尼系统为了迎合传统的希腊哲学思想,假设了天体运动轨迹是一些圆，因为他们认为只有圆才是完美的曲线，而只有球是完美的体，但是这个假设与第谷·布拉赫对天体运动的精确测量结果是不相符的。第谷·布拉赫是一位丹麦天文学家，在离哥本哈根不远的小岛上的乌兰尼堡有他的私人观测台。开普勒作为第谷的学生和助手，又通过阅读欧几里得和其他经典的希腊理论获得了大量的数学知识，开普勒给自己明确了一个目标，就是要找出行星轨道确切的形状以及控制天体运动的规则。通过几年的努力，他终于迎来了自己的第一个重要发现。他发现，围绕太阳运动的天体并没有完全按照圆轨迹运动，它们形成了另一类几乎与传统欧式几何中的圆一样著名的曲线。这个曲线族被称为"圆锥曲线"，它可以被定义为一个圆锥体与不同方向的平面相交时产生的交线（图2-1）。如果截面垂直于圆锥的旋转轴，我们得到的交线当然是个圆。不过，如果将这个平面向圆锥轴线稍微倾斜，那么，我们将会得到被拉长的闭合曲线，即椭圆。如果平面变得与圆锥面上的一条边平行，这个椭圆的一个端点将会在无穷远处消失，我们就会得到一条开口曲线，叫作抛物线。如果继续增大倾斜度，初始的抛物线就会"开口"更大，形成被称为双曲线的交线。我们应该注意到，在双曲线的这种情况下，实际上，我们得到了两条断开连接的分支，第二条交线是由这个平面与这个圆锥体延展出来倒立的第二部分圆锥体相交形成的。一个椭圆也可以被定义为到两个固定点（即焦点）距离和相等的一组点。因此，将一根绳子连接到两个钉在纸板上的图钉上，然后用铅笔把绳子拉直转一圈就能画出一个椭圆。相似地，双曲线也可以定义为距离两个焦点的距离差相等的一组点（图2-2a），不过，这个定义却没有提供画双曲线的简便办法。

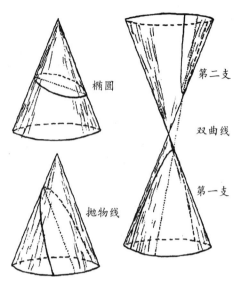

图2-1

不同角度平面切割圆锥体所得到的圆锥曲线。

　　通过分析第谷·布拉赫关于天体中行星的位置数据，开普勒得出结论：如果假设所有行星都沿着椭圆轨道围绕着太阳旋转，而太阳就位于椭圆轨道的一个焦点上，那么一切都将十分吻合。同时他也发现，当行星距离太阳比较近的时候（近日点）会运动得更快，而在距离太阳远的时候（远日点）会运动得更慢。行星运行速度与它在轨道不同位置与太阳的距离之间的相关性是：假想一条太阳与行星的连线，单位时间间隔在椭圆轨道内扫过的面积相等（图2-2a）。这两个行星运动基本定律由开普勒于1609年提出，现在被称为"开普勒第一定律"与"开普勒第二定律"。

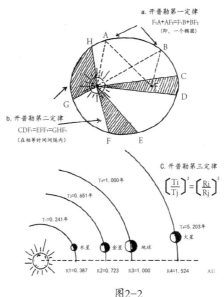

a.开普勒第一定律
$F_1A+AF_2=F_1B+BF_2$
(即, 一个椭圆)

b.开普勒第二定律
$CDF_1=EFF_1=GHF_1$
(在相等时间间隔内)

C.开普勒第三定律
$$\left[\frac{T_i}{T_j}\right]^2=\left[\frac{R_i}{R_j}\right]^3$$

$T_3=1.000$年

$T_2=0.651$年

$T_1=0.241$年

$T_4=5.203$年

水星　金星　地球　　火星

$R_1=0.387$　$R_2=0.723$　$R_3=1.000$　$R_4=1.524$　A.U.

图2-2
开普勒三大行星运动定律。

在找到行星各自的运动规律之后, 开普勒开始寻找不同行星之间的联系, 他花了九年才找到。他尝试了各种可能的关系, 举例来说, 行星轨道和实体几何多面体之间的关系, 但是最后看起来并无关联。开普勒终于有了一个惊人的发现, 这也就是现在所说的"开普勒第三定律"。这个定律的内容是: 不同行星绕太阳公转的周期平方之比与它们距离太阳平均距离的立方之比相等。图2-2b中, 我们给出了所谓内行星: 水星、金星、地球和火星的轨道示意以及用地球轨道半径(也就是所谓的天文距离单位)所表示的它们各自与太阳的平均距离, 也给出了它们各自的公转周期, 以年为单位。

计算公转周期的平方, 我们得到一组数据:

0.058, 0.378, 1.000, 3.540.

另一方面,计算距离的立方,我们得到:

0.058, 0.378, 1.000, 3.540.

这两组数据的吻合证实了"开普勒第三定律"的正确性。

因此,十七世纪早期,科学家们就知道了行星是如何围绕太阳运行的,然而又花了半个多世纪,他们才能解答行星为什么是这样绕着太阳运转的。

斯蒂文链

当开普勒的大部分兴趣集中在天体上时,与他同时代的一位弗兰德工程师,西蒙·斯蒂文,他的兴趣就更脚踏实地一些,他在阿基米德力学平衡(通常被称为"静力学")方面的研究成果上更近了一步。西蒙·斯蒂文主要的贡献在于解决了斜面上的平衡问题,显然这是阿基米德没有涉及的一个问题,并且我们之前也提到过,这是赫伦持有错误观点的一个问题。斯蒂文静力学著作的封面上有这样一张图(图2-3),这表示在平衡问题的理解上有了很大的进步。一个由很多金属球链接而成的链条(我们现在称之为"滚珠轴承")被放置于表面非常光滑的("无摩擦的")三棱柱上。接下来,会发生什么呢? 由于在三棱柱左侧(长的斜面)比三棱柱右侧(短的斜面)支撑了更多的金属球,你可能会认为,由于两边重量不同,链条会开始从右向左顺时针滑动。但是,由于链条是连续的,它将不会停下来,链条也会一圈一圈地永远转下去。如果这是真的,我们可以在这个小装置上面加装一些齿轮和传动系统,让它驱动着各种机器永远运转下去,而不花费任何能源。我们就可以不劳而获了,这比"和平原子能"项目带给人类社会的所有好处都多得多。

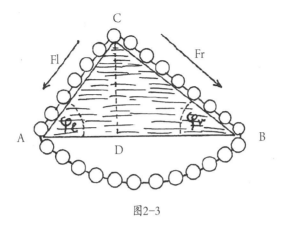

图2-3

斯蒂文的无穷链，展示了斜面上的平衡定律。

不过，斯蒂文作为一个实际而理智的人，他放弃了这个可能性，并且假设链条应当会保持平衡。这就意味着位于斜面上的球所受的拉力随着斜面与水平面夹角的减小而减小，而且确实，在极限情况下当球被置于水平面上它所受的拉力就为零，这与事实是一致的。因为三棱柱左右两表面上球的个数比显然是与左右两侧斜面的长度比相同，且假设 F_l 和 F_r 是左右两边单个球所受的拉力，我们就可以将等式写为：

$$F_l \times \overline{AC} = F_r \times \overline{CB}$$

或者 $\quad F_l / F_r = \overline{CB} / \overline{AC}$ 将表征两个斜面特性的角 ϕ_l 和角 ϕ_r 的正弦带入，我们得到：

$$\sin \varphi_l = \overline{CD} / \overline{AC}; \sin \varphi_r = \overline{CD} / \overline{CB}$$

所以，上述关系式可以被写成以下这个形式：

$$F_l / F_r = \sin \varphi_l / \sin \varphi_r$$

用语言描述，这意味着：一个放置在斜面上的物体所受的重力沿着这个斜面的分量与这个斜面倾角的正弦值成正比。

钟 摆

当斯蒂文在他所研究的静力学问题上取得巨大进展的时候, 在动力学领域(研究物体运动的学科)史上迈出第一步的荣誉当归属于一位贫困的弗洛伦萨贵族文森西奥·伽利莱的儿子—伽利略。虽然这位年长的文森西奥本身对数学更感兴趣, 他却让他的小儿子伽利略学了医, 因为这是个更有利可图的职业。因此, 在1581年, 17岁的伽利略在比萨大学开始了医学研究。但是, 很显然, 他并没有觉得解剖尸体是个很令人兴奋的职业, 他得不到满足的大脑就开始寻找一些其他类型的问题。

一次, 伽利略到比萨大教堂去参加一个聚会, 神职人员点燃烛台上的蜡烛之后, 烛台开始摆动起来, 他看着看着就出了神。随着烛台逐渐燃烧殆尽, 连续的摆动幅度也越来越小。"每摆动一次的时间也变短了吗？"伽利略问自己。当时秒表还没有被发明出来, 没有秒表, 伽利略决定数自己的脉搏来测量连续摆动的时长。结果可能出乎他的意料, 他发现尽管每次摆动的幅度在减小, 但是摆动一次经过的时间和原来保持一致。他回到家后重复了这个实验, 在一根绳子的末端绑上一块石头进行摆动, 发现结果依旧是这样。他同时发现, 对于给定的绳长, 无论实验中用的是重的石头还是轻的石头, 摆动周期都是一样的。因此, 我们现在所熟悉的装置: 钟摆就这样被发明出来了。伽利略当时仍涉足医学领域, 所以他就把他的发现反向运用了起来, 提出用标准化长度的钟摆来测量病人的脉搏。这个被称为"脉搏计"的仪器在现代医学领域非常流行, 它就是现在白衣天使握着病人的手腕看着自己手腕上精致手表的前身, 但是这也是伽利略为医学所做的最后一项贡献, 因为通过对钟摆以及其他一些医疗器械的研究, 他的兴趣点完全发生了转变。与他的父亲进行了一些争论之后，他改变了自己的学习计划并开始了数学和科学领域的学习。

　　若干年后，他的兴趣集中在了现在被称为"动力学"的领域，动力学是研究物体运动规律的科学。为什么钟摆的周期独立于"振幅"，也就是摆长的呢？为什么在同一根绳子的末端上系着一块重石头与一块轻石头，它们的摆动周期却是一样的呢？伽利略直到后来也没有解决第一个问题，因为这个问题的解答需要用到将近一百年以后牛顿发明的微积分的知识。他也没能解决第二个问题，因为解决这个问题需要等到爱因斯坦的广义相对论出现。尽管伽利略没能解决这两个问题，但是他还是为它们的形成做了很大的贡献。单摆的运动实际上是重力导致下落的特殊情况。如果我们释放一块与周围没有任何连接的石头，那么，它会径直地掉到地上。但是如果这块石头被绑在绳子上，绳子的另一端吊在天花板的挂钩上，那么石头会被迫沿着圆弧的一段弧线掉落。如果一块重石头和一块轻石头分别被绑在绳子上，二者从同一位置落到最低点的时间相等（1/4个摆动周期），那么这两块石头从同一高度落到地面所需的时间也会相等。这个结论与当时被普遍接受的亚里士多德哲学观点相冲突，亚里士多德认为，重的物体会比轻的物体坠落得快一些。为了证明他自己的观点，伽利略站在比萨斜塔的顶端释放了两个球体，一个是木制的球，另一个是铁球，站在塔下的观众难以置信地看着这两只球在同一瞬间落地。历史研究似乎表明，伽利略在比萨斜塔的这个演示并没有真实地发生，它只是一个丰富多彩的传说。我们也并不确定伽利略就是在比萨大教堂做礼拜时发现的钟摆定律。但是他肯定是从不同的高度抛掷物体而展开研究，也许是从他家的屋顶释放两个不同重量的物体自由下落，也许在他家的后院用石头和绳子制作了单摆,他确实在这两个问题上做了研究。

自由落体定律

当人释放一块石头,石头会下落得越来越快,伽利略就想知道这个加速运动背后的数学规律是什么。但是自由落下的物体下落的过程太快了,如果没有一些现代工具的辅助,比如:高速摄像机,这一过程的细节是无法被研究的。因此,伽利略决定通过制造一个使球沿斜面下落的装置以"弱化重力带来的影响"(图2-4)。坡度越陡,小球滚动得越快,在垂直斜面的极限情况下,小球就会不接触平面自由落下。实验过程中的难点在于测量小球移动不同距离所花费的时间。伽利略用水钟"解决了它",水钟装置中的一个大容器接近底部的小口会有水流出,通过流出的水量来测量时间,从而记录下相同时间间隔内小球的位置。之后伽利略发现,从小球被释放的初始位置开始,每段时间所经过的距离比为1: 3: 5: 7: ……把斜面倾斜得更大的话,对应距离会变得更长但是距离比始终保持不变。因此,伽利略得出结论,这个规律在极限状况的自由落体情况中也一定适用。以上的结果可以用不同的数学方式表达,经过一段时间掉落的总距离与这段时间的平方成正比,或者用伽利略那个年代的话说,与时间成"平方比"。确实,如果我们把小球从释放开始第一段时间内掉落的距离作为单位长度,那么几个连续时间段过后小球下落的总距离,根据这个平方定理,将是1^2, 2^2, 3^2, 4^2, ……即1, 4, 9, 16, ……因此,每个连续时间段内所掉落的距离为:1; 4−1=3; 9−4=5; 16−9=7; ……[1]

1.代数化来说,如果第n段时间末经历的总距离为n^2,那么第n段时间所经历的距离为:$n^2-(n-1)^2=n^2-n^2+2n-1=2n-1$。

图2-4

伽利略寻找小球沿斜面下滑的加速运动规律的实验装置。

观察到时间与下落距离之间的关系，伽利略推论运动速度的增加和时间应该存在简单的比例关系。让我们用伽利略自己的话给出对于这个推论的证明[1]：

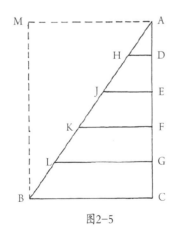

图2-5

从静止开始的(匀)加速运动，运动物体的位移等于这段时间内物体做匀速运动位移的一半，对此伽利略给出的证明。

1.引用出自伽利略·伽利莱《关于两个世界体系的对话》芝加哥：芝加哥大学出版社，1953，页数244-45。获得许可在此引用。

"在加速运动中，速度的增长是连续的，这意味着你不能区分速度的阶（用现代的语言来说就是"速度的值"），速度会连续增长到任何确定的数值，因为它每时每刻都在变化，它的值始终是无尽的。因此，我们最好用一个三角形ABC举例说明我们的意图（图2-5）。将边AC等距分成任意段，AD、DE、EF、FG、GC，并通过点D、E、F、G分别做直线平行于底边BC。现在我们把线段AC上的部分当作时间的等分，把从点D、E、F、G出发的平行线想象成增加的速度的阶，并在等时间内增量相等。定义A点为静止状态，从A点开始，运动物体比如说在时间AD后达到了速度阶DH；第二段时间后，我们假设运动物体的速度从DH增长到EI，在接下来的时间里，速度的增长对应着线段FK、GL等等。但是由于加速的过程是从这一时刻到下一时刻连续发生的，并不是从某个时间段跳到另一个时间段断开的，又因为点A是速度变化的最初瞬间，即处于静止状态，而AD就是接下来发生的第一个瞬时，所以这就说明在AD时间段物体达到速度阶DH之前，它必定会在时间DA的无穷多个瞬间中一点一点经过无穷多个速度阶，对应着线段DA中无穷多个点。因此，为了表示速度的阶无限趋近于阶DH，需要想象通过DA上无穷多个点作极细的平行线平行于DH，这样无穷多条线构成了三角形AHD这个面。因此我们可以想象，从静止开始做匀加速运动的物体经过的任意距离是无穷多速度的阶累积而成的，根据从A点开始画线段HD的平行线，直到线段IE、KF和LG为止，距离在随着无穷多条平行线增加，而这个匀加速运动可以持续到任意时刻。

现在让我们将这个平行四边形AMBC补充完整，并把BC的平行线都延长到BM，不光延长这几个三角形的底边，还要延长从AC上无穷多点作的无穷多条想象的平行线。图中BC是三角形内所有平行线中最长的一条，就代表着加速运动到这里速度变化到极大值。对应三角形的面积就是所有速度求和组成的一整块，它表示在AC时间内物体经过了这么一段距离，所以这个平行四边形

AMBC现在看来也是一个由无穷多速度的阶累积成的整体，就是每个速度都等于最大的长度BC。这个速度的和是三角形内增加速度的和的二倍，正如平行四边形的面积是对角三角形面积的二倍，所以如果这个物体自由落体增加的速度的阶对应于三角形ABC，在时间段AC后经过了这样一段距离，那么很可能且很合理的推断是，如果物体又做了对应于平行四边形的匀速运动，那么在相同时间内，它做匀速运动后经过的距离是做加速运动后经过距离的二倍。"

虽=律可以被写成：

$$速度＝加速度×时间$$

以及

$$距离＝1/2加速度×时间^2$$

自由落体中的加速度通常用字母g（重力加速度）表示，g等于981厘米/秒²（$\frac{cm/\sec}{\sec} = \frac{cm}{\sec^2}$），表示从物体开始下落起每一秒，它的速度增量为981厘米/秒。英美单位制中，g等于32.2英尺/秒²。在这里给出一个例子，一个从飞机上自由掉落的炸弹，10秒后获得的速度为$981×10 = 9,810\frac{cm}{\sec} = 98.1\frac{meter}{\sec}$或$32.2×10 = 322\frac{英尺}{秒}$，

掉落距离为$½×981×10^2 = 49,050cm = 0.49km$

或$\left(½×32.2×10^2 = 1,610 ft\right)$。

伽利略对动力学问题做出的另一个重要贡献就是提出了运动合成的思想，运动合成可以用下面一个简单的例子阐明：

假设我们把一块石头拿在距离地面5英尺的地方并让它自由下落。根据上面所给出的公式，石头从释放到落到地面需要经过0.96秒，将这个数值代入计算的确是正确的，$1/2×32.2×(0.96)^2$＝5英尺。但是如果我们释放时，给这块石头施加一个水平初速度，比如10英尺每秒的

初速度,会怎样?所有人通过生活经验,我们都会知道,在这种情况下,石头会滑出一段曲线轨迹,然后落在离你的脚有一段距离的地面。为了画出这一情况下石头的轨迹,我们必须认为石头做了两个独立的运动:(1)沿水平方向的匀速直线运动,速度为它被释放的时刻就获得的初速度;(2)垂直方向的自由落体运动,速度随着时间成正比例增加。

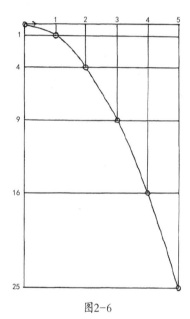

图2-6

水平方向匀速运动和竖直方向匀加速运动的例子。它们运动产生的曲线是我们熟知的"抛物线"。

这两个运动合成的结果如图2-6所表示。我们在水平轴上,根据球在第一秒,第二秒……所经过的距离画出一些等距的点。在纵轴上我们画出以整数平方规律增加的距离,对应于自由落体定律。小球真实的位置在图中用小圆圈表示,这些小圆圈落在了一条被称为"抛物线"的曲线上。如果我们以两倍的初速度投掷小球,它水平方向运动的距离

46

就会是刚才的两倍,但是竖直方向的运动和原来一样保持不变。结果就是,它会落在距离投掷者脚面再远一倍距离的位置,不过它在空气中飞行经历的时间是相同的。(所有上述讨论中,由于空气阻力对石头的抛物轨迹产生的影响只是很小一点,所以我们可以把空气阻力的影响忽略不计)

图2-7

由于地球上所有的物体都是以同样的加速度下落的,如果玩丛林战时一个男孩用气枪发射的"子弹"向他在树杈上站着的"敌人"开枪,并且"敌人"从他开枪的一刻往地面跳,那么"子弹"将正好落在他的鼻子上。

这个原理的一个有趣的应用是两个男孩玩丛林战的问题(图2-7)。一个男孩子站在树杈上,另一个男孩子用气枪射击他。假设射击的男孩把枪瞄准了树上的男孩,而在他扣动扳机的瞬间,男孩踩空了树杈开始向地面掉落。那么,他掉下来就能避免被射中了吗? 答案是否定的,我们来说说为什么。在没有重力的情况下,子弹会沿着直线ABC运动到达男孩在树上初始站立的位置。但是由于重力的存在,这颗子弹从出膛的一瞬间就开始下落，于是我们有了两个运动的叠加：沿着直线ABC的匀速运动以及竖直方向的加速运动。鉴于所有物体都以同样的加速度下落，子弹竖直方向的运动的加速度与下落男孩的加速度相同。因此，子弹到达原始目标一半的B点时，下落了距离BB'，等于男孩在这段时间下落的距离CC'。当子弹在没有重力的理想状况下会打到C点的位置，而他还会下落CB'的距离（BB'的二倍），等于此时男孩下落的距离CC'，因此这个男孩将被子弹打中鼻子。

说完了投掷石头或者射击子弹的情况，我们来讨论一下，在移动的交通工具上掉落东西的情况。假设我们从一艘机械驱动快速行驶的船只桅杆顶端释放一块石头（在伽利略时代还是划桨驱动的船）。释放石头的一瞬间，石头将具有和船一样的水平方向速度，并且石头还没有掉到桅杆底部所在的甲板之前，它会一直在水平方向保持这个速度。石头运动的竖直方向分量会是一个匀加速自由落体运动，因此，它将会正好落在桅杆顶部正下方的甲板上。当然，如果我们在一辆正在行驶火车的一节车厢内扔个东西或者在飞行的飞机客舱内扔东西，无论交通工具移动得多么快，同样的事情也将会发生。

在我们现在看来，上面这些例子太过简单而且显而易见，但是在伽利略生活的时代，大家却不这么想。当时人们相信的是，根据统治那个时代的亚里士多德哲学的科学思想，只有物体被施加了推力的时候，它才会动，而且只要这个力一消失它就会停止运动。根据这个观点，从站在地面上的角度来看，从桅杆顶端释放的石头应该是垂直落下的，而船在继续前进。因此，按理说它应该落在船尾附近的甲板上。这类问题会被正反双方争论很久，这是中世纪经院哲学的特点，因为没有人在意到真的爬上桅杆扔一块石头看看！

从伽利略的《关于世界体系的对话》中摘录的下面几段文字生动地表述了当时的情形,这本书在1632年发表于佛罗伦萨。作者伽利略沿袭了希腊作家的传统风格,用来自于威尼斯奇幻之城的三个人物对话的形式写下了这本书:这三个对话的人物均来自于威尼斯奇幻之城:萨尔维亚拓斯,也就是作者本人;萨格莱德斯,一位聪明的门外汉;辛普利丘斯,一个不太聪明的人,他代表亚里士多德经院哲学思想。下面是他们关于两个问题论辩的摘录,一个是从行驶船只的桅杆上释放石头的问题,一个是从运动地球的塔顶上释放石头的问题(根据哥白尼,地球是在运动的):

萨尔维亚拓斯:"……亚里士多德说,地球处于静止状态的一个最让人信服的论证就是,垂直投射或者向上扔出一个物体后,它会垂直地按照原路返回到原来它被投射或被扔出的地方。即便把它扔到相当高的地方,结果依旧会这样。所以,这也许会让我们联系到加农炮垂直向上发射火力的讨论,这也是亚里士多德和托勒密捍卫地球静止观点所使用的另一个例子,我们会观察到从高处落下的重物也是沿着垂直的一条线落到地球表面上。现在,我将开始解开这些疑问,我想先问问辛普利丘斯,如果一个人反驳托勒密和亚里士多德的观点,即物体从高处自由落体是沿着垂直于地面的一条直线,或者说沿着物体与地心的连线,他要用什么方法来证明他的观点呢?"

辛普利丘斯:"用测量的方法,可以保证塔或者其他高海拔建筑物是竖直而且是垂直的,从而沿着墙面滑落,且没有向任意方向倾斜一根发丝宽度的石头,落在地面上的位置就恰好是掉落在它被释放位置的正下方。"

萨尔维亚拓斯:"但是如果我们所在的地球确实在运动呢,并且带着上面的塔跟随它一起运动,石头也是擦着塔的表面顺势下落,那么这块石头的运动是怎样的呢？"

辛普利丘斯："这样的话，我们就得说它有一个运动是使它从最高点下落到最低点，还有一个运动是随着这个塔的运动。"

萨尔维亚拓斯："所以它的运动应当是由两个运动合成的，通过这个分析得到的结论是，这块石头的运动就不能再被描述成一个简单的垂直直线了，还有一个横向运动，所以就不是直线运动了。"

辛普利丘斯："我不能说他说得不正直，但是我却非常明确地知道：它需要向横向运动。"

萨尔维亚拓斯："那么你就知道，只要观察掉落的石头是紧贴着塔下落的，你不能完全肯定它的轨迹是竖直且垂直的，除非你最初假设地球是静止的。"

辛普利丘斯："是的！因为如果地球是在转动的，石头的运动应该是横向的并不是完全垂直的。"

萨尔维亚拓斯："所以亚里士多德辩论中包含着不可能的地方，或者至少他觉得是不可能的地方，他不认为石头的运动应当是竖直方向运动和圆周运动的合成。因为，如果他觉得石头不可以同时做向心和圆周运动，他将会明白地球在自转和地球是静止的结果一样，石头都会紧贴着塔的墙面掉落。因此，他应该明白，紧贴着墙掉落这个现象与地球静止还是运动没有关联。但这也不能成为亚里士多德的借口，因为如果他考虑过运动的合成，那么他应当会表述出来，这个概念就应该出现在他的论证中，落实在他的资料里。也有可能是他考虑过，但不能说明这种合成效果是不可能的，或者他不能说出自己是这么认为的。第一种可能性不能被确定，所以稍后我会说明这不仅是可能的也是必要的；第二种可能性也不能被确定，因为亚里士多德他自己同意火自然地沿着垂直方向运动，也随着'周日运动'[1]（译者注：由于地球的自转，星体在一日内的视运动,太阳的东升西落也是周日运动的体现)而运动,从高空带来火和上方大部分空气的所有元素。因为如果他认为火垂直向上的运动同火与空气相交融的运动的合成是可能的,那他对于地球上石头垂直向下的运动和天体运动假说所认为的地球自转运动,认为这两个运动合成不可能的可能性就比较低了。"

在接下来的对话中,萨尔维亚拓斯为了证明他之前的讨论中所提出的观点,做了一个有意思的实验:

萨尔维亚拓斯:"如果我没说错的话,你对这件事的质疑比其他情形要多,比如对于鸟儿飞行的情况,鸟儿们扑翼便可以用它们自身的力量轻而易举地对抗地球本身的基本运动。比如,我们看见它们向上飞去,这对于任何重物都应该是不可能做到的。然而,当它们死掉了也就只会向下落。因此,你认为使上述各种投射物上天的原因并不适用于鸟类。这么认为是对的,而正因为这是对的,我们才会看到活鸟和死鸟的表现不同。如果你从塔顶释放一只活鸟和一只死鸟,死鸟就会像石头一样,首先遵循着地球自转规律,然后遵循着自由落体运动。但如果是那只被释放的活鸟,是什么阻碍着它(地球自转运动依然叠加在它的运动中)借助翅膀翱翔到某个它想去的地平线位置?并且这个新叠加的运动,由于是天空中的鸟完成的,我们并不是参与者,所以能够观测到。简而言之,鸟飞行效应绝大部分和发射投射物到地球上某个位置没有什么不同,只是投射物是外界发射器赋予的运动,而鸟是由于内部机制获得的运动。

在得出结论之前,如果以上所有的实验还是无效的话,还有最后一个证明,我现在想到了一个方便的时间地点去演示如何准确追踪所有被观察物体的方法。在某个大型游轮甲板下面的大房间里,把你和你的一些朋友关在里面;这个空间里还有蚊子、苍蝇以及其他一些带翅膀的小昆虫。同时,房间里放一个盛满水的大浴盆，里面放入一些鱼，还有一个吊起来的水瓶，让里面的水一滴一滴地掉落到正下方的细颈瓶中。然后船保持静止，观察里面小翅膀的生物是如何在整个房间里乱飞；观察浴缸里的鱼如何自由地游向各个方向；观察下落的水滴是如何全部滴入到下面的瓶子。你向彼此相距相同距离站在不同方向的朋友们扔同一个东西所需要的力也是相同的；往前跳，朝哪个方向向前跳的距离也都差不多。我们特别观察到这些细节，当然也没有人会怀疑，只要这艘船保持静止，这些事情就会这样发生。现在让这艘船以一个你喜欢的速度动起来，只要保证这个速度是匀速的且没有方向上的波动。你可能观察不到所有上述这些效果中的细微变化，你也不能从这些现象看出来船到底在不在动。产生这个现象与之对应的原因是：船的运动连带着里面一切的东西，甚至是空气也都一样在运动，当然这是对于甲板底下关在房间里的所有东西来说的；但是对于甲板上的物体以及甲板上方流动的空气，并没有跟随船一起动的这些空气来说，做上述实验所观察到的实验结果或多或少会和刚才的有所不同，无疑的是，烟囱排出的烟雾会像空气一样被留在了后面。当苍蝇、蚊子也都受到了空气的阻碍，并不能跟随船一起运动，在相距船一定的距离而彼此被分开，但是保持在附近。不过由于这艘船本身是一个错综复杂的结构体，它会带着本身的结构以及周围附近的空气一起运动，所以离船很近的小飞虫不需要克服任何困难就能跟着船一起运动。因为类似的原因，我们有时也会看到，骑马的时候令人讨厌的马蝇有时会跟着这群马，一会儿飞到这匹马上，一会儿又飞到了那匹马上。至于滴水的实验，结果差距是非常小的；向朋友扔东西和跳远的实验感觉的区别也是细微不可见的。"

萨格莱德斯："虽然我在海上的时候，没有想到要去做这些实验观察，但是我肯定这些结果就像你所描述的那样。为什么这么确定呢，因为我记得坐在船舱里，有上百次我都在想这艘船到底是开动还是处于静止状态，有的时候我觉得它是朝这个方向开的, 但实际上它确实是向其他方向开的。因此我被这些证明否定部分的无效实验感到满意和确信。

现在所遗留下的异议是基于经验所告诉我们的, 即一个快速旋转的物体会挤出一系列东西, 并且旋转的仪器也具有使附着在旋转机器上的物质分散的能力。这个事实是基于托勒密和其他人的观点, 如果地球是以一个很大的速度在做自转运动, 那么在它上面的石头以及物种都会被扔到上, 也不可能存在一种足够坚固的灰浆可以把建筑物固定在地基上, 使它们不会受到类似的挤压……"

伽利略在以上所陈述的, 通过一艘船封闭船舱中的力学实验是不可能知道这艘船是锚停在岸边还是在海上运动, 这一观点现在被称为"伽利略的相对论原理"。接下来物理学又发展了将近三百年, 这个基本原理才被阿尔伯特·爱因斯坦应用在一个匀速运动的密封船舱中所观察到的光学以及电磁学现象。伽利略对力学所做出的贡献也就到此为止了。

天文学家伽利略

伽利略是最早期的实验和理论物理学家之一, 除此之外, 他也在天文学上做出了巨大的贡献, 向人类敞开了围绕着我们的无限宇宙的一片视野。1604年, 因为在这一天晚上, 几千年来天文学家认为亘古不变的星河中忽然出现了一颗闪耀的新星(现在我们称之为"新星(novae)")。当时, 已经40岁的伽利略, 证明了这颗新星确实是一颗恒星, 而不是地球上层某种大气中的陨石, 并且他预测这颗新星会逐渐消失。并且根据亚里士多德哲学理论和教会教义, 天空本应该是绝对不变的,而天空中这颗新星的出现导致伽利略与许多科学领域的同事以及崇高的神职人员树了敌。伽利略仅仅在初步开始研究天文学的几年之后,就创造出了第一台天文学望远镜从而使天文学发生了彻底的变革。他用下面这段话描述了当时的情景:

"大约在10个月前,一个流言传到了我们的耳朵里:有位荷兰人精心制作了一个光学仪器,在它的帮助下可见的物体可以突显出来仿佛近在手边,甚至与观察者的眼睛距离很远的物体也是一样,一些流言中把这一惊人的效果吹嘘得神乎其神,有一些人相信,有一些人不相信。许多天之后,我收到一封来自法国巴黎著名的神职人员雅可比·贝德维尔的来信,信里面写着有关这件事的确切消息。这使我自身完全投身于这件事情,试图找到它背后的理论依据并且发现了能让我创造一个相似仪器的一些方法,最终通过考虑光的折射理论,我最终算是完成了。我首先准备了一支铅管,管的末端放置了两片玻璃镜片,这两个平面都放置在一面,一个镜片是球面凸面,而另一个则是凹面。"

建立完这个装置之后,他指向了天空,然后壮阔的宇宙就展现在他眼前了。他观测了月球并且发现:

"月球表面并不是完全光滑、没有不平坦的地方或者恰好是个球体,就像一大批学院派的哲学家所认为的月亮和任何其他天体那样,而是完全相反的,它充斥着不平坦和不平衡,凹陷和凸起,就像地球自身的表面一样,在地表各处有着高耸的山脉和深深的峡谷。"

伽利略又观察了行星,并且他发现:

"这些行星周围的环是完整的圆形，就像被一副圆规画出来的一样，并且在它的周围围绕着好多小卫星，它们完全被照亮了，并且呈球状。但是恒星完全不能被肉眼（这一定是第一次用到这种表达）看见，它们看起来就好像被一个圆周所束缚，但是更像是光源向各个方向发射光柱，非常耀眼，通过望远镜与简单地观测看过去的形状是一样的。"

在1610年1月7日，他观测了木星：

"木星附近有三颗小卫星，虽然很小但是很明亮，并且它们围绕着这颗行星，虽然我认为它们应该属于恒星的一种，但是这让我稍微有些怀疑，因为它们看起来恰好被安排在一条直线上，平行于木星黄道，并且比其他的星星都要亮，大小和它们差不多……东边有两颗卫星，有一颗独立的卫星向着西方……但是当1月8号，由于一些错误，我重新观测到了天空中相同的区域，我发现了一个非常奇特的状态，这三颗小星星都在木星的西边，并且它们之间的间距比之前的要小。"

因此，伽利略得出结论：

"天空中有三颗卫星在空中围绕着木星运动，就像金星和水星围绕着太阳运转一样。"

他观测了金星和水星，并且发现它们有时就像月亮一样会呈现出新月形状，于是他总结道：

"金星和水星围绕着太阳运动，就像所有其他的行星也是如此。这是毕达哥拉斯学院的哥白尼以及开普勒都确实相信的一个事实，但是从未被我们认知的证据来证实，就像现在用金星和水星的观测来证明一样。"

他又观察了银河并且发现：

"……（银河）不过是众多一束来束无穷多恒星聚集在一起的集群带。"

伽利略使用望远镜得到的这些发现为哥白尼宇宙系统的正确性提供了强有力的证明，他兴高采烈地到处谈论着这件事。但是这当然不是宗教裁判所能允许的，他因此被逮捕并且接受了很长时间的审问和禁闭惩罚，不过这看起来并没有打击到他的奋斗精神！1633年1月15日，最后一个庭审的几个月前，伽利略给他的朋友艾拉·迪奥达蒂写了一封信，信中写道：

"当我问道：是谁把太阳、月亮、地球以及星星安排在各自的位置并且使它们运动的？我得到的答案很可能是：这些都是上帝做的工作。当我继续问道，谁写了《圣经》这本书？我肯定会听到他们说这是圣灵的工作，这也就是上帝的工作。现在如果我提出疑问，如果圣灵所说的话是为了迎合普遍没有受教育的大众的认知而与真理相悖又如何呢？我相信所有的神圣作者们都会拿各种引证来告诉我，这确实就是这本圣经的习俗，而引证中成百上千的文章简直就是异端和亵渎，因为当中的上帝是充满憎恶、懊悔和遗忘的存在。现在如果我问，大众所理解的上帝，是不是曾经改变过他的工作，或者是否改变过对于人类来说难以改变或者难以企及的大自然呢？自然是否总是保持同样的运动规律、形态以及宇宙划分？我听到的答案肯定是，月亮一定总是圆的，尽管它很长时间都被认为是平的。把所有这些都浓缩为一句话：没有人会主张自然会为了迎合人类的喜好而发生变化。如果这就是真实情况，接下来我就会问，我们的目的是去理解世界不同的部分，为什么必须要从研究上帝的话语开始，而不是从他创造的自然开始调查呢？他所做的工作难道不比他说的话更有力量吗？如果一个说地球在运转的人就是异端，如果之后通过实验和理论，地球向我们展示了它确实在转，那么会使教会处于一个很不利的境地！相反，如果每当结论和神的话不一致时，我们都把圣经放在次要位置，这样就不会产生什么不利影响，因为为了迎合众人，圣经通常会做出修改，并且已经与上帝的品质脱离了。因此，我一定要提出质疑，每当涉及太阳或者地球这个问题时，为什么我们要坚持圣经上所说的话就是不可撼动的呢？"

1633年6月22日，69岁的伽利略被带上了法庭，在教堂圣灵办公室的裁判面前，他跪下来"认罪"：

"我，伽利略·伽利莱，佛罗伦萨老文森罗·伽利略之子，70岁[1]，被带到这里接受审判，在最尊贵最有权柄的上帝红衣主教们以及世界基督教联邦对抗堕落异教的主检察官面前跪下。在我眼前的是《圣经四福音书》，我把我的双手放在上面，发誓我一直以来都信仰上帝，并且发誓在上帝的帮助下，我将来会相信罗马的圣天主教和使徒教会所秉承、教导和传教的每一段章节。但是因为我曾被你们圣灵办公室的所有人命令禁止再说'太阳是在中心且不需要公转'的错误观点，并且禁止我以任何形式持有上述观点、为上述错误教义辩护，或将上述观点传授给任何人……所以我自愿从你们至高权柄的大人们以及每一个

1.这是伽利略认罪稿件的原文，他当时实际上69岁4个月零7天。

天主教徒的思想中将对我激烈又公正的怀疑移除，因此，我怀着一颗虔诚的心和真实的信仰，公开放弃、诅咒并且憎恨所谓的错误和异端以及总体上违背我们神圣教堂的每一个言论和宗派。我发誓，我以后再也不会发表任何言论或者坚持任何言论，无论是在口头上还是文字上或者是会引起人们对我产生类似怀疑的任何一种方式上。不过，如果让我听闻了任何异端，或者任何被怀疑是异端的人，我就会告发他，并把他带到圣灵办公室面前或者带到我应该站立的审讯官和公众的立场上。而且，我发誓并且承诺对于圣灵办公室之前和即将让我做的忏悔，我都会实现并且完全遵守。但是如果我违反了刚才所说誓言中的任何一句，如果我站在了别的立场上（这是上帝所不允许的），那么我自身会承担所有痛苦并服从由神圣教会法以及一般和特殊的组织章程里面关于背叛所制定的责罚。所以，我双手触碰的《圣经》也请帮助我，我，伽利略·伽利莱手扶圣经公开起誓，许下诺言，以上所说均出自我口。并且作为以上的见证，并且在此签名，我本人写了以上的公开宣言，每一个字我都会熟记于心。"

有个传言故事说，在伽利略"认罪"结束的一刻他高呼道："Eppur si muove（尽管如此，它在动）！"这个传言只不过是一个古老的轶事，轶事中说道伽利略正盯着一只不小心进到教堂圣灵办公室的小狗，而它在友好地摇着尾巴。被定罪为异端之后，伽利略被限制在靠近佛罗伦萨阿尔切特里的小镇上，也就是我们现在所说的"软禁"。1642年1月8号，完全失明并认为失去了活着意义的伽利略就这样去世了。

第三章 上帝说，"牛顿诞生吧！"[1]

　　伽利略在他佛罗伦萨的隐蔽住所中去世的那一年，一个名叫艾萨克的早产儿诞生在了林肯郡农场里姓牛顿的这户人家。刚上学的那几年，没有任何迹象可以显示艾萨克将来会成为伟大的人物。他是个体弱多病、生性腼腆的男孩，不愿意与人相处，认为还不如去看书学习。改变他性格的一件事是一次和同学打架，这个孩子是班上学习最好的孩子，对其他男孩也是一副盛气凌人的样子。牛顿被那个恶霸（他的名字没有人记得了）一脚踢到了肚子上之后，牛顿开始反击，用（牛顿）"无上的精神和必胜的决心"把恶霸打倒了。牛顿在体能的比拼上赢得了胜利，牛顿决定在头脑上也赢过他，经过了刻苦的努力，他成为了班上成绩最好的学生。在另一场与母亲的争论中牛顿也得到了自己想要的结果，他的妈妈想让他继承农场的工作，但是，他18岁考入了三一学院，全身心地投入到了数学的学习中。1665年，牛顿获得了他的学士学位，当时还没有什么显著成就。

1.摘自亚历山大主教（1688-1744）的一首诗：

　　　　　"自然界和它的律法

　　　　　被黑夜笼罩着；

　　　　　上帝说：'牛顿诞生吧！'

　　　　　一切都明朗了"

瘟疫时期的进展

1665年仲夏，一场严重的瘟疫席卷了伦敦，短短几个月之间，每10个伦敦人就有1人死于瘟疫。由于剑桥大学距离瘟疫爆发中心很近，所以这年秋天，所有学生都被遣散回家了，学校也关门了。因此，牛顿返乡回到了林肯郡他父母的家，在那待了18个月直到剑桥大学重新开门。

在乡间退隐的这18个月是牛顿一生中最高产的时期，可以说所有使全世界都感激他的想法就是在这段时间产生的。

引用他自己的话说：

"1665年初，我发现了……任何阶二项式级数的展开规则[1]。同年5月，我发现了正切的计算方法……并在11月提出了流数术的直接计算方法（流数就是我们现在所谓的微分），下一年1月（1666年1月），我给出了光色原理，接下来的5月，我得出了反流数术（积分），同年我开始思考月球在轨道所受的重力……并且……对比了需要将月球保持在轨道上运行的力以及在地球表面上受到的重力。"

牛顿此后的科学生涯就贡献在了发展他在林肯郡产生的这些想法上。

牛顿在他26岁时，成为了剑桥大学的任职教授，并于30岁时被选为皇家学会会员，这是英国最高的科学荣誉。根据他自传中所记载的，牛顿是典型的心不在焉的教授。他"永远不在兜风、散步、打保龄球或者其他的娱乐和消遣的事情上花费时间，他认为只要不是花在研究上的时间就都浪费了"。他通常废寝忘食地工作直到凌晨，偶尔他的同事

1.这个就是现在高中代数课教授的所谓的"牛顿二项式定理"。

在大学食堂里碰到他,他出现在食堂时"鞋子拖拉到脚后跟,长筒袜也打着卷,衣装不整,连头发也不梳。"牛顿由于经常沉浸在自己的思维里,在处理日常问题上他就会显得十分天真和不切实际。有一个故事说:"有一次,他为了他的猫方便进出,就在门上打了一个洞。当这只猫生了小猫之后,他又在这个大洞旁边打了好多小洞,每只小猫对应一个洞。"

作为一个要和别人打交道的人,牛顿不是那么讨人喜欢并且经常和他的同事发生矛盾,也许从多年前跟那位同学打架就能反映出来了。他与另一位剑桥大学的物理学家罗伯特·胡克(电学理论的开创者)也有过一次激烈的争吵,他们争论的内容是谁先发现了光色原理和万有引力定律。另外比较严重的争论,一个是和德国数学家哥特弗里德·莱布尼兹争论关于发明微积分的先后次序,另一个是和荷兰科学家克里斯蒂安·惠更斯在有关光学理论的问题上发生过争执。几乎没怎么和牛顿讲过话的天文学家约翰·弗兰斯蒂德,将牛顿评价为一个"阴险的,雄心勃勃的,极其渴望被赞扬的,对于否定意见完全没有耐心的人……虽然本质上是一个好人,但是生性多疑。"

牛顿在剑桥大学的这些年,致力于研究自己在23-25岁之间所产生的天才的想法,但是他却将自己的大部分发现当成秘密隐藏了起来。这就导致了在他年纪很大时所有这些成果才得以发表出来:力学和重力的研究成果发表于他44岁时,光学的工作成果发表于65岁。

牛顿定律

牛顿发表于1686年5月8日的《自然哲学[1]的数学原理》一书的前言中，这样写道：

"由于古人认为力学原理对于自然规律的研究至关重要，并且现在人不满足于实体形式和神秘的特质，努力从自然现象中总结出数学规律，所以我在本文中要将数学发展到它所联系的（自然）哲学。古人对于力学是从两个方面考虑的，一方面是合理性，通过论证精准进行，另一方面就是实用性。而对于实用力学，所有手工技艺（即工程）都属于此，由此力学得到了它的名字。但是工匠并不能完美精准地工作，这就是力学和几何学完全不同的地方，完全精确的就叫作'几何学'，而不需要很精确的就是'力学'。然而，不精确不是力学本身的属性，而是工匠的错误。准确度不高的工匠是个不完美的技工，如果有个人能达到几何学的准确度，那么，他将是全世界最完美的技工……

我的考量出自（自然）哲学而非工程角度，我所写的论文是关于自然力量的讨论而不是人为能达到的程度，我的研究对象主要是关于重力，轻浮（浮力），弹性力，流体的黏性，还有类似的力学，无论是引力还是斥力。因此，我把这个工作成果命名为'（自然）哲学的数学原理'。因为，从运动的现象去研究自然界中的力，又通过这些力演示其他的现象，这其中似乎包含着哲学的整个思想……

我希望我们能从…力学原理…解释自然现象，因为有很多理由都让我怀疑，这些现象都可能是因为物质粒子间的种力造成的，通过至今未知的某种原因，要么向彼此相互推动，凝聚成常规的形状，要么相互排斥，彼此间相互远离。这些力还是未知，哲学家们至今为止在本性上的探索都是徒劳的；但是我

1.在当时，"natural philosophy"的意思是对自然规律的研究。

希望这背后隐藏的基本数学原理能给力学现象或是(自然)哲学的某些真实方法带来一些亮光。"

　　在上面引用的文字中，牛顿给出了对所有物理现象通用的所谓"机械论"（译者注：狭义机械论自然观是指一种用力学解释一切自然现象的观点，它把物质的物理、化学和生物的性质都归结为力学的性质，并且自然界中一切事物都完全服从于机械因果律，这种机械唯物主义观点最突出的代表是拉普拉斯决定论。广义的机械论自然观是指在狭义机械论自然观基础上发展而来的，一种服从绝对因果律的自然观，持这种自然观的代表科学家是爱因斯坦）的思路，这个观点在物理学一直沿用到本世纪初，仅仅在相对论和量子理论的冲击下才受到冲击。将目标数学化之后，他继续将力学现象用数学过程清晰而准确地表示了出来，这样的数学表达清晰而标准到可以被照搬到任何一本现代经典力学书中。在此，我们直接引用牛顿《原理》一书的开篇，为了说明17世纪科学术语的现代含义，只在某些地方（括号中）添加了注释。

定　义

　　定义I.物体的量（质量）是物质的度量，可以由它的密度和体积共同求出。

　　因此，两倍密度的空气占两倍空间（两倍体积），它的质量则是四倍；两倍密度的空气占三倍空间（三倍体积），它的质量则是六倍。对于雪、细粉尘或者粉末这些可以被压缩、液化或用其他方式可以浓缩的物体都能这样理解……（用现代的语言来说，任何给定物体的质量等于它的密度乘以它的体积）

定义Ⅱ. 运动的量是运动的度量，可以由速度和物体的量共同求出。（用现代的语言来说，运动的数量，现在通常被称为"机械动量"或者简单来说"动量"等于运动物体的速度乘以它的质量。）

整个系统的动量是系统各部分动量的总和。因此，两倍质量的物体以相等的速度运动，则运动的量（机械动量）是两倍；两倍质量的物体以两倍速度运动，则运动的量（机械动量）是四倍。

定义Ⅲ. 内力，或者物体固有的力，是一种起抵抗作用的力，每个物体通过这种力，根据内部力的大小，继续保持着它现有的状态，无论物体是在静止，还是处于匀速直线运动。（惯性力）

这个内力总是与物体的质量成正比，这个力在物体静止的时候感受不到，但是我们可以去理解它。一个物体由于自身的惰性，需要做些努力才能改变其现有的静止或运动状态。这种现象正是因为这种内力的存在，用一个最重要的名字，它现在被称为"惯性力"或者惰性力……

定义Ⅳ. 外力是一种对物体有推动作用的力，使其改变静止状态或者匀速直线运动的状态。

这种力只在施力过程中存在，一旦作用停止，这个力就不再施加在物体上了。每当物体获得一个新的运动状态后，就会有惯性力使其保持在这个状态。但是，外力的起源各不相同，有可能是振动产生的外力，压力产生的外力，或是向心力。

在给出了质量、动量、惯性力以及外力的定义之后，牛顿接下来给出了运动的基本定律。[1]

定理I. 任何物体都会保持它的静止状态或者匀速直线运动状态，除非有外力施加到这个物体上使它被动地改变了运动状态。（图3-1a）

在不受空气阻力或者被重力下拉的情况下，被抛掷的物体会一直保持它的运动向上。一个陀螺，虽然在内聚力的作用下各部分逐渐从直线运动偏离，但是它不会停止转动，除非它受到了空气的阻碍。至于更大的运动物体，比如行星和彗星，它们在更自由的空间会受到较小的阻力作用，于是它们的运动，无论是进动还是圆周运动，维持的时间会长得多。

定理II. 运动的改变量（即机械动量）与所受到的力成正比，并且方向与所施加的力的方向在一条直线上。（图3-1b）

如果某个力产生了一个运动效果，那么，两倍的力就会产生两倍的运动效果，三倍的力会产生三倍的运动效果，无论这个力是一次性施加的合力，还是一段时间内连续施加的力。如果被施加力的物体在运动，那么，获得的这个运动改变量（永远与施加力的方向相同）会给原来的运动有一个增加或者减少的效果，增加或者减少取决于运动改变量的方向与原来的运动方向一致或者相反（运动方向一致，则新动量为原来动量与改变量之和；运动方向相反，则新动量为原来动量减去改变量）；或者在两个方向有夹角的情况下，如果它们有夹角，则会在二者的合成下，产生一个新的合成运动。

1.译者注：之后的定义V, VI, VII, VIII都是关于向心力、向心力的度量，向心加速度的度量以及向心运动量的度量。

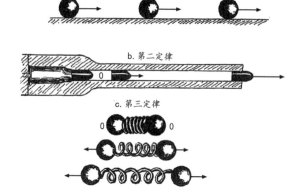

图3-1

牛顿三大运动定律：（a）置于水平面的小球不受任何外力的情况下，会沿着它本身的运动方向保持匀速直线运动。（b）一颗在枪膛中的子弹受到气体冲击被推出枪膛的这一段过程在持续加速。（c）左右两个小球在中间连接它们的弹簧处于压缩状态时会受到弹簧给两边相等的推力。如果假设图中两个小球的质量相等，那么，它们接下来会以等大反向的速度运动。

　　牛顿第二运动定律可以用公式写成稍微不同的另一种形式。因为动量等于运动物体的质量乘以它的速度，所以，动量变化率就等于运动物体的质量乘以速度变化率，即加速度。因此可以得到，运动物体在某个力的作用下产生的加速度与这个力成正比，且与物体的质量成反比。基于这个定律，我们可以定义一个单位力，将其定义为作用在1克的物体上使其以1厘米/秒^{2}的加速度在加速。这个单位力称作1达因，它是一个相当小的力，差不多是蚂蚁能负担的载荷。在工程上，我们通常使用的单位是它的10^5倍，这个单位被称为一个"牛顿"。

　　当一个给定的力作用在某个物体上并使它移动了一段距离，这个力与距离的乘积被称为这个力所做的"功"。如果力用达因来表示，距离用厘米来表示, 那么衡量功的单位就是"尔格"。出于工程目的, 能量通常用一个大很多倍的单位"焦耳"表示; 1焦耳等于10^7尔格。我们也同样可以引入功率的单位, 表示单位时间做了多少功, 它的单位通常是尔格每秒, 而没有一个特定的名称。工程上我们会用"瓦特"这个单位, 1瓦特等于1焦耳/秒或者10^7尔格/秒, 还有马力这个单位, 1马力等于751瓦特, 或是0.751千瓦。

定理III. 对于每一个作用, 通常相对地会产生一个相等的反作用。或者说, 两个物体对于彼此的相互作用总是等大反向的。(图3-1c)

无论是拉还是推另一个物体, 施力物体都会受到受力物体相等的力的牵引或是按压作用。也就是说, 在对另一个物体施加力的时候也会受到这个物体的反作用力。如果你用手指摁压一块石头, 手指也受到了石头的挤压。如果一匹马系了一根绳子拉着一块石头, (如果我可以替它说话)这匹马也会感觉到石头在后面拉着自己。这根绷紧的绳子为了不让自己产生弹性形变而牵引着马, 它传递了相同的力把马向石头的方向牵引, 就像它向着马的方向牵引石头一样, 这样它阻碍一方的进程以及它使另一方前进的力一样大……

有人会问, 那么为什么只是马拉着石头向前, 而不会石头拉着马向前呢? 当然, 问题的答案在于地面摩擦力的大小不同。当马的四只脚掌比石头更紧地压在地面上, 马就会拉动石头; 但如果不是这样的话, 那么, 当马试图拉动石头, 它只能无奈地用蹄子在地面上滑动而保持原地踏步, 石头却纹丝不动。如果在石头下面安装滑轮就会减少石头与地面之间的摩擦, 从而使马省了好多的力气。进一步来说, 如果地面的摩擦力是不存在的, 水塘冻住时的冰面可以近似满足这一条件, 那么除非二者质量恰好相等，否则两个物体一方给另一方施加拉力（或推力），二者产生的运动就会不同，因为对于一个给定的力产生的加速度与质量成反比。想象一个瘦男人和一个胖男人面对面站在冰面上，一个人推了另一个人一下，那么瘦男人往后滑退的速度比那个胖男人要快得多。类似地，由于子弹的质量比手枪轻得多，所以发射子弹时，莱福枪的后坐速度比从它的枪膛射出子弹的速度要小得多。

这个反作用原理在所有类型火箭的制造中都有应用，火箭燃料燃烧产生了大量气体，火箭燃料燃烧产生的气体以很高的速度从火箭喷嘴向后方冲出，这一过程的结果使得火箭本身被向前推进。火箭在燃料燃烧殆尽后所能获得的最终速度取决于火箭和燃料的质量比，为了获得最大的效率，应当使这个质量比越小越好。形象地比喻一下，现代火箭设计中火箭除去燃料以外的系统总质量与燃料质量的比值大致等同于一个空的鸡蛋壳与鸡蛋里面内容物的质量比。

这里不是讨论现代火箭行业的工程问题的地方，我们就以发生在佛罗里达州卡纳维拉尔角发射场的有趣小插曲结束这个问题的讨论吧!当地小学开学的第一节课上，一年级的老师想知道小朋友们对读、写、算（3R）的了解程度。小强尼主动举手说：“我会数数!”老师说：“那你来吧，我们听你数一数。”小强尼便开始说，“10, 9, 8, 7, 6, 5, 4, 3, 2, 1……发射!”

从空间飞行的问题回到了牛顿身上，要让这个转折看起来不那么牵强，应该提到牛顿是第一个产生发射地球卫星想法的人。在《自然哲学的数学原理》这本书的第三卷中我们可以读到：

“行星在向心力的作用下保持在各自确定的轨道上运动，如果我们把这些运动看作投射的结果就可以很容易理解。由于重力的作用，抛出一块石头它不会沿着初始的投射方向径直地飞上天，而是会在空中划出一条曲线，并沿着这条曲线最终落到地面上。以更大的速度投掷这块石头，它在落到地面上之前划过的距离就会越远。因此，假设我们以递增的速度分别投掷石头，石头对应划过了1, 2, 5, 10, 100, 1000英里……然后落到了地面上，直到某个极限状态，以某个速度抛掷石头后，石头不再落到地面。定义AFB【图3-2】表示地球表面，C是地心，VD, VE, VF是从某个很高的山顶上（毋庸置疑……肯定是在英格兰高地上的某个地方）以逐渐增大的速度水平抛掷物体后，物体分别的下落曲线。并且，由于高空大气稀薄，在高空中的运动受到的空气阻力很小，为了类比同样的情况，我们假设地球上没有空气或者至少在空中运动的物体受到的阻力很小到可以忽略不计。同理，圆弧VD以内的曲线是以较小的速度抛射物体产生的运动轨迹，圆弧VE之外的曲线是以更大的速度抛射物体产生的运动轨迹，继续增大速度，落地点到达较远处的F、G，如果再继续增大初速度，最终物体的运动轨迹将接近地球表面外的这个圆周，被抛掷的物体将会回到山上抛出它的原点……

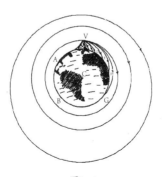

图3-2

地球卫星轨道是从山顶抛出物体一次比一次更远的极限情况。（与牛顿《原理》一书中的原图有些许改动）

如果现在我们想象从更高的高度水平抛射物体，高出5，10，100，1000英里或者更多的英里，甚至会高出几个地球半径的高度，那么，具有不同速度的这些物体，由于在不同高度所受到的地心引力不同，产生的轨迹有可能是地球的同心圆，也有可能是不同的偏心轨道，并按照各自的偏心轨道持续绕着轨迹运行，就像行星在它们的轨道中运行一样。"

这段文字体现了一个思想，就是使石头下落到地面以及使天体在轨道中运行的成因都是同一个力，也就是重力，据说是牛顿观察到一个苹果从树上掉落而第一次萌生的这个想法。无论"一个苹果带来的灵感"是真是假，它引出了下面这段有趣的诗句：

艾萨克先生走着，并陷入沉思当中，
农场的邻居看见他，
正苦思冥想万有引力定律，
邻居劝他停下脚步，一起聊会天！
一阵风吹过，
牛顿朋友果园中，
苹果树上的白花徐徐飘落，
一直铺到小路的尽头。

邻居对牛顿说："请您止步！
今天我想跟您聊两句。
整个镇子都在说关于您的事，
说您看到苹果落下了，

然后就让您有了名望。

请您告诉我,这是怎么回事吧!先生——我想听您说更多。"

"没什么不能说的,"牛顿回答,"当然,我来告诉您!

你知不知道,有同样的一个力——

这个力随着地球半径的平方减少着,

或者是r,从这到制高点的距离——

它控制着我们忠诚的月亮

也作用在了苹果上。迟早啊……"

"请不要再说了!"邻居说,"不要再说了!

这不是我想要知道的。

我唯一感兴趣的,

就只有那颗繁茂的苹果树,

以及它上面所结的一颗颗果实。

在这条安静的乡间小路上,在温和阳光的滋养下逐渐成熟,

你觉得这苹果能卖多少钱一斤?"

由B·P·G·提供英文版,

——篇来自无名作者未发表的俄语诗

为了进一步建立重力与物体到地心距离之间的关系,牛顿决定将地球表面上石头(或苹果)的自由落体与月亮的绕地飞行进行对比,根据上面的论述,月亮的在轨运动可以被看作永远不会落到地面的一次投掷。通过这个方法,牛顿就能把月球所受的"天体力"与我们日常都

能感受到的地面物体所受的"地表力"做比较了。

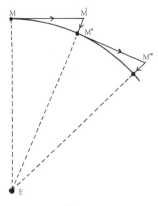

图3-3

将月球绕地球运行看作是一个持续下降的过程（cf.图3-2），牛顿就可
以计算出月球所受的重力引起的加速度。上图示意了这个计算过程。

在此，用稍微现代化的语言来表述他的观点，如图3-3中所示。图
中所示的是，月球M绕着地球E沿着（近似）圆形轨道运行。在M点的位
置上，月球具有的速度垂直于圆形轨道半径。如果在这个位置上不受
外力，那么月球会沿着直线运动下去，单位时间之后运动到点M′的位
置。然而，由于它真正会到达的位置是点M″，所以M′M″的连线可以被
看作单位时间内月球向着地球的方向"自由落体"移动的距离。根据毕
达哥拉斯定理：$M'M'' = \sqrt{EM^2 + (MM')^2} - EM$（因为$EM'' = EM$），又因为
$MM' \ll EM$（译者注：公式错了），所以上面的公式右边代数上近似等
于：$\dfrac{(MM')^2}{2EM}$ 或者 $\dfrac{1}{2}\left(\dfrac{MM'}{EM}\right)^2 \times EM$[1]，

其中，MM'/EM很明显表示的是月球绕地飞行时的角速度，即1
秒内月球在它的轨道角位置的变化。因为月球绕地球一圈正好用一个

1.译者注：上下同乘$\sqrt{EM^2 + (MM')^2} + EM$可得。

月的时间, 所以月球的角速度等于一个月经过的角度2π除以一个月的时间, 将时间换算为秒, 角速度为2.66×10^{-6}弧度/秒。但是, 在对加速运动的讨论中, 我们已经知道第一秒移动的距离等于匀速直线运动某个物理量值的1/2, 这个量被叫作"加速度", 于是我们可以推断, 将月球保持在它轨道上运行的力产生的加速度为$(MM''/EM)^2\times EM$。通过上述计算的月球角速度数值, 并代入月球到地球的距离, 它的值为: 384, 400千米或者3.844×10^{10}厘米, 牛顿计算出了在月球的距离处, 重力产生的加速度的值为0.27厘米/秒^2, 它远比在地球表面上受到的重力加速度(981厘米/秒^2)要小得多。不过, 这两个加速度数值, 和月球到地心的距离和下落苹果到地心的距离之间存在着一个非常简单的关系。确实, 981与0.27的比值是3640, 恰好等于月球轨道半径与地球半径比值的平方。因此, 牛顿得到了这样的结论: 地球引力以到地心距离平方的倒数的规律在减小。

把这一发现推广到宇宙当中所有的物质体, 牛顿给出了万有引力定律: 所有物体间均存在一个相互吸引的力, 这个力与它们的质量均成正比, 而与它们之间距离的平方成反比。将这个定律应用于围绕太阳运转的行星运动中, 他推导出了我们在前一章中所介绍的"开普勒三定律"。

18世纪和19世纪伟大的数学家们在牛顿研究的基础上做了进一步的发展, 从而诞生了天文学的一个重要分支——天体力学, 这一学科使我们能够将万有引力的相互作用下太阳系中行星的运动计算到很高的精度。其中, 天体力学最大的一项成就发生于1846年, 一颗新行星——"海王星"——被人们发现了, 法国天文学家U·J·J·勒韦里耶和英国天文学家J·C·亚当斯分别预测到它的存在以及运行轨道, 观察到天王星的运动由于受到当时还是未知的某个行星的万有引力而发生了扰动,于是在此基础上各自独立预测到了"海王星"的存在并对它的运行轨道进行了预测。1930年,又发生了一件类似的事情,也是通过理论计算的结果显示还存在一颗类"海王星"的天体,它之后被命名为"冥王星"。

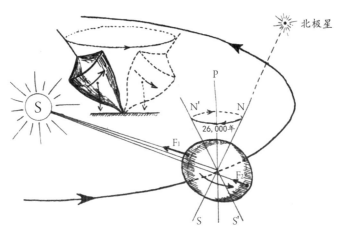

图3-4

牛顿对于地球自转轴的"岁差现象"做出的解释。由于万有引力随着距离的增大而减小,图中赤道面向太阳凸起的那个点所受的万有引力F1大于背离太阳赤道上的凸起点所受的万有引力F2。因此,两个力的合力在地球的自转轴上有产生"回复力"的趋势,即使地球自转轴垂直于地球绕日轨道的趋势。这种情况类似于旋转轴倾斜的旋转陀螺,它的重力即它的重量有将它的转轴回复到竖直方向的趋势,并且就像旋转的陀螺只要它在旋转就不会向一边倒下,而是像在半空中中心转轴围绕某个竖直转轴形成一个圆锥表面一样,地球的转轴也不会真的在回复力的作用下垂直于轨道平面,而是形成一个圆锥表面。

牛顿将自己的万有引力定律应用到天体运动中,他首先对普鲁塔克时代就发现的"岁差现象"给出了第一个解释。他认为,由于地球的转轴与它所在的行星（椭圆）轨道平面有倾角，所以地球赤道上近日点与远日点所受的太阳的万有引力，一定会引起地球自转轴绕某条垂直于椭圆轨道平面的直线缓慢地旋转，旋转周期约为26,000年（图3-4）。这个解释在当时同时代的天文学家中引起了强烈的反对，因为当时人们相信，在没有测量误差的情况下，我们地球的形状并不是扁南瓜形，它在赤道附近更宽一些，地球更像是一个西瓜，两极之间的距离要比赤道的直径大一些。

为了解决这一争论，法国数学家P·L·M·德·莫佩提组织了一次去丹麦的拉普兰长途探险旅行，目的是要测量北纬地区一度子午线的长度，路上他们很多次遭遇与狼群遭遇的险情。他的测量结果证明牛顿的观点是正确的，于是伏尔泰在给他的信中开玩笑地写道：

"你得去一趟那片无聊的土地才能确定的事实，牛顿在家就知道了。"

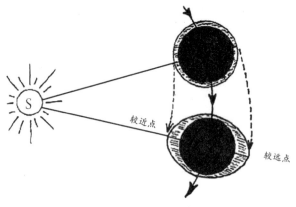

图3-5

牛顿对于海洋潮汐的解释。由于万有引力随着与太阳距离的增大而减小,地球正在白天的这一侧海洋中的水受到的引力稍微大于地球固体所受到的万有引力。同样,地球处于黑夜的一侧海洋中的水受到的万有引力小于地球固体所受到的万有引力。由于这些力之间的差距导致了这样一个结果:白天水表面有比海底升得更高的趋势,而夜晚那边的海底相比于海表面却受到了"向下的拉力"。这两个效应共同形成了两端水体的凸起,随着地球围绕自转轴的旋转,围绕地球表面的水体每24小时在经过这两个位置时就会发生两次潮汐。

　　用相同的思路,牛顿又解释了海洋潮汐现象,地球面向太阳和背离太阳的两个半球受到来自太阳的万有引力是不相等的。(图3-5)。

　　牛顿《原理》第626页上有固体动力学和流体动力学所有分支的内容,但在这里我们再给出一个问题,因为这个问题比较简单也不失趣味性。这个问题是关于以一定初速度向某种耐阻介质(比如空气或者水)射入一些投射物,之后来探究投射物的运动。这些物体在速度减小为零之前能移动多远的距离呢?

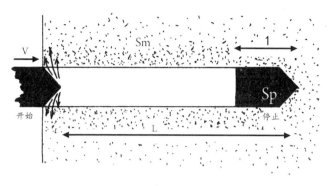

图3-6

子弹穿透介质的牛顿理论。

这一情形可以用图3-6简要地表示出来,图中所示是一颗从枪支射出的子弹在空气或者水中运动,现实中也可能发生这样的事件。比如,从枪射出的一颗子弹进入到空气中或者水中。子弹在介质中运动时,它一定会明显地把前方的介质挤压到四周以钻出一条通道来让它前进。当速度很快时,介质阻力的影响相对较小,投射物主要的能量损耗是由于需要将高速传递给介质,让它们移动到一旁。从这个截面可以很容易地看出,两侧介质的速度几乎等于前进的子弹的速度。因此,当移动到旁边的介质的质量和子弹本身的质量达到同一个数量级时,子弹会停下来。于是,我们可以推断:隧道长度与投射物长度的比值一定和投射物材料的密度与介质密度的比值相同,即:

$$\frac{L}{\iota} = \frac{P_p}{P_m}$$

当然,这个等式只是近似成立。但是尽管如此,我们仍然可以由此得到一些有趣的推论。如果我们把一颗钢制的弹药(密度大约是水密度的10倍)投射到空气中(密度大约是水密度的1/1000),那么射程预计是弹药长度的10,000倍(如果它在停止运动前没有掉落地面的话）。而一枚大型海军火炮弹药大约是5英尺长或者更长，所以它的射程应该在50,000英尺或者超过10英里。而另一方面，一颗1/2英寸长的子弹从一个女士左轮手枪射出很难达到超过400英尺的射程。在水中，水的密度只比钢的密度小10倍左右，一颗子弹移动大约自身长度的10倍之后，它就会损失掉大部分的能量，这就是为什么浮潜者使用长的金属箭猎取他们水下的猎物。有趣的是，穿透的距离与投射物初始的速度无关（假设初始速度足够高的情况下）。这个现象使美国军方的专家都很困惑，他们让爆炸性的导弹从不同的高度穿入地面，并认为高度越高，那么穿透的地表应该会越深。但是穿透的深度似乎与导弹从什么高度坠落无关（因为从不同的高度坠落的导弹会获得不同的初速度），这让专家们一直摸不着头脑，直到有人向他们指出了牛顿《原理》这本书的这一段文字，他们才恍然大悟。

流体静力学和动力学

法国数学家布莱兹·帕斯卡在流体运动和平衡的问题上，基于牛顿研究的基础上做了补充和拓展。牛顿出生那年，帕斯卡才19岁，而牛顿去世那年，另一位瑞士物理学家丹尼尔·伯努利正值27岁。"帕斯卡定律"与"阿基米德定律"一起构成了流体静力学的基础，"帕斯卡定律"指出，被压缩放置于封闭容器中的流体（液体或者气体）对容器的各个部分单位面积施加的压力是相等的。"帕斯卡原理"在各种液设备上有着重要的应用。事实上，如果我们有两个直径不同的圆柱形桶A和B（图3-7），中间用一根细管连接，并且顶部都用活塞塞住，那么直径较大（较宽）的活塞表面受到的合力将大于直径较小（较窄）的活塞表面所受到的合力，并且这个力与圆柱桶的横截面积成正比。因此，在窄的圆柱桶活塞上用手施加一个较小的力，另一端宽的圆柱桶活塞上就会产生一个很大的力，这个力大到能够把沉重的马车抬起来。不过，这种效果的代价是：宽筒活塞的位移将会相应地比窄筒活塞的位移小很多。

图3-7

根据"帕斯卡原理"，手所施加的力可以抬起一辆沉重的马车。

"伯努利定理"或者说通常所说的"伯努利原理"，这个定理的内容是：流过不同直径管道的流体运动规律，而且结论第一眼看起来有悖于我们的常识。想象一根水平变直径管，前端管道直径较宽，从某个位置开始管道变细，之后直径又变宽（图3-8a）。水从水平主管道中流过，主管道上的各个位置附加连通了几根竖直管道，主管道中不同截面位置的水压可以通过测量竖直管道中水柱的高度测量出来。通常我们的第一感觉是主管道中狭窄的那部分水压会更高，因为水被迫"挤入"了那段细管。然而实验结果直观地显示出，情况与我们所想象的恰好相反，细管部分的水压小于宽管部分的水压。我们可以试图通

79

过考虑水平主管道不同截面处的流速变化来解释这个现象。在宽管部分，水流速相对较慢，并且当水流到细管部分时流速会加快。为了使水流速度增加，一定有一个"力"作用在了速度增量的方向上，而在此我们能想到的唯一一个力是宽管和细管之间的压强差。由于水在进入细管后流速增加，所以这个力的方向一定是与水流方向相同，从而较宽管道处的水压一定会比较细管道处的水压高。

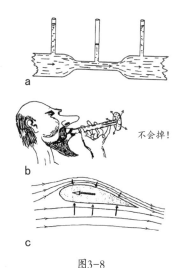

图3-8

"伯努利定理"。(a)一个简单的演示。(b)一根魔术管。
(c)机翼产生升力的原理。

我们不需要叫来水管工就能证明这一结论，只需要准备一根玻璃管（一个香烟的过滤嘴可能也可以）、一片硬卡纸以及一颗钉子（图3-8b）。将钉子穿过硬卡纸的中心，然后将钉子穿进管子里，如图所示，由于硬卡纸有重量赘着钉子，钉子的尖端就卡在玻璃管的内部上沿。现在如果我们从管子另一端吹气，料想的结果是，硬卡纸将会被轻而易举地吹飞。试着吹一下，你会发现这个推测的结果根本不对，我们吹气用的力气越大，这张硬卡纸会被越紧地贴在管的端部。基于"伯努利原理"可以对此进行解释。吹进管中的空气只能从卡纸和管边缘中间细小的环形缝隙中逃出去，而这个出口通道要比管的直径小得多，所以这里的空气压力比大气压小得多。于是，外面的气压就把硬卡纸紧紧地压在了管的末端。

伯努利效应同样解释了正在飞行的飞机机翼上所受的升力。如图3-8c所示，机翼的外形是这样的，当空气从机翼顶部而不是下方流动时，从前缘到后缘的距离较长。所以从上方流过的气团就会比下方流过的气团具有更高的速度。根据"伯努利原理"，机翼上方的气压也就比下方的气压低，从而机翼上下表面的压强差产生了飞机向上的升力。

光 学

不过，我们只能将对牛顿力学的讨论暂停于此，从而节省一些篇幅来讨论牛顿的光学。牛顿主要的贡献在于对色彩的诸多研究以及对白光实际上是从红到紫不同颜色光混合而成的基本证明。在光学领域，牛顿的主要贡献在于：对颜色的研究以及证明了白光实际上是由从红到紫各种不同颜色的光混合而成的。牛顿在光学领域的研究实际上超出了他在《原理》一书中描述的在力学领域的基本工作。牛顿23岁时，他买了一个玻璃三棱镜"用它来试一试颜色现象"，也许牛顿在这个领域所有的基本发现都要回溯到他人生的这个时期。然而，在1692年2月的某一天，当他去教堂的时候，他的房间里留下一盏灯忘记熄灭了，从而引发了一场火灾。这场意外的火灾毁掉了他的论文，这其中包含了光学大部分的工作成果,这里面有他这20年来所做的光学实验以及相关研究。因此,牛顿《光学》的第一版在1704年才得以问世,我们只能猜测这些成果这么晚发表是否就是因为那场火灾,而不是牛顿面对他的死对头罗伯特·胡克[1]的反对,不愿发表他的观点,因为胡克刚去世一年,牛顿就给出版社寄去了他的《光学》书稿(或者寄出的是一篇名为《光的反射、折射、变化以及颜色》的论文)。在这本书的前面部分,牛顿描述了一个简单的实验装置,证明了组成白光的各种不同颜色的光具有不同的折射率。

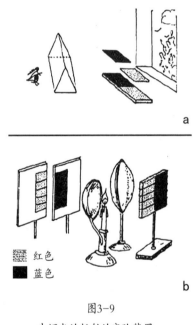

图3-9

牛顿光的折射的实验装置。

为了证明这一结论,牛顿取了一块长长的硬纸板,一半刷上鲜红

1.译者注:英国博物学家、发明家,在物理学方面他提出了描述材料弹性的基本定律——胡克定律。

色，一半刷上蓝色，把它放在窗边，然后通过一块玻璃三棱镜来观察它（图3-9a）。用牛顿自己的话说，"如果三棱镜的折射角是向上弯折的，那么卡纸被折射后看起来应该比本身的位置要高，且通过折射它的蓝色半边将会比红色半边抬升得更高些。反之，如果实验所用的三棱镜的折射角是向下弯折的，那么卡纸折射后应该看起来被放到了低一些的位置上，蓝色半边的位置应该要比红色半边的位置更低一些。"在这个实验的基础上，他认为蓝光的折射程度比红光的折射程度要大，并且推测通过凸透镜后的蓝光和红光聚集的焦点位置是不同的。为了证明这个推测，他又做了一个实验，取一张白纸，一半边涂上红色，在另一半边涂上蓝色，点亮一支蜡烛作为光源（"因为这个实验应该晚上的时候做"），使光通过凸透镜，试图在一张纸上得到清晰的像（图3-9b）。为了判断成像的清晰度，他事先在涂色纸上画一些延伸到两端的黑线。在他的意料之中，涂色纸的左右两边是没办法同时对焦的。"我试了很多次，付出了很多努力也不能找到红蓝两边都能清晰成像的位置，但是我发现在红色半边纸的像清晰的位置，蓝色半边纸的像却是模糊的，蓝色半边上面的黑线几乎看不出来。相反地，蓝色半边纸的像清晰的位置，而红色半边纸的像却是模糊的，红色半边上面的黑线几乎看不出来。"也正如他所预测的，蓝色半边纸的像清晰的位置比红色半边纸的像清晰的位置要靠凸透镜更近一些。

接下来的实验就是观察日光通过棱镜之后会发生什么。牛顿在窗挡上开了一个小孔，从小孔中射进一束狭窄的日光，他把三棱镜放在这束阳光经过的地方，让阳光穿过棱镜后投射到棱镜后面不远处的一个白色屏幕上。如果没有这个三棱镜，屏幕上阳光的像应该是一个圆形的光斑（针孔照相机），不过，现在他观察到的是一条细长的影像，这条影像的顶端有些许发蓝，而它的底部略带红色。这个结果让他产生了一个想法：白色的日光也许是由不同颜色的光线组成的（从折射角最大的蓝光到折射角最小的红光）。如果真是这样，那么屏幕上的细长影像就是日光中不同颜色光的许多像叠加而成的，而只有在两个端点处才是纯蓝色的像和纯红色的像。为了将屏幕上相互叠加的日光的像分离开，他给光束加了个透镜，使窗挡上小洞的像聚焦在屏幕上（图3-10），调整好位置后，再用棱镜折射日光，这次的结果很令人满意，他观察到一条竖直的绝妙的彩色光带：红、橙、黄、绿、蓝、紫以及它们之间所有的过渡色。这就是第一个"分光镜"，也是对"白光是由具有不同折射率的不同颜色的光所组成的"这个事实的第一个实验证明。

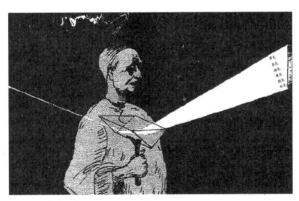

图3-10

艾萨克·牛顿演示将白色日光分解成许多光谱颜色的实验。

对于现代读者来说，牛顿用三棱镜做的实验也许看起来非常幼稚，确实，因为今天任何一个孩子都能轻而易举地做这些实验。但是在牛顿的那个年代就不一样了，那时候人们普遍相信白色日光通过古老天主教堂的彩色琉璃窗之后绚丽多彩，就像把一块白布浸在不同颜色的染缸里染色的道理一样。我们现在知道人类眼睛的视网膜有三种光感神经细胞，分别感知红光、绿光和蓝光。当所有光谱色就像在太阳光中以相同的比例出现在一起，然后被进化了数亿年的人类视觉器官看到，人们就会感受到"自然"光，或者是我们通常所说的"白"光。当只有光谱中的一部分颜色呈现出来，人们就会感受到不同的颜色。

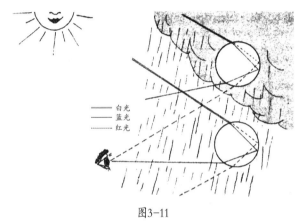

图3-11

牛顿对彩虹色彩的解释。

"不同颜色的光线具有不同的折射率"，这个发现有一个重要的应用，就是牛顿的彩虹理论。当天空中一半是阳光，另一半是厚重的积雨云时，这些美丽的颜色就会在天空显现出来。根据牛顿的解释，我们在这种情况下看见的美丽颜色，其实是被云朵中或者云朵下面存在的细小雨滴反射的太阳光。图3-11是对牛顿《光学》这本书中原图的改编，它告诉了我们出现彩虹时到底发生了什么。从太阳发出的白光光线（图中用黑线表示）[1]落在了水滴上，并且在穿透进入这些水滴时发生

1.用黑线表示白色的光线是因为白纸上白线看不出来。此外，接下来我们会在书中看到，物理学家们通常将白光称为"黑体辐射"，因为从白热黑体（比如碳中）辐射出来的白光是最多的。

了折射。在水滴内部紧接着发生了一次反射,又经过第二次折射光线从水滴射出进入到空气中。这样的结果是,各种颜色的光在水滴的出口处呈扇形散开,站在地面上背向太阳的观察者眼中就会在天空的不同位置看到不同的颜色。而用下面的猜想可以解释几个同心彩虹的存在,就是在雨滴内,来自太阳的光线经过雨滴时并不是只被反射了一次,而是被反射了几次。这里,我们还应当提到所谓的"光晕"现象,它们是一些没有颜色的拱形,有时在太阳的周围能够观察到,尤其在月球周围更容易观察到。与彩虹不同的是,它们是由于光线在组成高海拔云层的微小冰晶上发生了反射(而不是折射)形成的,这些高海拔云层在气象学中被叫作"卷云"。

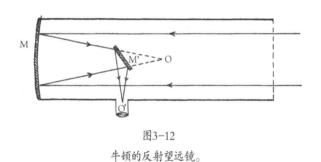

图3–12

牛顿的反射望远镜。

在实验结果表明了不同颜色的光具有不同的折射能力之后,牛顿错误地认为是透镜本身具有的固有缺陷使其无法形成物体清晰的像,因为不同颜色的光不能被聚焦在距离透镜相同的位置上。这使他得到了一个结论,像伽利略制作的那种使用了玻璃镜片的望远镜不再是完美的了,它应该被另一种根据与颜色无关的光的反射原理制造的望远镜所替代。因此,1672年牛顿设计了一款"反射望远镜"(或者简称为"反射镜"),如图3–12所示。它由一个抛物面反射镜M构成,镜面将天体的像呈在管中某个位置上,记为O点。光线在O点会聚之前,它们会被一个处于管中心轴线上的小镜子M′反射到管外的O′点,可以在这一点观察到所成的像。牛顿之所以在这里犯了错误是因为他相信不同的透明介质对于不同颜色光的折射方式是相似的。而在他刚刚去世之后,人们就发现这个假设并不正确,实际上通过用不同种类的玻璃所制造的合成透镜(冕牌玻璃、火石玻璃等等)是有可能将红色和蓝色光聚焦在一个点上的。不过,用大尺寸抛物面反射镜替代透镜的反射望远镜还是有着许多其他实用的优势,事实上,今天两台最权威的天文学望远镜(由威尔逊山天文台制造的100英寸望远镜和由帕洛玛天文台制造的200英寸望远镜)就是"反射望远镜"。

牛顿做出的另一个精彩发现被称为"牛顿环",当一个凸透镜被放置在一块平面玻璃上时,接触点周围会出现这个现象。牛顿将这部分的研究成果表述如下:

"一些人已经注意到,透明的介质,比如玻璃、水、空气等等,当它们被吹成气泡或是形成片状变得非常薄时,厚度不同的地方就会呈现出不同的颜色,而达到一定厚度时它们才会是无色透明的。(出现在本书的前两章节)我先把这个问题搁置一下,因为它看起来是个需要仔细考虑的难题,并且我们讲了它对于建立光的属性并不是必需的。但是它可能对于获得光学理论更进一步的发现有帮助,尤其是在决定了自然物体颜色或透明度的物质内部组成的固有属性问题上;在此我需要先把话放下……

我取了两个玻璃制品,其中一块是14英尺望远镜的平凸镜,另一块是50

英尺左右望远镜上的大尺寸双凸透镜。将另一个透镜的平面冲下放置在双凸透镜上，然后我缓慢地施力一起按压它们，使圆圈的中心处相继出现多种颜色，接下来再将上面的透镜缓慢地从下面的透镜上抬离，使各种颜色在同一个地方再次相继缓慢消失。通过将玻璃按压在一起，最后在其他颜色中间出现的那个颜色，第一眼看上去，它是从圆周到圆心近乎均匀的一种颜色，再继续按压玻璃，这个颜色环会逐渐变宽直到在它的中心又产生了一个新的颜色，于是这个颜色就成为了环状包围着的新的色彩。如果再继续按压玻璃，这个环所在的直径就会增加，但是它的轨道宽度逐渐减小，直到新的颜色出现在了最后一个的中央。如此这般，直到接下来第三个颜色，第四个颜色，第五个颜色等等这些新颜色会相继出现在那里，变成环形包围着的最中心的颜色，按压到最后中间就会出现黑斑。相反地，缓慢地将上层玻璃从下层抬离，圆环的直径将会减小，它们的轨道宽度将会增加，直到这些颜色相继到达中心位置，然后它们从环变成了一个大圆点，这时我就可以比之前更容易识别和分离出它们的色彩类别。用这种方法我观察到了它们的顺序和数量，并记录在下面。

两个透镜接触后产生的中央透明圆点旁边依次是蓝色、白色、黄色和红色。蓝色的量很少，以至于我既不能在透镜产生的圆环中区别出它，也不能辨别这里面是不是出现了紫色，而黄色和红色的量则有很多，它们的面积看起来大约和白色的面积差不多，而且是蓝色面积的四到五倍。接下来的圆环按颜色的顺序紧邻这些颜色分别出现的是紫色、蓝色、绿色、黄色和红色。所有的颜色都很清楚，范围也很大，只有绿色不同，这少量的绿色和其他颜色比起来看着就很苍白，颜色很淡了。其他四种颜色中，紫色的量最少，蓝色也比黄色和红色要少。第三组圆环或是出现的次序依次是紫色、蓝色、绿色、黄色、红色；这个紫色比第二组出现的紫色显得更偏向红色而不是紫色，这组的绿色更清晰活跃，成为了除黄色以外最显眼和范围最大的颜色，不过这组的红色开始变浅，很大程度上倾向于紫色。这之后接下来是第四组圆环的绿色和红色。绿色非常鲜明生动，面积也很大，一边有向蓝色渐变的趋势，另一边有向黄色渐变的趋势。但是在这个第四组圆环中既没有出现紫色、蓝色，也没有出现黄色，并且红色非常不纯净，很暗淡。同样，接下来出现的颜色变得越来越不清晰，越来越暗淡，直到三到四个循环之后终止在了无暇的白色。"

【插图一的上图，是单色光，即单个波长的光下得到的"牛顿环"的照片。】

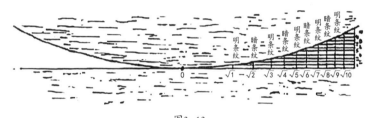

图3-13
牛顿环的形成。

通过测量前六条圆环（最明亮清晰的部分）的半径，牛顿发现这些半径的平方形成了一组奇数数字的等差数列：1, 3, 5, 7, 9, 11。另外，暗部圆环半径的平方形成的是一组偶数数字的数列：2, 4, 6, 8, 10, 12。这个结果如图3-13所示，这张图显示的是凸面镜与平面玻璃表面在接触点附近的横截面。横轴标注的是到正整数的平方根的距离：$\sqrt{1}=1$，$\sqrt{2}=1.41$，$\sqrt{3}=1.73$，$\sqrt{4}=2$，$\sqrt{5}=2.24$ 等等，这些是光极大亮度和极小亮度交替出现的位置。从这张图中，我们可以看到，也可以从数学上得到证明，两个玻璃表面中间的垂直距离也是遵循一个简单的数字序列增加的：1，2，3，4，5，6等等。已知凸透镜的半径，牛顿就可以轻松地计算出出现了明圆环和暗圆环处空气层的厚度。他写道：

"……一英寸的（$\frac{1}{89000}$）是垂直光线下产生的第一个暗圆环最暗处的空气薄膜厚度，这个数值的一半乘以这个数列：1，3，5，7，9，11等等，得到的是所有明圆环最亮处所对应的空气薄膜厚度，即$\frac{1}{178000}$，$\frac{3}{178000}$，$\frac{5}{178000}$，$\frac{7}{178000}$……而它们的算术均值：$\frac{2}{178000}$，$\frac{4}{178000}$，$\frac{6}{178000}$等等是所有暗圆环最暗处对应的空气薄膜厚度。"

与在前文所引用的牛顿的论断相反的是，他判断薄膜实验出现彩色条纹的现象"对于确定光的各种性质"。恰恰相反，"牛顿环"是光的波动性的最强有力的证据之一，而这个事实是牛顿直到去世都不愿承认的。这些环形条纹是被间隔不同距离的两个玻璃表面反射后得到的两束光，彼此间产生了所谓的"干涉"的结果。当一条很细的光线从上方落在上层镜片的玻璃面上与两个镜片所夹的空气之间的交界面时，一部分光线发生了反射，而另一部分光线则进入到了空气中。当光线进入到下层镜片的玻璃面时，发生了第二次反射，而且两条反射光线同时进入到观察者的眼睛。在这个情况下所发生的事情，如图3-14中所示。为了画图的方便，光波的波峰和波谷分别用黑色阴影段和白色空白段表示。并且为了避免重叠在一起，图中的光线不是完全垂直于交界面，这样其实还挺符合实际观察的情况，因为观察者的脑袋不会和光源在一条直线上并挡着光源。在图3-14a中，我们看到的是空气薄膜的厚度等于入射光半波长时会产生的结果（在这张图中，一个波长对应于一段白色空白部分加上一段黑色阴影部分的长度和[1]）。

　　在这种情况下，从底部镜片的表面反射的光线与从上层镜片的表面反射的光线以波峰与波谷叠加、波谷与波峰叠加的方式融合成一束光。如果两束光的强度是相同的，那么它们彼此间将完全抵消。如果光强不同，那么亮度也将会大大减小。图3-14b中，我们看到的是空气薄膜的厚度等于四分之三波长（3/4λ）[2]的情况。现在两条反射光线以波峰与波峰叠加、波谷与波谷叠加的方式传播，我们就会得到增加的光强。图3-14b中空气层的厚度是3/4光波长度，情况与图3-14a中所示相似。对于更厚的空气薄膜，每增加一个1/4波长的厚度，明暗就会发生一次改变，我们就会得到交替出现的明条纹和暗条纹。在"牛顿环"的装置中，空气薄膜的厚度从接触点向外连续增加，所以我们会观察到明暗相间的环形条纹。由于不同颜色的光对应着不同的波长，所以不同颜色圆环的半径彼此就会稍微有些不同，我们才会看到牛顿所观察到的彩虹般的环形条纹。通过上述牛顿给出的空气薄膜厚度的数据，我们发现产生那些条纹半径的光的波长为 $\dfrac{4}{178000}$ 英寸，即 0.58×10^4 厘米。正如我们现在所知道的，这个波长恰好就是黄光的波长，也就是可见光谱中最明亮的部分。

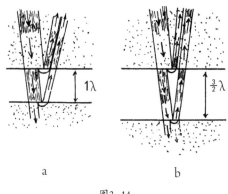

图3-14
对"牛顿环"现象的杨氏解释。

不过牛顿坚决反对光的波动性理论,主要是因为他不明白这个理论怎么可能解释光线的直线传播。他坚持认为光是一束在空间中高速穿梭的粒子。因此,为了解释这些干涉环的出现,他发明了一个复杂的"轻易反射和透射的适宜长度"的理论,他的记录显示在下面:

"……每一束光线沿着它所在的路径穿透任意一种折射表面时都会处于某种瞬变构造或瞬变状态,在这个过程中,光线在相等的间隔位置返回,使光在每个返回状态都可以轻易地穿透进入到下一个折射表面,并且在这两个返回间,光线也很容易被折射表面反射。"

牛顿所说的"拟合长度"很明显对应着我们现在所说的(黄光的)波长,并且他总结道:对于红光这个"拟合长度"比较长,对于蓝光"拟合长度"则较短。虽然如此,他还是这样写道:

"……这是一种什么行为或性质,无论它存在于光线的圆周运动还是振动, 亦或是介质还是其他什么产生的运动, 我在此就不深究了。"

在光的本质这个问题上, 对牛顿提出反对意见的人是荷兰物理学家克里斯蒂安·惠更斯[1], 他比牛顿大13岁, 并且惠更斯的理论后来获得了胜利。惠更斯更愿意认为光是以波的形式在某种充斥着整个空间的宇宙单一介质中传播的, 而不是以一束高速运动的粒子的形式, 他于1690年发表的《光论》一书中有一段文字很好地阐述了他的理由:

"关于光的直线传播"

正如其他科学学科借助几何学来研究问题一样, 光学的证明过程也是基于经验推导出一些事实的过程。比如, "光线是沿直线传播的", "反射角等于入射角", "折射角和入射角之间遵循着正弦的关系", 这些理论事实我们现在都很清楚, 对它们的确信程度与对其他事实的确信度不相上下。

写过光学论文不同课题的大多数作者, 在用到上面这些事实的时候都不需要做过多的解释。一部分更刨根问底的人努力去追寻它们的起源和成因, 因为他们将这些事实当作大自然固有而奇妙的现象。但是, 由于提出的观点虽然很巧妙, 但并不是有了一个更令人满意的性质, 更聪明的人就不需要进一步的解释了。所以在此, 我希望尽我所能地给出我对这个问题的思考, 以便尽我所能, 我也许能给这个毫无疑问被认为是最难问题之一的这部分科学提供一个答案。我承认, 我受到了那些首先开始拨开环绕着这些本质的奇怪阴霾的人们以及那些燃起希望认为这些问题可以被合理解释的人们太多的恩惠。但是另一方面, 通常情况下, 他们所认为的十分确定或者已经得到证实的状态, 结论却并不缜密, 对此我一点儿也不感到意外。在我的认知里, 甚至对于第一个光学

1.译者注: 克里斯蒂安·惠更斯(1629-1695), 荷兰物理学家、天文学家、数学家。

现象和最重要的光学现象都还未曾有一个人能给出一个令人满意的解释，那就是，为什么光是沿着精准的直线进行传播以及为什么从无数个不同方向而来的光线彼此相交相互之间却没有产生阻碍？

因此在本书中，我试图根据现代哲学的原则对光的性质给出一个更清晰且更合理的解释：第一个属性关于光的直线传播；第二个属性是当光线遇到物体干扰时光的反射。接下来，我会解释那些光线在不同种类透明介质中传播时发生的现象，这些现象被称为"折射"。在此，我还将要讨论不同大气密度下在空气中产生的折射效果。

我还会继续探究一块来自于冰岛的特殊水晶上发生的奇怪的光学折射现象。最后，我会讨论几种不同形式的透明反光物体，通过它们，光线要么被会聚到一点，要么被散射到极其不同的方向。在这个过程中，我们将可以看到，用简化新理论的方式不仅会让我们发现笛卡尔巧妙地为这一效应所提出的椭圆、双曲线和其他曲线，还会发现构成玻璃表面的那些图形，比如我们所知道的球面、平面或者其他任意形状。

目前我们知道，根据这一哲学理论，它确信视感只会被一种作用在人眼后面的神经上的物质某种特定运动的效果所刺激，所以这让我们更有理由相信光是由我们和发光物体之间物质的运动所组成的更深一层的原因。更进一步来说，如果我们注意到并权衡光在各个方向上传播时以及光从不同方向甚至反方向聚集时都是以极高的速度，而光线相互穿透并不会受到彼此间的阻碍，那么我们就能很好地理解，每当我们看到一个发光物体时，并不是由于从发光物体到我们的物质的传播，就像一个投掷物或是一支箭在空中飞行那样，因为这显然会与光的两个性质产生很大的矛盾，尤其是这样传播，光相互之间一定会发生阻碍。因此，光一定是以另一种方式传播的，恰好我们具备的声音在空气中传播的知识能帮助我们理解这种方式。

　　我们知道，借助于空气这种看不见、摸不着的物质，声音在围绕着声源的整个空间中传播时通过从一个空气粒子到另一个空气粒子逐渐前进的运动实现的，由于这种运动对于各个方向的传播速度都是相等的，所以一定会形成球表面，传递得越来越远，最终到达我们的耳朵。现在，毋庸置疑的是，光也是从发光物体通过介质被赋予的某种运动到达我们的眼睛，因为我们已经知道，通过将物体转移的方式已经是不太可能的了，这样只是有可能从那里到达我们这里。接下来我们很快就会思考，现在如果在这段路径的传播需要时间，那么这种介质被赋予的运动一定是一个逐渐的过程，就像声音一样，它一定会以球表面的形式或是波的形式传播，我将它们称为"波"，因为它们与我们见到的石头投进湖面产生的水波纹很相似，而且它们让我们观察到了形如一个个圆圈逐渐扩散的现象，不同的是，只是它们产生的原因与水波不同，而且水波只在一个平面上形成……"

　　无论在水面上或是空气中，还是借助光波的携带者神秘的"以太"介质，惠更斯从波的传播角度来考虑这个问题，将他的观点建立在一个简单的理论上，这个理论现在以他的名字来命名。考虑用一个最熟悉也是最显然的情形：假设我们向池塘平静的水面里扔进了一块石头。我们会看见一个圆形的水波纹，或者更可能会看见一系列的水波纹，从石头打破水面的那个点向外扩展传播。给定某一特定时刻水波纹的位置，我们该如何计算经过短暂的时间之后的下一时刻位置呢？根据惠更斯原理，"正在传播的波前上每一个点都可以被当作一个新波源或是一个子波[1]，而波前新的位置是它在上一个位置时其上所有点放射出的这些小型子波共同的包络面。"图3-15所示的是圆形波和平面波这两种最简单的情况。

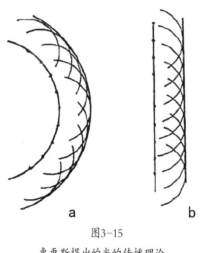

a　　　　　b

图3-15

惠更斯提出的光的传播理论。

惠更斯原理最精彩的应用在于他对光的折射现象的解释，如图3-16所示。假设一组平面波波前从左上方波动到空气和玻璃（或者其他任意两种介质）的交界面上。如果这个波前在aa'的位置上且与交界面的接触点为a，那么一个球形子波开始从这一点出发向玻璃中传播。随着波前在空气中前进，其他子波从b点、c点等等连续发出。图3-16对应的是前进的波前到达了dd'的位置，刚开始从d点向玻璃介质发射子波的时刻。为了得到玻璃中波前的位置，我们必须画出所有子波的包络线，对于这一情况将会是一条直线。正如在这张图中所假设的，如果玻璃中的光速小于光在空气中的传播速度（即如果玻璃中的圆形子波半

1.译者注：子波的波速与频率等于初级波的波速和频率。

径小于空气中连续位置之间的距离），那么玻璃中的波前将会向下倾斜，折射光线将比入射光线更接近于竖直位置；这就是光从空气进入玻璃时所发生的真实情况。如果光在玻璃中的传播速度比在空气中的传播速度快，就会出现相反的情形。为了找到入射角i与折射角r[1]之间的关系，我们考虑这两个共用了一条斜边的直角三角形：直角三角形bde与直角三角形bdf。

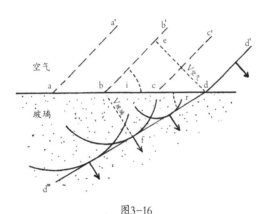

图3-16

惠更斯对于光的折射的解释。

根据正弦的定义：

$$\sin i = \frac{ed}{bd} \; ; \; \sin r = \frac{bf}{bd}$$

将第二个等式代入到第一个等式中，我们得到：

$$\frac{\sin i}{\sin r} = \frac{ed}{bf} = \frac{v_{空气}}{v_{玻璃}}$$

在这个公式中，$v_{空气}$和$v_{玻璃}$是光在这两种介质中的传播速度。这就是"斯涅尔折射定律"的内容。它修正后的表述为：两个正弦的比值，

1.这两个角的定义均为：光线与垂直于交界面的方向之间的夹角，或者也可以定义为：光波到达的位置与交界面的夹角。

即"折射率",等于两种介质中光速的比值。由此得出推论,光在密度大的介质(比如玻璃)中的传播速度小于在密度小的介质(比如空气)中的传播速度。

有趣的是,我们会注意到牛顿的光粒子性的理论会让我们得出一个完全相反的结论。事实上,用粒子理论解释光从空气中进入水中发生的偏转,需要假设有一个垂直于交界面的力在光粒子跨越交界面时把它们拉了进去。当然,这样的话,玻璃中的光速就会比空气中的光速要大了。

光的波动理论的胜利

尽管惠更斯光的波动性理论比牛顿光的粒子性理论有着明显的优势,但是,在很长一段时间内它并没有被普遍接受。其中一部分原因是牛顿在他同时代的人中有着很大的权威,也有一部分原因是惠更斯不能用足够的数学精度将他的观点表述出来,使它们在对抗任何反面观点的质疑时都无懈可击。因此,关于光的本质的问题一个世纪都悬而未决,直到1800年出现了一篇论文,这篇论文是英国的物理学家托马斯·杨[1]写的,论文名为《声和光的实验和探索纲要》。在这篇论文中,杨氏在光的波动理论的基础上对"牛顿环"现象给出了解释,又基于波动性理论描述了他自己的两条光线的干涉实验,这个实验可以将两束光的干涉用更基本的方式表示出来。在这个实验中(如图3-17所示),他在一个屏上相近的位置上打了两个孔,并用这个屏遮挡住窗户制造了一个暗室。当孔相对于光线来说较大时,阳光从两个孔穿过会在屏

1.译者注:托马斯·杨(1773-1829年),英国医生、物理学家,他涉猎广泛,后人将"纵向弹性模量"称为"杨式模量",来纪念他在弹性力学领域所做出的贡献,"杨氏双缝干涉实验"为光的波动说提供了基础。

上形成相隔些距离的两块光斑。但是当孔非常小时，从孔中穿过的两束光线会按照惠更斯原理进行传播，屏上的两块光斑会展开，部分与另一块光斑产生重叠。在显示屏能接收到来自两个孔透过光线的区域相互叠加，杨氏观察到一系列清晰的彩虹带，其间有黑色条纹将彩虹间隔开，与"牛顿环"的现象很相似。当屏幕上的两个洞相距1毫米时，且成像屏在1米开外的位置时，条纹的带宽大约是0.6毫米。就像"牛顿环"的情况中一样，对于这个现象的解释也可以基于光波的干涉来解释。屏上a点正好是所成像的中间位置，距离两个孔的位置点O和点O′相等，且两束光到达这里时是"同项"的，即波峰和波峰叠加，波谷与波谷叠加。这两束波的运动叠加在一起，使我们得到一条明条纹。同样地，对于c点，从c点到O点和从c点到O′点的距离相差一个光波长度，这样也将得到一条明条纹。但是对于点b和点d，bO-bO′（b点到O点的距离与b点到O′点的距离）和dO-dO′（d点到O点的距离与d点到O′点的距离）分别相差1/2波长以及3/2波长，入射光波是"异相的"，即波峰和波谷叠加，于是我们在这两个位置观察到了暗条纹。

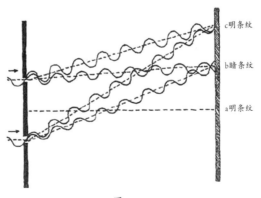

图3-17

杨氏干涉实验。

托马斯·杨以及奥古斯丁·简·菲涅尔，一位与他同时代的伟大的法国人，他们两个人的研究成果确立了光的波动性理论的正确性。于是惠更斯去世之后，终于在与牛顿毕生争论的辩题上取得了胜利。

一块来自冰岛的水晶

另一个没有被牛顿和惠更斯解答，但已经被解决的问题是"光的偏振"现象。这个现象于1669年被丹麦的哲学家伊拉斯谟·巴托兰发现，他注意到名叫"冰洲石"（"方解石"的一种）的一块透明矿石的晶体部分有一种特性能把通过它的光线分成两束特定方向的光线（见插图I的下图）。如果晶体以入射光的方向为转轴旋转，则会出现两条分解的光线，一条光线会保持不动，成为"寻常光"，而另一束光线会随着晶体的转动而偏转，称为"非常光"。惠更斯通过假设光线进入"冰洲石"的晶体部分（或者其他晶体）被分成两束光波对这个现象做出了解释：一束光波在晶体中各个方向的传播速度相同，而另一束光波的光速则取决于它相对晶体轴的方向。这种传播速度的差异是如何进而形成两条光线的，惠更斯对此的解释在图3-18中示意，当然，这是基于惠更斯原理给出的想法。当光线垂直入射"冰洲石"晶体表面，就会形成两组子波面，一组是球面，另一组是旋转椭球面。球面波形成的连续波前包络与入射光的方向相同，而椭球子波面形成的波前包络向旁边连续变动，因此形成了"非常光"。当两束光线都从晶体中出射后，又只在空气中形成球面光波，此时两束光又变得平行。虽然惠更斯提出的这个解释是完全正确的，他仍不能解释为什么光线在晶体中会以成两条光波的形式传播。这是因为他相信，光波的振动就像声波一样，发生在它们的传播方向（纵向振动），所以如果我们将晶体绕着入射光的方向旋转,传播不应该发生任何变化。而另一方面,不相信惠更斯光的波动性和子波理论的牛顿,通过假设组成"寻常光"和"非常光"两种光线的粒子在垂直于光线方向上的不同偏转来试图寻找对这一现象(这种现象被称为"双折射")的解释。在他所著的《光学》一书的第二版中,牛顿把两条光线与两根长直杆进行了类比,从而来说明二者之间的差别,其中一根杆的横截面是圆,另一根杆的横截面是长方形。如果我们将第一根杆绕着它的中心轴进行旋转,那么我们不会观察到静止和转动的差别,但是显然转动第二根杆的情况就会不同了。牛顿写道:"因此每一束光线都具有两面性,它们本身就具有不寻常折射所需的性质,而另外的两个反面却不具备这种性质。"

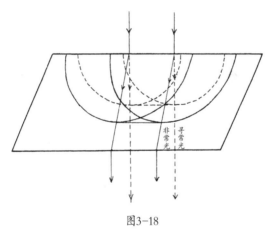

图3-18

惠更斯对于"双折射"现象的解释。

很明显,虽然牛顿意识到光线一定具有某种横向(即传播方向的垂直方向)的性质,但是他也无法将具有横向性质的光线可能的样子进行视觉化。

又过了一段时间,通过法国物理学家艾蒂安·马吕斯(1775–1812)

以及其他科学家的努力，惠更斯和牛顿关于光的本质问题的讨论才达成了一致，并形成了一个统一的观点。毫无疑问，光不是别的，就是在空间中传播的波，但是介质的振动方向并不像惠更斯所认为的会沿着光的传播方向，而是垂直于光的传播方向。"冰洲石"中"正常光"和"非常光"的区别在于：对于"正常光"，振动发生在穿过光线和晶体转轴所在的平面内，而对于"非常光"的情况，振动则与这个平面垂直。

对于光振动横向属性的发现令接下来几代的物理学家们都感觉头痛不已。事实上，横向振动仅存在于剪切和弯曲的各向异性的固体材料中。这意味着，"固体以太"，这种假想中光的载体，并不像之前惠更斯所认为的是一种十分稀薄的气体，而是一种固体物质！如果所有渗透性"以太"是固体，那么行星和其他天体是如何穿梭于其中而几乎不受到任何阻力的呢？而且，即使我们可以假想"以太"是一种非常轻、可以轻易被碾碎的固体材料，就像今天在许多连接中所使用的聚苯乙烯泡沫一样，那么星体的运动将在"以太"中挖出许多隧道，"以太"很快就会失去它长距离携带光波的属性！这个头疼的问题一直困扰了好几代物理学家，直到阿尔伯特·爱因斯坦最终解决了这一问题，他把"以太"从物理教室的窗户扔了出去。

牛顿的一生像日食一般耀眼

牛顿在50岁的时候决定放弃学术生涯，开始寻找一个能给他带来更高收入的职位。他收到了来自伦敦卡尔特修道院[1]提供的校长职位的邀请，不过他没太当回事。在他回绝这个职位邀请的信中，他写道：

1.作者注：英国贵族的上流学校。

"感谢卡尔特修道院考虑给我校长这个职位，不过我没看到它值得我大显身手的理由，因此我拒绝这项工作。除去当一位教员我不太愿意以外（很明显邀请中也包括这个工作内容），而且每年只有200法郎的薪水，还要忍受伦敦糟糕的空气，这不是我所向往的生活。我也不认为为此竞争是明智的，为一个更好的位置才值得这样做。"

1696年，54岁的牛顿被任命为伦敦造币厂的监造员，之后又当上了厂长，开始名副其实地"造钱"。1705年，牛顿被封了军衔，成为了艾萨克爵士，又收获了其他许多荣誉。不过，在他一生中的最后25年没有什么重要发现（他于1727年逝世，享年85岁），这时的他并不像不到25岁那样灵感像瀑布一样奔涌倾泻而出。有一些传记中认为这是他年纪大了的缘故，还有些传记中说这是因为他把他所处时代能想到的所有可能想法都已经想尽了。无论如何，他这一生已经做得够多的了！

第四章 热是一种能量

人类对热现象最开始的研究是史前山顶洞人所做出的，他们在太阳不能提供充足热量的时期学会了如何生火来保暖。他们亲密的合作者——史前山顶洞女人，在此基础上又有了一个重大的发现——不同种类的食物被火烤或者被水煮一段时间之后，吃起来就会可口得多，也更好消化。"热"和"冷"的概念就这样被写入人类的基因中，其他所有的生物也知道了这个区别，周围环境的温度被皮肤表面数以百万计的神经元终端感受到，被记录下来并将信号传导到大脑中。但是对于温度生理上的反馈通常是有误导性的，当一个男人双眼被蒙上的时候，他分不清自己的手是被烧红的铁灼烧着，还是被一块干冰冻着。因为在这两种情况下他的感受是相同的，都只是生理组织受伤所产生的痛感。

温度计

测量温度的第一个真正意义上的科学仪器是伽利略于1592年发明的，他用一个有着狭窄瓶颈的玻璃烧瓶实现了这个目的。烧瓶中有半瓶带颜色的水，然后将它倒置于一个盛有带颜色水的碗状容器中。随着温度的变化，烧瓶瓶肚里的空气会膨胀或者收缩，瓶颈中的水位就会下降或者升高。伽利略没有在这个温度计上引入任何的温度标尺，所以这个简易装置还不能被称为"温度计"，更应当被叫作"验温器"。伽利略的验温器在1631年被詹·雷伊做了修改。这个改造的装置只是简单地把伽利略的烧瓶倒置过来，用当中水的膨胀和收缩来记录温度的升高和下降。

意大利托斯卡纳区的杜克·费迪南德是位科学爱好者，1635年，他使用酒精（酒精的冰点比水的冰点要低）取代水制作了一个温度计，并且为了不让酒精挥发出去而把管的顶端封住。终于，在1640年，意大利林琴科学院的科学家们制造出了现代温度计的原型，这个温度计使用了水银，并且使密封管上方的空气至少有部分被移除。很有意思的是，我们会注意到整个发展进程花费了将近半个世纪；而从电磁波的发现到第一个无线电报的发明，或者铀裂变的发现到第一颗原子弹的发明均仅仅用了几年时间。

气体定律

当牛顿还在剑桥大学思考光学和重力时，另外一位英国人罗伯特·波义耳[1]正在牛津大学工作，研究空气以及其他气体的力学性能和压缩性。在听说了奥托·冯·格里克空气泵的发明之后，波义耳很大程度上改进了这个设计并开始进行一系列实验，测量空气在各种低压和高压下的体积。这些实验的结果现在被称为"波义耳定律"，它的内容是"在给定的温度下，一定量任意气体的体积与它所承受的压强成反比"（图4-1）。

1.译者注：1627-1691，化学家，他的著作《怀疑派化学家》对化学发展产生重大影响。

将近一百年之后，一位研究气体被加热时膨胀规律的法国人，约瑟夫·盖·吕萨克，发现了另外一个非常重要的定律，内容是"温度每升高1度（摄氏度），给定体积中所含的任意气体的压强会增加它初始值的1/273"。另一位法国人，杰克·查理，比他早两年发现同一定律，因此这个定律通常被称作"查理定律"。

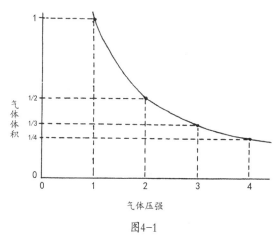

图4-1

"波义耳定律"的图示，气体体积与气体压强成反比关系。

气体温度计及绝对温度

以上两条定律强调出气体内部结构是简单的，因为液体和固体的可压缩性和受热膨胀的性质都遵循着相对更复杂的规律，并且本质上取决于材料本身的种类。这些控制了气体行为的简单规律独立于它们的化学性质，使得伽利略制造的气体"验温计"比之后制造的任何一种测量温度的其他装置都要合理得多。一方面，水、酒精、水银等等（其实固体也可以被用于温度计的制造）这些不同的液体，温度升高时的膨胀规律多少有些不同。在温度从冰点升高到几摄氏度的情况下,水甚至不但不会膨胀还会收缩。因此,如果有人用两种不同的液体制作了两个温度计,并在两个不同温度下(比如水的冰点温度和沸点温度)分别标注了液体柱的位置,将两个标记之间的距离分成数量相等的间隔(摄氏度刻度的情况下,间距为100℃),那么这两个温度计两个端点之间会呈现出不同的数值。另一方面,由于所有气体在受热时膨胀规律是完全相同的,所以用于温度测量的目的时,它们才是更标准的材料。就像伽利略所做的,使用了气体温度计,我们就不需要说明气体是标准空气,还是氢气、氦气或是其他什么气体。图4-2所示的是现代的气体温度计,它的原理是基于测量气体的压强,而不是受热气体的体积。随着温度增加,气体就会膨胀并推动左侧玻璃管内的水银柱下降,将右侧的玻璃管抬高,我们就使气体恢复到了初始的体积,通过两个水银柱上表面的高差h就可以测量出温度。

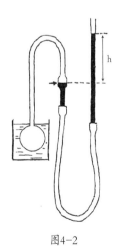

图4-2

气体温度计的原理。左侧容器中液体的温度越高,最右侧活动管中的水银柱高度h就会相应升高,而中间管中的水银上表面保持在图中箭头所指的位置。

在基础的气体温度计上建立了温度标尺之后，使用气体温度计作为一个标准，我们就可以将所有其他的温度计都标上刻度。使用气体温度计并以大气压为初始状态（即两个玻璃管中的水银柱上表面持平），我们会发现，正如刚才所提到的，当气体温度升高或下降1℃时，气压会增加或减少其初始值的1/273。因此，如果我们从0℃开始（水的冰点）将气体冷却到-273℃，预想中的气压将会降为0，并且气体体积应当被压缩为0[1]（图4-3）。这个推测会发生的点被称为"绝对零度"，从这一点开始计量的温度被称为"绝对温度"（$T°abs = 273 + T°C$）。当然冷却的气体不可能塌缩到数学上没有体积的一个点上，并且温度再低于"绝对零度"一点点，气体就会凝成不能被剧烈压缩的液体。尽管如此，温度的绝对零点在热物理学上却有着很重要的意义，因为如果气体分子在尺寸上无限小，且分子间没有分子引力（这两种性质都非常接近"稀有气体"：氦气、氖气、氩气等的属性），那么使气体坍缩到数学上一个点的温度就会发生。

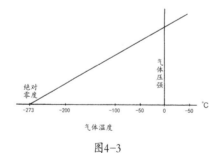

图4-3

这张图所示的是气体在给定体积的情况下，压强与温度之间的关系。在零下273℃时，气体压强会达到零的位置。

1.译者注：压力是分子运动的体现，压力为零意味着分子一个个都是不动的，这时候就没有气体的概念了，所以说体积为零，或者说气体的体积就是分子的体积，就是接近于零；而不是通过理想气体状态方程得到的体积无穷大的结果。

热流体

尽管人们从无法追忆的时候就开始谈论热量——谈论南方大陆很热，北方大陆不怎么热之类——第一个把"热"作为切实的物理实体的人，是英格兰的一位物理学家，他的名字叫詹姆斯·布莱克（1728-1799）。他认为：热量的多少可以像测量水量或者煤油量一样被测量出来。他把热量当作一种确定无重量的流体，并称之为"卡路"，这种物质能渗透进所有材料的物体并使它们升温。布莱克将一加仑的沸水与一加仑的冰水进行混合，他注意到混合物的温度正好是这两个初始温度的均值。他将这个现象解释为：混合之后，热水中多出来的"卡路"平均分配到两部分当中。他将单位热量定义为1磅的水温度升高1华氏度所需要的量（在现代单位制中我们称之为"卡路里"，1"卡路里"的热量可以使1克水的水温升高1摄氏度）。后来，他总结出：使等质量的不同材质加热到相同温度时需要"卡路"的量是不等的。确实是这样，因为当把等质量的热水和冷水银混合，混合后的温度更接近于水的初始温度，水银上升的温度比水下降的温度要多。因此，他认为，把一定量的水冷却1℃所释放的热量比将等量的水银升高1℃需要的热量多。这个结果使他提出了比热容的概念，将不同材质温度升高1℃所需的热量作为物体的一种属性。

布莱克引入的另外一个重要概念为"潜热"，它是指将0℃的冰变成0℃的冰水混合物所需要的热量或者将100℃水变成100℃水蒸气所需的热量。他认为是将给定量的无重量热流体加入到了一块冰中，使其结构松散，从而将它变成了液态，类似地，也是将更多热量加入到了热水中，使其结构更加松散，从而热水变成了水蒸气。

一位年轻的法国人萨迪·卡诺（如图4-4所示）进一步阐释了热量与一种流体之间的类比。1832年，这位科学家年仅36岁就去世了。卡诺比较了蒸汽机和水轮机，蒸汽机工作的时候会从燃烧室流出很多热量对外做功，而水轮机是水从高处落下对外做功。这个类比使他得出了一个结论：就像水轮做功一样，一定量的水产生的功随着轮子上部和下部的水位差成正比增加，那么蒸汽机产生的机械能也一定正比于产生蒸汽的燃烧室和蒸汽液化的冷却室之间的温度差。不过，他认为，就像水轮机一样，进入冷却室的热量等于从燃烧室取走的热量，并且是因为一定量的热量从高温区域"流入了"低温区域从而产生了机械功。我们现在知道这种假设是错误的，蒸汽机将流过它们的一部分热量转化成了机械能，而且由于这部分热量的转化，进入冷却室的热量会更少。

图4-4

路德维格·波尔兹曼（左），萨迪·卡诺（中），约西亚·吉布斯（右），现代热理论的开拓者。

热是一种运动

热是物体的某种内部运动，而不是布莱克和那些人所认为的那样，是一种特殊物质，这一观点首先被一位职业军人提出，并被在一个枪支制造厂中进行的实验所证实。本杰明·汤普森出生于马塞诸撒州，在他青春热血的时期参与到了革命战争当中。此后，他将国籍更改为英国，并很快成为一名英国间谍，在殖民地政府部门工作。

接下来，他以战争公使的身份去了巴伐利亚，由于他重组了德国军队而被封为"拉姆福德伯爵"称号。除了执行所有这些军事行动之外，汤普森对科学问题也深深地着迷，尤其是对热的本质问题。当时认为"热"是一种确定物质，对于这一观点他不甚满意。因为这种物质与所有其他化学物质不同，它与冰的结合产生了水（冰+热量=水），它也会从不同的燃烧反应中释放。他产生怀疑的原因是热量也会从摩擦的过程中"从无到有地产生"，而摩擦很显然并不是一个化学变化。

在慕尼黑的军需品生产厂里观察加农炮炮头部分，汤普森就想为什么加农炮发射的时候炮口变得那么烫，尤其是炮口很钝的时候特别热。他想到的一种可能性就是：物体在一整个固体状态时，可能含有大量的卡路流体，当它们粉碎成小块时热流体的含量相对较少。这也许可以解释产生了大量金属弹药碎片的加农炮发射过程中的热量释放。于是他仔细地测量了一个物体金属块的比热容与等质量金属碎块的比热容，并发现二者完全相等。他又为了发现逃逸的热流体的质量，试着去比较了热量高的物体和冷却后的物体之间的质量关系，但得到的也是一个否定的结果。

根据汤普森发表在《伦敦哲学汇刊（1799）》的论文中给出的一

些数据：1卡路里的重量不会超过0.000013毫克。我们现在知道，任何形式的能量都会具有可称量的质量。根据著名的爱因斯坦相对论，通过能量除以光速的平方可以得到这个质量的数值，所以1卡路里热量的重量实际等于0.00000000004毫克，这远小于任何测量仪器的精度。所有这些使汤普森得出一个结论：热量不可能是一种普通的物质，它一定是某种运动。他写道："什么是热量？热量不可能是一种物质。如果它不是这不可能是一种物质，我也很难想象热量是别的什么东西，而在这个实验中（加农炮发射过程），热量被不断提供到一块金属中，它以一种运动形式出现。"

热的机械当量

几十年后，一位德国物理学家，朱利叶斯·罗伯特·迈尔，在他于1842年发表的一篇名为《论无机界的力》的文章中发展了拉姆福德伯爵的想法。迈尔在造纸厂设计了一个实验，其中纸浆被盛在一个大缸里，一匹马转着圈提供机械动力搅拌着纸浆。通过测量纸浆上升的温度，他得到了马做的一定量的机械功对应产生热量的曲线图。然而，他太过忙于自己的医学实践，便再也没有通过更精确的实验进一步地追寻这条曲线，于是准确测量热的机械当量的荣誉归属于一位英国人，他的名字叫作詹姆斯·普雷斯科特·焦耳。

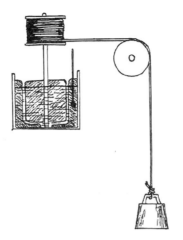

图4-5

焦耳的机械能转化为热能的实验装置。下垂的重物使水缸中的桨叶旋
转，由于内部摩擦，水缸中的水会升温。比较下落重物所做的功与水所
升高的温度，焦耳得到了热的机械当量的数值。

在他的实验中，焦耳使用的装置如图4-5所示，由一个盛满水的
容器，里面的转轴以及转轴上附带的几个搅拌桨叶组成。水缸的内表
面附着一些特殊叶片，增加了内部的摩擦，防止容器中的水随着桨叶
的搅动自由地旋转。带有桨叶的转轴由通过一个定滑轮悬挂着的重物
驱动，重物下降所做的功转化成摩擦热传递到水中。已知容器中水的
体积，通过测量水上升的温度，焦耳可以计算出产生的总热量。另一方
面，驱动重物的重量和它下降距离的乘积是机械功的值。将这个实验
在不同实验条件下重复许多次，焦耳得出所做功和产生的热之间存在
一个直接的正比关系。在1843年公布的研究成果中，焦耳写道："在曼
彻斯特，1磅重的物体下降772英寸所做的功，如果用来在水中摩擦生
热，将使1磅水的温度上升1华氏度。"用这些单位表达或是换算成其

113

他单位的这一数值，现在仍然被广泛地应用在热功转换或者功热转换中[1]。

热力学

当热能与机械能的等效关系确立时，即现在所谓的"热力学第一定律"确立时，萨迪·卡诺开展了接下来的研究，考虑一种能量形式向另一种能量形式转化所遵循的规律。上世纪后半叶，在这个方向先驱性的工作是由德国物理学家鲁道夫·克劳休斯与英国物理学家开尔文勋爵完成的。从日常经验中我们知道，热通常由高温物体向低温物体传递，从来不会反方向流动。我们也知道，机械能可以完全转化为热能，比如通过摩擦的方式，但是热能完全转化成机械能，这在物理上是不可能做到的。确实，正如萨迪·卡诺已经意识到的，机械功的产生伴随着从高温状态到低温状态这部分热量的一个"下降"。当卡诺（错误地）相信热量会完整地从燃烧室传递到冷却室时，热力学第一定律却表明其中是有热量损失的，并且它的当量以机器所做机械功的形式出现。这种情况类比于从山下小溪供水到山上房子的场景。住在这个房子里的主人不想用电机驱动水泵，他决定通过同一条小溪中的水转动水轮使这个泵运行，如图4-6所示。因此，当小溪中一部分的水落下转动水轮时，另一部分就会被泵抽到山上房子的位置。很明显，他不可能将小溪流过的所有水都泵上去，因为这样的话，就没有水去产生那部分驱动机械泵的动力了。下落流水所做的功或者提升另一部分水的水位所需要做的功等于水的重力乘以高度差，所以最理想的状态是：把这个装置设计成除去被泵上去的日常用水之外，小溪中剩下的水量正好

1.译者注：热功当量与功热当量互为倒数关系。

可以把日常用水泵上去。假设：水坝在3英尺高度，房子比水坝高12英尺，并假设x为泵入房子的水量占比，则有：

$$12x = 3(1 - x)$$

可得：

$$x = \frac{3}{12 + 3} = \frac{1}{5}$$

因此，这样的设计不可能将超过小溪水体总量1/5的水泵入房子。

正如之后要讲到的，在从高温区域向低温区域热量流动的情景中，一部分热量转化成了机械能，能被转化成功的热量占比是由下面这个公式给出的：

$$\frac{T_1 - T_2}{T_1}$$

图4-6

对于蒸汽机，热能转化成机械能的过程中的流体动力学的
类比是：其中一部分热量从高温区域传递到低温区域。

115

其中T_1和T_2分别表示燃烧室和冷却室中的绝对温度。沸腾的水的温度为100℃，或者373华氏温度（绝对温度，假设冷却室使用冰作为冷却剂，冰的温度为0℃，或者273华氏温度（绝对温度））。因此，蒸汽机的最大效率为100/373＝26%。事实上，由于热量损失及其他实际原因的存在，蒸汽机的热效率甚至会更低。

"不可能把热转化成机械能，而从高温区域到低温区域没有更多的热量'下降'"，这个陈述被称为"热力学第二定律"。它等价于："热不可能自主地从低温区域流动到高温区域。"事实上，如果我们可以使热量自主地从冷却室传递到燃烧室，我们将会得到一个错误的热循环，蒸汽机也将不需要任何燃料就能运转。类似的机械装置将会是水自动地向山上流动，然后又倾泻在水车轮上！

在热力学的数学处理上，我们引入了一个"熵"的概念，通常用符号S表示。它的定义为物体吸收或损失的热量除以物体的（绝对）温度。使用"熵"的概念，上述的热力学第二定律又可以表述为："任何'孤立系统'（即这个系统与周围环境没有热交换且没有力的相互作用）的'熵'只可能增加或者保持不变。"如果我们把一个冰块放进一杯热水中，那么热量可以从冰传递到水中，冰块的温度会降到0℃以下，而将热水加热到沸点。根据"热力学第二定律"，这是不可能发生的，因为这将对应于冰水混合系统的"熵"的降低。确实，设T_1为热水的温度，T_2为冰块的温度，则有$T_1 > T_2$。假设一定量的热量Q会自发地从冰块传递到周围的热水中。那么周围的热水获得的总热量为（+Q），热水"熵"的变化为$\Delta S_1 = +\dfrac{Q}{T_1}$。而冰块获得的热量为（-Q），因为冰块失去了热量，冰块"熵"的变化为$\Delta S_2 = -\dfrac{Q}{T_2}$。

因此，冰水混合系统总的"熵"的变化为$\Delta s_1 + \Delta s_2 = \frac{Q}{T_1} - \frac{Q}{T_2} = Q(\frac{1}{T_1} - \frac{1}{T_2})$。由于$T_1 > T_2$，所以有$\frac{1}{T_1} < \frac{1}{T_2}$，所以上式括号内的数值为负。

因此，热量从冰块传递到热水中的结果将对应于系统"熵"的减小，这违反了"热力学第二定律"。但是，如果热量是从热水传递到冰块中，上式符号就会反过来，系统"熵"的变化量为正，说明这个过程是符合"热力学第二定律"的。当然，这个结论只适用于"孤立系统"，也就是说，没有从外界提供能量到这个系统当中。对于厨房冰箱，热量是从冰室中泵出的，对于窗式空调，热量也是从室内抽出排到室外更热的空气中，但在这种情况下，系统"熵"的减少是对电流驱动的电机所做的功进行的补偿。

"熵增定理"还可以让我们得到上一页所提及的热机效率的一种相对更简单的表达方式。假设燃烧室和冷却室的温度分别为T_1和T_2，假设从这个燃烧室中取走了一定量的热量Q_1，冷却室将接收其中一小部分热量Q_2，热量差$Q_1 - Q_2$将被转化成机械能。因此燃烧室的"熵"会减小$\frac{Q_1}{T_1}$，而冷却室的"熵"会增加$\frac{Q_2}{T_2}$。由于冷却室"熵"的增加量一定大于或者至少等于燃烧室"熵"的减小量，我们可以写成：

$$\frac{Q_1}{T_1} \le \frac{Q_2}{T_2}.$$

由此可以推导出：

$$\frac{Q_1}{Q_2} \le \frac{T_1}{T_2} \text{ 或者 } \frac{Q_2}{Q_1} \ge \frac{T_2}{T_1}$$

利用简单的代数，上式可以被重新写作：

$$\frac{Q_1 - Q_2}{Q_1} \le \frac{T_1 - T_2}{T_1}$$

也就是我们在上文中所提到的热机效率形式。

叩首鸟

一个基于热机原理的灵巧装置就是日本叩首鸟(图4-7)。它是由两个玻璃球与长连接管组成的一个真空玻璃容器。容器内部有一定量的乙醚,它在室温下会很快地蒸发。本身填充在身体球中的乙醚蒸气上升到头部球中,这个位置的温度相对较低,因为包裹着头部的吸水层持续保持湿润。液化的乙醚集中在头部玻璃球的下部,不能再继续流下去,因为连接管延伸到了头部球的中心。球的下端和玻璃管的管身是封死的。当累积了足够的乙醚,也就是头部变得比身体还要重,这只鸟就会绕着中心支点旋转,达到几乎水平的位置,这样一来,乙醚就有机会又重新流回到身体的玻璃球中,于是使这只鸟再次直立起来了。鸟儿每一次弯下身去,它的鼻子都会浸入水中,保持头部是持续低温的。

如果不用水做冷却剂,我们用伏特加甚至是纯酒精把高脚杯填满,那么头部的冷却效果就会更强,鸟儿的运动就会更频繁。另一方面,如果我们用一个玻璃圆顶罩住这只鸟,里面的空气会很快达到水蒸气的饱和,鸟儿的运动也将会停止。当周围的大气湿度比较高时,鸟儿的动作会明显变缓。事实上,作者也根本无法让它们在华盛顿一个典型的夏天动起来。

通过这个利用了水蒸发原理的玩具,我们可以提出一个有趣的物理问题。如果在鸟儿旋转所绕的转轴上连带某种齿轮机械装置,我们就能得到一定量的机械能来驱动运行这个水泵,把下面海洋中的水引到高脚杯中。那么在保证叩首鸟仍旧运行的情况下,我们可以把它放在海拔多高的位置上呢? 我们可以把这个装置看成一个热机, 热量从鸟温暖的身体传递到较冷的头部, 其中部分热量转化为机械能。(鸟儿较冷头部蒸发出的)水蒸气的潜热为539卡路里/克, 相当于$2 \times 27 \times 10^{10}$尔格的机械能。这个数据一定也是当1克水从鸟儿头部蒸发, 从较暖空气传递到鸟儿身体的热量值(因为鸟儿的身体并没有热量的累积或损耗)。

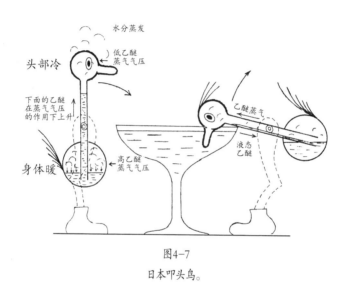

图4-7

日本叩头鸟。

这个热机将热能转化成机械能的效率就可以表示为$\frac{T_1-T_2}{T_1}$。在这道题中, T_1和T_2均为300K左右(室温), 所以温差(T_1-T_2)仅仅只有几度。假设温差为3℃, 我们发现效率大约是1%, 也就是说, 从鸟儿头部蒸发1克的水将会产生大约2×10^8尔格的热量。将1克水提升1厘米的高度, 需要做的功在数值上等于重力加速度的值, 约为1000($981\frac{厘米}{秒^2}$), 所以从鸟儿头部1克水蒸发所产出的机械能可以使替代它的另1克水从海平面上升至2×10^5厘米, 即海平面以上2000米高度。当然, 上述的计

119

算十分粗略，考虑到各种能量的损失会在很大程度上降低这个最后的数值，不过，叩首鸟坐在很高的海拔上也能喝到海水是个事实！

第一类和第二类永动机

古时候人们梦想着制造出一种机器，它不需要外界任何燃料或是任何其他能量供给就能永远无休止地工作下去。在第二章中，我们提到的斯提努斯链就是这样一个装置，在斯提努斯用斜面上正确的力学平衡原理论证这个装置不会动起来之前，它通常被人们当作一个可能的永动设计。

第一种永动机违反了"热力学第一定律"（能量守恒定律），我们还可以考虑一种将违反"热力学第二定律"的第二类永动机。确实，如果我们可以将100%的热量转化成机械能，那么力学工程将比所有高度标榜的原子能项目还占上风。我们将可以制造出这样一艘远洋客轮，它会将海水泵入，吸取其中的热量来运转发动机，然后将失去热量而变成的冰从船上扔出去。我们还能造出这样一种汽车以及飞机的发动机，它将吸入周围的空气，利用它所含的热量驱动引擎，再从排放管将冰冷的气体排放出去。我们还能……

但是所有这些天马行空的可能性全被"热力学第二定律"，也就是"熵增原理"否决了！

热力学论证

一旦我们接受了热力学定律，我们就可以用这些定律来讨论各种不同的物理现象，并且对于有关它们的许多重要论述给出证明。举个例子，我们来考虑这样一个情境，在一盘水上竖直放置一根毛细管（图4-8）。为了将这个系统与周围环境孤立起来，我们把它用一个大玻璃罩罩住并抽出其中的空气。众所周知水会沿着毛细管上升，形成一个凹液面。现在我们来问问自己接下来将会发生什么。

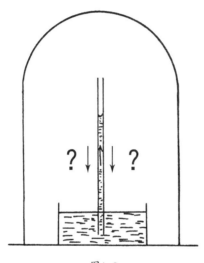

图4-8

一个热力学论证的例子。如果毛细管内凹液面上的蒸汽压强与这盘水的液面上方的压强相等，水将处于按照图示箭头所示的方向不断运动的状态。

首先，盘中水有一部分会变成水蒸气，充满玻璃罩的内部。由于重力作用，底部蒸汽的密度和压强会较高，上方蒸汽的密度和压强会较低，就像地球大气的分布一样。现在我们知道，对于任意给定的温度有一个确定的压强，在这个压强下蒸汽和液体"处于平衡状态"。如果蒸汽气压高于这个值，部分蒸汽将会液化成为液体；如果低于这个值，一部分液体会蒸发，产生更多的蒸汽。现在我们要通过热力学观点证明，凹陷的毛细管液面上方的蒸汽压强小于平整液面上方的压强。确实, 假设上述观点不成立, 并且蒸汽压强与液面的曲率相互独立。那么会发生什么呢? 因为, 由于重力的作用, 我们已经知道凹液面高度附近的蒸汽压强小于盘中水面处的蒸汽压强, 所以毛细管中的水将蒸发并液化在盘子里。这会导致水在毛细管中向上的流动, 并且这个运动不会停止。我们就能给这个毛细管加装某种水磨装置, 并让这个装置无休止地运行下去, 而这就违反了"热力学第二定律"。由于这个定律是不可能被违反的, 所以我们就可以得出结论: "液体凹液面上方的气汽压强小于平液面上方的压强。"[1]类似地(取一支上过蜡的毛细管, 这样管中的液面将低于盘中的水平面, 并且是凸液面), 我们也可以得出结论: "凸液面液体上方的蒸气压强高于平液面上方的蒸气压强。并且毛细管越细, 液面差就越明显, 管中液面的蒸气压强和盘中液面的相比变化就会越大。"

通过使用表面张力常数的数值(这个常数决定了毛细管中水柱的高度)以及水蒸气的密度(决定了盘子所在位置和毛细管液面位置的压差), 我们可以得到一个公式, 来描述水面的曲率与蒸汽压强之间的关系。如果这个公式不成立, 水将会持续在毛细管中流动, 我们就会得到一个第二类永动机。

上面这个结论对于理解下雨这个现象有着重要意义。高空漂浮的云朵是由无数细小水滴(水雾)组成的, 这些水滴又小又轻, 几乎没有任何掉落的趋势。不过, 其中一些小水滴相对较大, 另外的一些相对较小。那么水滴的大小不同又会有什么影响呢?

1.译者注: 作者的意思, 在毛细管液面所在的高度上, 管内液面上的蒸气压强并不是就等于管外的蒸气压强, 需要对凹液面上方蒸气气压进行判断。如果毛细管液面上方与水槽中液面上方蒸气压相同, 即液面曲率对于液面上方蒸气压强没有影响, 那么如文中所述, 结论会违反热力学第二定律。而事实上, 此时毛细管凹液面上方蒸气压较小, 与玻璃罩上部较低的蒸气压平衡, 于是不会再产生液体的流动。

正如我们刚刚知道的, 凸表面的蒸汽压强高于平表面的蒸汽压强, 并且压差随着曲率半径变大而变大。因此, 小水滴表面的蒸汽压强较大, 大水滴表面的蒸汽压强较小。这个压力差会导致蒸汽从小水滴处流动到大水滴处, 凝结到大水滴的表面, 使大水滴变得更大。另一方面, 小水滴会逐渐蒸发直至消失。变大的水滴将很快变大以至于无法在空气中漂浮, 从而形成了雨, 落在我们的头上和雨伞上。

分子动理论

热理论的进一步发展以及热力学基本定律,它们基于的观点是: 热是组成所有物质体的微小粒子, 即分子的动能这个观点之间的联系是在上个世纪的后25年中主要由德国的路德维西·玻尔兹曼、英国的詹姆斯·克拉克·麦克斯韦以及美国的约西亚·吉布斯(如图4-4和图5-16)提出的。考虑到是组成物质体的无数个微小分子运动, 所以去追踪每个独立粒子的精确轨迹当然不可能(也没有意义)。我们想知道的是, 在不同物理状态下分子的"平均"表现, 这引导着我们使用概率的规则。概率学方法通常被应用于人口问题, 这当中包含着大量的个体。例如, 保险公司或是解决农民农作物产量的政府组织等各类机构, 他们都是基于统计学数据来制定他们的政策, 并且他们对于某个路人甲去世的细节还是老王的农场里发生的特别事情并不感兴趣。美国人口将近1.7亿, 而1立方厘米(cc)空气中所含的分子数量为2×10^{19}个(2后面19个0), 我们就会明白在分子领域一定会比人口问题更依赖统计学规律。

将统计学观点应用于气体情形是最容易的, 与液体和固体不同, 气体中的分子在空间中自由地穿梭, 过程当中彼此间或是与容器壁会发生碰撞。装有气体的容器内壁连续不断地受到来自分子的撞击，又从它们这里被弹回，这样的平均效果使内部气体对内壁产生了一个稳定的力，即气体压强。假设容器中含有等量气体，而容器的容积只有原来的一半。由于在这个情况下，单位体积的分子数将会多两倍，即每秒将会有两倍的分子从内壁的一块给定区域上弹开，因此这个容器内的气压将会翻倍。这就解释了气体压强和体积之间的反比关系，这个定律是罗伯特·波义耳发现的。

现在我们来想一想如果分子运动加快会发生什么。这会产生两个效果：(1)每秒钟会有更多分子撞击给定面积的内壁；(2)由分子动量(用牛顿的话说，"运动的量")决定的每次撞击的力度会增强。由于这两种效果都正比于分子速度，所以气压会随着分子速度的平方而相应增加，或者换句话说，会随着分子动能而增加。我们已经知道，根据查理–盖–吕萨克定律，一定体积气体的气压正比于它的绝对温度，由此得到的推论是："绝对温度是对分子热运动能量的简单测量。"这与我们在讨论何种分子并没有关系，因为统计力学的基本定律之一——"能量均分定律"中陈述道："在由两种或多种不同质量的大量分子组成的混合物中，每个分子的平均动能是相等的。"因此，比如在含有氢气分子和氧气分子的混合气体中，氧气分子比氢气分子重16倍，而氧气分子速度是氢气分子速度的1/4，这样它们的质量乘以速度的平方是相等的。在室温下，即绝对温度大约是300℃时，热运动的能量大约为0.0000000000000002尔格，对于空气分子的情况，对应的运动速度为50,000厘米/秒(大约是1000英里/小时)。

当然，绝对温度所决定的热运动的能量只是基于大量粒子的平均值，而且正如统计现象通常会发生的情况一样，单个个体粒子的能

124

量与这个平均水平之间可能会出现很大差异。因为分子间相互的碰撞是随机发生的，一些分子在一瞬时可能会获得很大的速度，而其他的分子速度可能会暂时变缓。根据统计力学定律，我们可以计算出气体中，与恰好具有平均速度相比偏离了不同程度的分子的占比。这个速度分布图如图4-9所示，它被麦克斯韦首先计算出来，并以他的名字命名。

除了分子的平均速度，气体统计理论中的另一个重要概念就是"平均自由程"，即两次撞击之间分子运动的平均距离。在大气中，分子的平均自由程很短，大约只有0.00001厘米，而在充满了星际空间的十分稀薄的气体中，一个分子可能得越过几英里才能遇到另外一个分子。自由程很短导致一个结果，就是尽管分子运动速度如此之快，它们还是需要很长一段时间才能从房间的一头移动到另一头。事实上，它们就像足球运动员带球冲向对方的球门，但是每走一步就被对手拦截一下。当然，这名球员心中好歹有球门这个目标并且努力向着球门奔跑，而分子却是在盲目地运动，每次新的碰撞发生之后就向一个莫名其妙的方向弹开了，这种运动在热力学上被称为"无规行走"，可以用数学将其描述为：多步之后走过的平均距离等于每步的平均步长乘以总步数的平方根，并不是乘以总步数，如果每一步都是相同的方向，总距离才等于步长乘以总步数。因此我们得到一个公式：

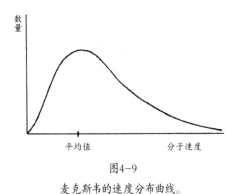

图4-9

麦克斯韦的速度分布曲线。

$$距离 = 步长 \times \sqrt{步数}$$

在空气分子的例子中，每步步长为0.00001厘米，如果一定要分子行程达到，比如说10米（1000厘米）的话，通过上式我们可以计算出总的（随机）步数一定等于：

$$(\frac{1000}{0.00001})^2 = 10,000,000,000,000,000$$

以50,000厘米/秒的速度，每一步所需要的时间为

$\frac{0.00001}{50,000} = 0.0000000002$ 秒，所以总的运动时间将为10,000,000,000,000,000 $\times$ 0.0000000002 = 2,000,000秒，或者说是20天！

那么，用分子动理论如何看待热力学基本定律中所说的，在所有的热过程中，"熵"总是增加的吗？从分子运动的统计学理论观点来看，"熵"的意义到底是什么呢？为什么热总是从高温物体传递到低温物体，又为什么我们不能把一定量的热全部转化成机械能，却能实现将机械能向热能的完全转化呢？如果我们看到了分子在这些情形下发生了什么，那么以上所有问题的答案都是显而易见的。考虑一个被隔热

板分成两半的容器: 其中一半填充高温气体, 另一半填充低温气体, 然后把隔热板去掉。将会发生什么呢? 很明显, 高温气体中快速运动的分子会在与低温气体低速运动的分子碰撞的过程中损失它们的能量, 这个过程将会持续进行直到所有分子间能量均分后停止, 也就是说, 会达到容器两个半边温度相等的状态。类似的情境是, 在盒子底部放满一半的黑球, 上面一半部分用白球填充。如果我们摇晃盒子, 两种球就会混合在一起, 盒子里从上到下将会均匀地分布着黑球和白球。那么, 如果我们继续摇晃盒子能再次把它们按照颜色区分开吗? 理论上说是可以的。事实上, 这种特殊的分离情况没有什么理由不发生, 但是它发生的可能性几乎为0! 我们可能得摇这个盒子上百年, 或者上百万年, 才能偶然地出现所有黑球聚集在盒子底部, 所有白球聚集在盒子上部的情况。对于气体分子的例子也同样如此。理论上可以达到这一半的分子在随机碰撞下速度降低到比平均速度低很多, 而另一半的分子都获得了对应高速的情况, 但是这是概率极小的事件!

　　同样的情形存在于机械能和热能相互转化的例子当中。假想一颗向钢制墙面射击的子弹, 当子弹朝着目标飞行时, 它所有的分子都在以同样的速度朝着同一个方向一起运动。(当然, 这一分子共同的运动叠加上了它们的不规则运动, 因为子弹本身具有初始温度。)当子弹因为遇到墙面而停止的时候, 这个井然有序的运动变成了分子各自不规律的运动, 从而增加了组成子弹和墙面分子的初始热运动。在此我们又可以想象一个相反的过程, 其中组成一个金属条一端的分子在火焰中被加热, 在偶然的机会下, 它们热运动的速度朝向了同一方向, 那么这个金属条将会飞出去, 就好像从枪膛里发射出去一样。但是, 这也是极其不可能发生的事件。因此, 我们可以看到, "熵增定理"可以简单地被诠释为："在所有自然进程中，井然有序的分子运动都具有变成混乱状态或是随机状态的趋势。"所有的进程都朝着从可能性较小的分子运动模式到可能性更大的分子运动模式的方向进行，增加的熵对应于分子运动模式增加的概率。

路德维格·波尔兹曼首先提出，可以将给定分子运动模式发生的概率和熵之间建立起如下一种简单的关系。假设有两个热力学系统，A和B，可以是填充进不同气体且内部压强不同的两个密闭容器，也可以是任何其他更复杂的系统，包含液体、液体产生的蒸气、固体晶体以及它们在液体中的溶解物等各种物质。假设两个系统具有相同的温度T，并且我们使它们之间可以发生热交换，那么两个方向上都不会发生热量传递，两个系统还会与彼此隔离时所处的状态保持一致。假设有一定量的热量从外界流入系统，系统A增加Q_A卡路里的热量，系统B增加Q_B卡路里的热量。接下来，如果我们分别考虑这两个单个系统，它们的"熵"的增量分别是$\frac{Q_A}{T}$和$\frac{Q_B}{T}$。如果我们将它们当作一个单个的复合系统，那么"熵"增加的总量为$\frac{Q_A+Q_B}{T}$。

由于$\frac{Q_A+Q_B}{T}=\frac{Q_A+Q_B}{T}$，

所以我们可以得到这样一个结论："复合系统的熵等于它各部分熵的和。"

从各种分子运动模式的概率来看是什么情况呢？如何用单个系统A和B各自的概率表达复合系统A和B的概率呢？根据数学上的概率理论："复合事件（即必须满足一些独立条件才会发生的事件）发生的概率等于组成它的所有独立事件发生概率的乘积。"因此，如果参加第一次见面约会的女大学生希望男人"又高又帅,皮肤黝黑",那么这次约会这样的男孩出现的概率等于男人高个子的概率乘以长得帅的概率乘以皮肤黝黑的概率。假设一位男士高个子的概率是1/4(即4个男孩里有一个是高个子),长得帅的概率是1/50,皮肤黝黑的概率是1/3,则三个条件都满足的男人出现的概率是:$1/4 \times 1/3 \times 1/50 = 1/600$,即她见600个男孩里有一个会是那个他。

因此我们看到,在复合热力学系统中,"熵"一定要做加法,而概率一定要做乘法。那么两个量之间何种数学关系能满足这个条件呢?当然,答案就是对数关系,因为为了将两个数相乘,我们必须把它们的对数相加。因此,"熵"一定随着概率的对数变化,我们可以写作:

$$S = k \log P$$

其中k是玻尔兹曼系数。

上述公式成为了经典热力学和分子动理论之间的桥梁,让我们能够基于概率学观点计算出所有热力学的物理量。

麦克斯韦妖

统计物理学上有一个非常重要的人物就是麦克斯韦"妖"[1],他是詹姆斯·克拉克·麦克斯韦(图5-16)想象中的产物,这只"妖精"在这个科学领域中做出了巨大的贡献。想象一个很小同时非常活跃的"妖精"(如图4-10所示),他小到能看到独立的分子,活跃到像网球冠军打网球一样把它们玩弄于股掌之间。这样一个"妖精"可以通过控制两个气室A和B之间分隔墙上的小窗户,来帮助我们打败"熵增定律"。

1.译者注:"麦克斯韦妖"和"薛定谔的猫""芝诺的乌龟""拉普拉斯怪"并称物理学界的四大神兽。

假设这个窗口的挡板在滑动过程中不受任何摩擦阻力，并且当"妖精"看见一个特别快的分子向着窗口冲过来的时候，他就把挡板打开，当他看见接近窗口的分子速度很慢的时候，他就把窗口关上。因此在麦斯威尔"妖"这样的分类下，所有快速运动的分子全到了气室B中，只有运动速度慢的分子留在了气室A里。随着热量往错误的方向上流动，B中的温度将越升越高，A中的温度会越来越低，这违背了"热力学第二定律"。

图4-10

麦克斯韦"妖"，据说他可以将快速运动的分子和运动慢的分子分离开来。

为什么不通过这个"小妖精"的帮助，它当然不存在了，而是用一些很小很精巧的能以同样方式运作的物理装置就不能实现这个结果呢？为了理解这种情景，我们回想一下著名的奥地利物理学家，艾尔文·薛定谔（见图7-19），在他非常有意思的一本小册子《生命是什么》[1]中提到的问题:"为什么原子都这么小?"第一感觉,这个问题很荒谬,但是当把这句话换一种说法来说,它就很有意义,并且变得可以解答。那就是:"为什么我们(相对于原子来说)这么大?"这个答案很简单,像人类这样一种复杂的有机体,有大脑,有肌肉等各部分组织,仅仅靠几十个原子是不可能构造出来的,就像不能用几块石头就能建造出一座哥特式大教堂一样。

麦克斯韦"妖",或是任何能替代他工作的机械装置只能用很少数量的原子构造,交给它们这么复杂的任务也就不能完成了。粒子数量越少,它们行为的统计学波动性就越大。如果汽车的四个轮子中的其中一个突然自己跑到了方向盘的位置,散热器又变成了油箱或是油箱变成了散热器,那就没人敢开它了!同样地,麦克斯韦"妖",无论是真实的还是机械的,它将在给分子分组的任务上犯下好多统计学错误,那我们所想象的整个工程也就泡汤了。

微观热运动

上述分子世界中非常大和非常小的数据都是计算得出的结果,因为分子和它们的运动都太小了,以至于我们用最好的显微镜都观测不到。然而,我们依然可以通过观察直径在1微米(μm)左右的微小粒子的行为来建立不可见的分子与我们日常当中的宏观物体之间的桥梁,这个量级的粒子一方面小到能体现出可见的热运动,另一方面大到可以用精密的显微镜观测到它们。

英国植物学家罗伯特·布朗首先注意到,漂浮在水上的植物孢子

1.剑桥大学出版社,1944。

永远都不会停止运动，而是陷入"塔朗泰拉舞曲"一般，有规律地跳前跳后，仿佛在不断地被某位看不见的特工踢来踢去（图4-11）。布朗与他同时代的科学家都无法解释微小粒子这一神经质的行为，而将近100年以后，法国物理学家让·佩兰解释了这一现象，这是水分子的热运动对这些孢子进行不计其数撞击的结果。佩兰对于布朗运动的研究成果为分子动理论的正确性提供了无可争辩的证据，并使科学家们能够直接观察到运动的统计学规律，在此之前这些统计学规律都只是理论推测。年轻的阿尔伯特·爱因斯坦在1905年发表了三篇论文，其中一篇给出了布朗运动的准确数学理论。在另外两篇中，其中一篇是关于光的量子理论，另一篇是关于相对论。今天，热的统计学理论，更普遍被称作"统计物理学"，它的完备性和清晰性只有牛顿力学能与之相较。

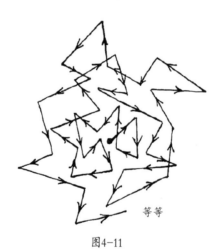

等等

图4-11

"无规行走"是指由于与其他物体的碰撞，物体运动方向经常会无规律地发生改变的运动，比如一个分子与其他分子的撞击或者一个醉汉与路灯柱的撞击。很明显，这种行走无法使物体保持直线运动，并且我们知道从出发点开始的平均行程等于步长（每段直线代表一步的话）乘以步数的平方根。

132

热运动和声音的传播

众所周知，声音不过是在空气或者其他材质中传播的压缩波。实验研究揭示了一个有趣的现象，那就是：声音的传播速度与空气密度无关，也就是说，海平面的声速和大气上空稀薄空气的声速是一致的。另外，声速与空气的温度有关，它与绝对温度的平方根成正比。从分子结构和热运动的角度，我们该如何解释这些现象呢？

为了对此给出解释，我们必须知道空气是由无数个在空间中任意穿梭的分子组成的，并且分子的速度随着温度的升高而变快。当一个压缩声波被释放，比如声源是个振动音叉，此时最靠近音叉的空气分子被沿着运动的方向向前推，撞击到位于较远位置的其他分子（在下一薄层空气中），并推动了它们。接下来轮到它们来推动下一层分子，因此压力在空气中传播，形成了声波。由于空气分子在撞击到下一层的分子之前，一定飞行了相对更远的距离（被称为"自由程"），所以速度的传递本质上是由分子热运动的速度所决定的。这一动力学分析解释了上述关于声速的两个事实。确实，无论气体如何被压缩或是被稀释，分子热运动的速度在给定温度下是不变的。另一方面，由于分子的动能与绝对温度成正比，所以它们的速度就随着绝对温度平方根的增加而增加。而对于分子速度成立的表述对于声速也一定成立。

但是，当对气体产生挤压的物体的速度超过给定条件下分子热运动的速度时，情况就完全不同了。比如，当爆炸产生的高温气体对周围空气产生挤压时或者当超音速飞机或导弹的机翼和机身对周围空气产生挤压时，就会出现不同的情形。在这种情况下，分子热运动的速度没有高到从正在前进的"推进者"那里逃脱，于是它们开始一个个叠在一起，从而导致密度的增加。这种情况和上一段所述情况的区别用图4-12的简图表示。高度压缩气体前进的前端形成了"激波"。由于密度的剧烈增加，"激波"相应地获得了很高的超压，导致它能产生破坏性效果。在爆炸的例子中，随着高温气体扩散速度变缓，被压缩的空气从"推进者"上分离出来，继续以"激波"的形式前进。在超音速飞机和导弹的例子中，如果它们在发动机的推进下保持匀速飞行，"激波"也会相对于飞行器保持静止，因此这种"激波"被称为"驻波"。

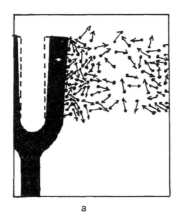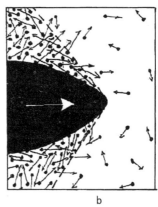

图4-12

（a）当"施力者"推动的速度小于分子时形成声波，（b）当"施力者"推动的速度大于分子时形成"激波"（"驻波"）。

热固体的光辐射

众所周知，所有物质体在被加热到足够高的温度时都会发光。老式煤气灯和现代电灯泡的灯丝都是这样发光的。在宇宙的范围里，太阳和恒星会发光是因为它们的表面非常炙热。根据我们的常识，在相对较低的高温下，比如房间暖气的温度，我们可以获得它辐射出的热量却看不到它在发光。厨房里的炉灶可以加热到600℃–700℃的"红热"状态，发出惨白发红的光。而电灯泡的灯丝会被加热到超过2000℃的温度，发出亮眼的光芒，只是与达到3000–4000℃电弧的耀眼光芒相比，灯泡发出的光就显得发黄一些。太阳的表面温度高达6000℃左右，它发出的光中所含的蓝光比上面提及的所有光源发出的光中含有的蓝光要多。

　　因此，"随着温度的增加，释放出的辐射会迅速增强，并且短波长的光会越多。"不同温度下，物质体释放的辐射中观测到的不同波长之间光强的分布曲线，如图4-13所示。在2000开尔文时，所有能量都集中于长波长热辐射的区域，而可见光区域的光强为0，在图中用长虚线表示。在4000开尔文时，有一些可见光被释放出来，但是红光的强度大大地超过了黄、绿、蓝光的光强。在6000开尔文时（也就是太阳表面温度），光强最大值落在光谱的黄光区域，我们接收到的是混合起来的颜色，也就是"白光"。当温度继续升高，光强最大值移动到不可见的紫外线区域。有些恒星表面温度极其高（好几万度）以至于它们辐射出的大部分光线就落在这个不可见的紫外区域里。

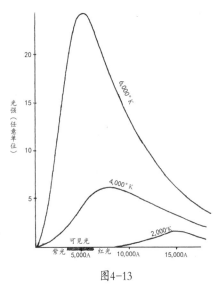

图4-13

三种不同温度下的物体辐射出能量的连续谱分布。

炙热物体发光涉及上世纪后半叶发现的两个重要定律：

德国物理学家威廉·维恩（1864-1928）提出了"维恩定律"。定律的内容是："光谱中最大光强所对应的波长与发光的炽热物体的（绝对）温度成反比。"从图4-13中，我们注意到，6000开尔文对应的曲线中最大光强位置对应的波长是5000Å，而2000开尔文曲线中，最大值对应的波长变化到15000Å。

德国理学家约瑟夫·斯蒂芬（1835-1893）发现了"斯蒂芬-玻尔兹曼定律"，之后通过之前提到的路德维西·玻尔兹曼的热力学观点给出了这个定律的理论形式。这个定律的内容是：炙热物体辐射出的总能量与它（绝对）温度的4次方成正比。确实，在图4-13中标有6000开尔文的曲线，它下方与坐标轴围成的面积是标有2000开尔文曲线下所围面积的3^4=81倍。

热气体的光辐射

上一节中给出的炽热物体发光的讨论是关于诸如电灯泡的钨丝或是铸造厂熔融的铁水这种类型的固体或液体材料[1]。对于炽热气体辐射出光的情形，我们会遇到一个完全不同的情况。如果我们通过一个三棱镜看汽灯（或煤油灯）发出的光，我们将看到从红到紫的一整条连续光谱。不过可以证明，这条连续光谱实际上并不是由火焰中的炽热气体产生的，而是由其中烟灰的细小固体颗粒产生的。如果进行一个气体完全燃烧的实验，就像在德国物理学家罗伯特·威廉·本生（1811–1899）发明的"本生灯"中进行的燃烧过程一样，我们将会获得温度非常高的火焰，释放出的光却非常少。本生用他的发明研究了各种不同材质在气体状态下的发光现象，如果在"本生灯"的火焰中加入少量钠元素（比如以氯化钠的形式，即普通的餐盐），那么火焰会呈现亮黄色。

1.太阳的材质是气体状态的，因为太阳的表面温度达到6000K，中心温度更是达到20,000,000K这样极高的温度。然而，除了我们所知道的色球层作为薄薄的最外层以外，组成太阳的气体的密度被压缩到与通常的固体和液体材料差不多，因此太阳才能辐射出连续的光谱。

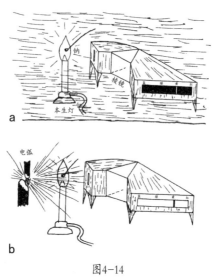

图4-14

（a）钠，将这个元素加入到火焰中，会产生有特点的黄色谱线。

（b）当电弧发出的包含所有波长的白光透过含有钠元素的火焰时，之前的明亮黄色谱线会被黑色谱线所替代。

　　用旧时艾萨克·牛顿用过的三棱镜方法分析这些光，我们会发现光谱是由一道单一的黄线组成的，所有其他波长完全消失（如图4-14a所示）。用钾元素做相似的实验，会产生明亮的红色火焰，在光谱的最右边显示出一条红线。在本生灯炙热的火焰下转变成蒸气的其他材质会显示出其他的谱线，有时是单一谱线，有时是多根谱线。

　　为什么炽热气体释放出严格选择的波长的光（或者换句话说，释放出严格选择的频率的光），而固体或者液体材料释放出全范围的波长从而形成一个连续光谱呢？在本书后面，我们会看到，一个原子或者一个分子可以类比为一件乐器，唯一区别就是它们发出的是光波，而乐器发出的是声波。一件乐器,最普通的音叉也好,一架三角钢琴也罢,都是按照只产生一系列择选声音频率的方式制造的(音叉有一个音频,三角钢琴有许多音频),一个音接着又一个音组成了一段旋律。原子和分子也是释放选定波长的光,每一种粒子对应一种波长的选择。气体的原子或是分子在空间中自由运动,不时地在彼此间发生碰撞。在每次撞击中,它们都显得很"兴奋"(如果温度足够高)并继续飞行,伴随着振动释放出它们特有的光波。

因此,钠、铜、铁或是其他金属的蒸气会释放出特征谱线,并且通过这些特征谱线就可以将金属识别出来。另一方面,固体中的原子紧密地堆叠在一起,更像是在一个大袋子中放入整个交响乐团的乐器,它们一个叠在另一个上面,混乱地堆叠着。如果摇晃这个袋子,我们将会听到包含了所有听力范围内频率的噪音,就与乐器所包含的特殊性质无关了。类似地,一块金属或是其他任何一种固体(或液体)中相互堆叠的原子完全失去了它们纯净单一的特征,红热的金属铁所发出的光就和红热的铜或者红热的其他什么物质发出的光没什么区别了。

不同物质发光的特异性是光谱分析中一个重要方法的基础,它使我们可以通过观察它的蒸气所释放出的光,就能找出任意给定材料的化学组成。

光的吸收
现在让我们回到向"本生灯"火焰中放入一些钠元素的实验(如图4-14a)。假设我们在火焰后方设置一个强光源,比如电弧,用它来发射释放出整个连续光谱(如图4-14b)。从白热电弧发出的光会穿透火焰，落在狭缝上，在分光镜中形成一条彩虹带。但是我们会观察到，连续的色彩中出现的狭窄黑线恰好出现在钠元素产生黄线的位置。这个效应的产生是因为一个被称为"共振"的重要现象，我们在研究某种振动问题时都会发生这一现象。想象一下，操场上有一位爸爸正在给他的孩子推秋千。如果父亲推秋千的时间间隔和秋千本身的振动周期恰好吻合，那么秋千的摆动幅度就会越来越大，小孩胆子大的话就会很开心，胆小的孩子可能就开始害怕了。但是如果此时父亲被周围的一位漂亮小护士吸引了，并且没有在合适的时机推秋千，那么他用的劲儿就不会让秋千幅度增加。有时在秋千离他远去的时候他推了一把，秋千就会摆得更远一点，但有时在秋千下落的时候他也心不在焉地推了一把，反而对秋千的摆动产生了阻碍。为了增加任何一种振动的振幅，力所施加的周期应当等于振动物体的适宜周期。如果我们把两个相同的音叉放到距离彼此很近的地方，并用锤子敲击其中的一个音叉，那么它发出的声波很快会使另一个音叉也处于振动状态。但是如果两个音叉具有不同的振动周期，则什么都不会发生。同样地，将广播或者电视调节到某个想要的频道上，旋转按钮调台会使接收器的振动频率与发射器的振动频率一致。

我们关于钠的焰色反应实验也是基于同样的道理。电弧可以让自己发光，并将这些光波散射到各个方向，钠原子与电弧连续光谱中的特定波长发生了共振，因此削弱了最初的光线。当然，这一情况下的黑色吸收线并不是纯黑色。事实上，它甚至可以比初始放射线更明亮，但是相比于电弧连续光谱中的其他部分看起来就非常暗了。"所有物质只会吸收与它们所能放射的光频率一致的光"，这一定律是由德国物理学家古斯塔夫·基尔霍夫（1824–1887）发现的，并以他的名字命名。这个定律在物理学、化学以及天文学等诸多领域都有重要意义，它的一项最重要的应用，在于研究太阳和所有其他恒星的化学组成上。

在19世纪初期，一位德国物理学家，约瑟夫·冯·夫琅和费（1787-1826），重复了牛顿关于太阳光光谱的实验，并使用更好质量的三棱镜代替了原有的三棱镜，他惊奇地发现彩虹光谱实际上被许多很细的黑色竖线所分隔。根据本节中前面的内容，这些"夫琅和费线"的出现可以很容易地被理解。我们在本节之前强调过，尽管太阳完全由气体物质组成，但是它会释放出连续光谱，只是因为原子被如此紧密地挤压在一起，它们"肘边的空间都不足以让它们拉弓时不碰到旁边的运动员"。但是太阳的最外层，被称为"色球层"的这部分，是由非常稀薄的炽热气体组成的，并且可以辐射单一频率的光波。当从"光球层"（也就是太阳密实的内部）放射出的连续光谱穿透进了色球层里化学元素所对应的波长的光，它就被吸收和散射了，夫琅和费暗线就这样出现在了原本完美无瑕的彩虹中。光谱分析在天文学中的应用让我们在对太阳和其他恒星的认知上取得了极大的进展，并且在人类的面前展现出了我们所居住宇宙的无限远景。在插图II中，我们再现了现代光学仪器获得的太阳的夫琅和费光谱，（a）为可见光部分，（e）为紫外光波以外的部分。

第五章 电的时代

早期发现

正如我们在第一章中所提到的,早在古希腊时代人们就观察到了电和磁现象,也许古代世界其他地方的人也知道这件事。但是,首次系统地研究这些现象始于艺术和科学的文艺复兴时期。威廉·吉尔伯特爵士与伽利略生活于同一时代,他是女王伊丽莎白一世御用的物理学家,在他的巨著《论磁石》中,吉尔伯特发表了他对于磁相互作用的详细的研究成果,其中包括对磁铁所有基本性质的一系列描述。吉尔伯特本人是哥白尼世界系统的狂热追随者之一,并且他希望维持行星在轨道上绕太阳运动的力可以被解释为磁力相互吸引的结果。在解释这些问题的进一步研究中,他用磁铁矿做了一个磁性球体,并在球体周围不同距离不同位置处放置一些细小的指南针,通过观察细小指针的指向研究了磁铁周围的磁场。他发现,球体上的某一点是对指针某一端有最大引力的一点,与这个点相对的一点是对指针另一端有最大引力的一点。在球面各个不同位置,指针通常会沿着一个大圆固定在某个确定的位置上,这个大圆通过两个最大引力点(或者说球体的两个磁极)。这个现象与在地球表面使用指南针所看到的现象惊人地相似。于是,吉尔伯特总结道,我们的地球可以被看作一个巨大的磁铁,它的两个磁极分别位于近地理北极和地理南极的地方。这个概念存在了几个世纪，并且由伟大的德国数学家卡尔·弗里德里希·高斯在数学上将其发展成为今天地磁学理论中的一个标准定义。另一方面，吉尔伯特试图将磁力解释为致使行星围绕太阳运转的力量，他的这一尝试彻底失败了。半个多世纪之后，牛顿用宇宙万有引力的这一观点解释了这一运动，说明这一运动与磁力并不相关。

当牛顿已经产生了万有引力的这一构想并将其保守成秘密时，德国物理学家奥托·冯·格里克试图用电相互作用解释行星与太阳之间的力，并以他著名的"马德堡半球实验"而得名（这个实验由两个金属半球组成，当抽出其中的空气，使两个金属半球贴合在一起，连两队马都拉不开它们）。就像吉尔伯特用磁力来解释没有成功一样，格里克的这一解释也没有成功，不过格里克还是在电荷性质上做出了许多重要发现。他发现，虽然摩擦过的琥珀可以吸引轻的东西，比如可以把纸屑吸起来，但是用被摩擦过的琥珀去碰触这两个轻的物体，他们彼此之间就会相互排斥。他还发现电荷可以从一个物体传递到另一个物体上，不一定是直接接触，只需要一根潮湿的绳子连接它们就行，如果用金属线连接它们，效果就会更好一些。18世纪初，迪费对电学现象进行了深入的研究，进而发现：产生的电荷可分为两种：一种是通过摩擦琥珀、封蜡、硬橡胶以及其他树脂物质产生的电荷；另一种是通过摩擦玻璃或云母等玻璃质物质产生的电荷。这两种电流被称为"树脂质"和"玻璃质"，并且这一发现明确了同种电荷彼此会相互排斥，异种电荷则会相互吸引。而表现为电中性的物体应该包含了平衡数量的两种电流，带电物体不是"树脂质"电荷多一些，就是"玻璃质"电荷更多一些。这一现象首次被奥托·冯·格里克观察到，他将这一现象解释为两种电流的相互作用。假设我们摩擦一个硬橡胶球,使它带上了"树脂质"电荷。此时如果将一个小的电中性物体(其中两种电荷数量相平衡)向它靠近,"树脂质"电荷就会被排斥到小物体的远端,而"玻璃质"电荷则被吸引到小物体的近端。由于电荷的相互作用随着距离的增加而减弱,"玻璃质"电荷间的引力将大于"树脂质"电荷间的斥力,净效果将表现为橡胶球与电中性物体的相互吸引。如果我们这次不用硬橡胶球,而是用一个玻璃球取而代之,结果也会是相同的,两个物体会相互吸引,"树脂质"与"玻璃质"电荷是可以互换的。因此,电中性物体总是会被带电物体吸引。将原本电中性物体中分离电荷的现象称为"极化"或是"感应"。现在,如果我们将两个小物体与一个大的带电物体连接,它们将带上相同的电荷,当与带电物体分开后,两个小物体彼此相互排斥。

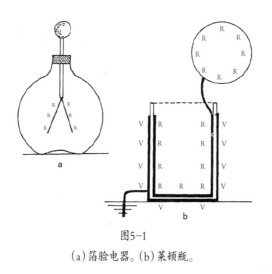

图5-1

(a)箔验电器。(b)莱顿瓶。

在电学现象的这些早期研究中,人们发明了两种非常重要的电学装置：一种是箔验电器，另一种就是莱顿瓶。箔验电器（如图5-1a）是能显示出电荷电性的一个装置，第一个箔验电器由一根金属棒末端连接两根悬挂的杆组成，这个装置是德国的豪克斯比1705年发明的。当金属棒带上"树脂质"电荷或者"玻璃质"电荷，两根杆也会带电，所带的电荷为同种电荷，于是它们会相互排斥[1]。还是采用这个装置，但两根杆用质量轻的金箔取代。莱顿瓶（如图5-1b）是由莱顿大学（荷兰）的一组科学家在1745年发明的，用于积聚大量的电荷。它是由普通的圆柱形玻璃杯组成的，玻璃杯的内壁和外壁均被一层薄薄的银箔所包裹。如果外层银箔接地（即与地相连），而且内层银箔连接到一个带电物体上，反之亦然，那么电荷（无论是"树脂质"电荷还是"玻璃质"电荷）由于玻璃层的阻隔而无法逃离到地面上。因此，大量电荷就被集中到玻璃瓶上，当用电线将内外层银箔相连时就会放电并产生闪耀的火花。旧版本的莱顿瓶时至今日已经发展成为各种类型的电容器，它包含大量的金属板，金属板中间用薄层的空气、玻璃或者云母分隔开。这样的电容器可以存储大量的电荷，从而被用到物理学和电工学的各个行业领域之中。尤其值得一提的是，在1930年，剑桥大学的约翰·科克罗夫特和E·T·S·沃尔顿发明了第一个原子加速器，其中的电池部分就是这种电容器，能充电到100万伏。当电容器通过一根含有氢气的玻璃管放电时，它会产生极高能量的"原子射弹"，并将置于管另一端的锂原子撞击成两个。

　　这个时代同样孕育出了伟大的政治家兼作家于一身的本杰明·富兰克林，在他40岁这个成熟的年纪对物理产生了兴趣。富兰克林不满足

1.译者注：图中R代表"树脂质"电荷"Resinous"，V代表"玻璃质"电荷"Vitreous"。

于毛皮大衣在橡胶套鞋上摩擦就能产生的微小火花，他希望能摩擦出更大的火花，就像暴风雨期间宙斯从云端放射的闪电那样。因此，他在暴风雨天气放风筝到云层中收集电量，连接风筝的潮湿风筝线就是一个良导体，这样就可以把电量收集到莱顿瓶中，之后从莱顿瓶中放电。他的研究成果记录在《美国费城的电力试验和观测（1753）》一书中，并因此被授予伦敦皇家协会会员与巴黎皇家科学院准会员的资格。在这个实验中，富兰克林挑战了宙斯，但是他提出了电流体假说作为这个现象的理论解释却不尽人意。他假设"玻璃质"电荷是唯一一种单一的电流体，而两种不同的带电方式是因为携带了这种"玻璃质"电荷过多或过少所表现出来的。相应地，他称携带过多"玻璃质"电荷的物体（比如经过摩擦的玻璃棒）为带正电体，而携带"玻璃质"电荷过少的物体（比如经过摩擦的橡胶棒）为带负电体。当将一个带过量"玻璃质"电荷和一个缺少"玻璃质"电荷的两种物体放到一起，电荷就会从第一个带过量电荷的物体流向第二个缺乏电荷的物体。本杰明·富兰克林的这些想法产生了我们现在所说的"电流是从正极（阳极）流向负极（阴极）"的概念。我们现在知道，迪费两种电流体的观点要比富兰克林一种电流体的假说更接近真实，尽管真实情况比他们两人所观测到的都复杂得多。世界上存在着带正电和带负电的粒子，每种粒子通常不是带正电就是带负电，还存在着对应的"反物质"，它们带相反的电荷。富兰克林用金属线传导电流时已经离真相很近了，因为电流的传导就是因为单一电子运动产生的，只是电子只携带"树脂质"电荷而不携带"玻璃质"电荷。我们现在偶尔会听到这样一种提议，正电和负电二者的名字应该交换一下，以便使传统的电流方向（从正到负）与电子的运动方向相吻合。但是，如果真换过来的话，原子粉碎机中将高能量的质子射击目标原子时又会出现矛盾，电流应当是从原子粉碎机的炮口流出，而现在却变成了从目标流入炮口。而且对于电流是正离子和负离子往相反方向运动产生的情况，交换正负电的术语名称根本没有什么帮助。

电和磁的库仑定律

18世纪后半叶，许多国家的物理学家都投身到电磁力的定量研究之中。在这个方向首次做出重要发现的是一位法国人，查尔斯·奥古斯丁·德·库仑，他为了测量微小的力而发明了"扭秤"的仪器，如图5-2所示，它代表了库仑所制造仪器的草图，中间横置的轻杆由一条又长又细的绳子悬挂，杆两头放置两个球体，它们保持平衡状态。当球体上没有施加任何力时，横杆应该处于一种特定的平衡状态。当一端的球体带电，并且在这端附近放置了另一个带电球体，作用在可移动球体上的电磁力会使杆绕着悬挂点旋转，直到这个绳索上的扭矩与作用力平衡为止。因为绳索非常细，所以作用在球体上很小的力会使横杆从它的初始位置产生相当大的变动，并且转角与这个作用力成正比。

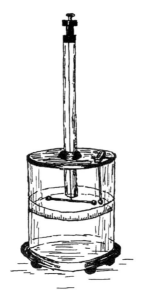

图5-2

库仑的扭秤。

使可移动和固定的两个小球分别带不同数量的电荷,并调整二者之间的距离,库仑发现了以他名字命名的定律。这个定律依据的是:引力和斥力的大小与两者所带电荷的乘积成正比,与二者之间距离的平方成反比(图5-3)。应用这个定律,我们可以定义一个静电电荷单位,即相距1厘米远的两个等量带电体产生1达因力所带的电量。实际上,我们通常使用比这个单位大很多的一个电量单位,这个电量单位就称为"1库仑",1库仑是上面所定义的比较小的静电电荷单位的30亿倍。使用相同的扭秤,通过在绳端悬挂一块磁铁,另一块磁铁则垂直穿过表壳的顶部,库仑证明了相同的定律适用于磁相互作用。

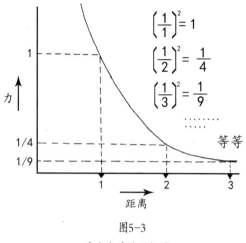

$$\left(\frac{1}{1}\right)^2 = 1$$

$$\left(\frac{1}{2}\right)^2 = \frac{1}{4}$$

$$\left(\frac{1}{3}\right)^2 = \frac{1}{9}$$

．．．．．．．．
．．．．．．
等 等

图5-3

库仑定律的函数图。

相应地, 磁化强度单位定义为: 相距1厘米的等强度磁极产生1达因引力或斥力的磁极强度。

大约在同一时期, 在英国居住着一位性格孤僻的人, 名字叫作亨利·卡文迪许, 是英国贵族的儿子。他没有亲密的朋友, 害怕和女人说话, 在他位于伦敦精选区的克来芬公园的大房子里, 女佣们被要求远离他的视线, 女佣们则按照每天留在大厅桌子上的字条替他准备食物。他对任何形式的音乐或是艺术都不感兴趣, 所有时间都在自己豪宅的私人实验室里做物理和化学实验。他只会为了健康而停下工作去散散步或者偶尔出席一下皇家社会俱乐部晚宴, 目的是为了了解其他物理学家和化学家最近都在做些什么。在他漫长的一生(卡文迪许享年79岁), 他仅发表了少量且相对不是很重要的论文。但是在他死后, 从他的银行账户中发现了100万英镑, 在他的实验室中发现了20包学术笔记。这些手稿由他的亲戚保存了很长一段时间, 但是大约100年后, 这些手稿被发表了出来，亨利·卡文迪许就顺理成章地成为了有史以来最伟大的实验科学家之一。他与库仑在同时期发现了电和磁相互作用的所有定律，在化学上的研究成果可与拉瓦锡相媲美。而且他用天平来研究两个小物体之间极其微弱的万有引力，并且在所有这些实验基础之上，他计算出了地球的精确质量（图5-4）。即便没有任何一个物理单位是以他的名字命名的，但是剑桥的卡文迪许实验室是全世界最有声望的科学研究中心之一。

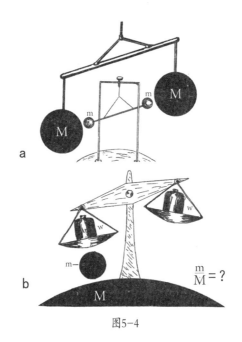

图5-4

卡文迪许用来测量微小万有引力的装置与库仑测量电力的装置很相似。通过改变两个悬挂在天花板上质量为M的物体的位置(a)，我们可以观测到悬挂在细绳上质量为m的两个物体的位移。(b)所示为修改过的卡文迪许方法。两个质量为W的物体，起初在地球引力作用下保持平衡（地球质量为M），当在其中一个物体下放置一个附加质量为m的物体，就会发生移动。

一条电鳗带来的冲击

非洲和南美的当地居民，他们长期以来对一种特殊的热带河鱼非常熟悉，这种鱼会给试图去抓住它的人都会带来痛苦的冲击。在18世纪中期，一艘英国船只将几只这种鱼的样本带回伦敦，生物学家开始对它们展开研究。他们发现，除非用一只手同时碰触它的头顶和身体的下面才可以得到冲击。这个事实与冲击的感受，都让人们联想到当时新发明的莱顿瓶的放电效应，于是这种鱼被称为电鳗。当之后证实了这种鱼能给莱顿瓶充电，毫无疑问，这里处理的是放电问题。鱼能生电吸引了意大利物理学家路易吉·伽伐尼的注意力，他当时正在研究博洛尼亚饭店最美味的一道菜肴——田鸡腿的肌肉收缩问题。他碰巧发现（故事往往就是这样开始的）悬挂在铁栏杆铜钩上切断的青蛙腿碰到铁栏杆时，就像活了一样。为了校核"受控条件"，1786年9月20日，伽伐尼做了一个实验，并记录在他的笔记本上，在他用一把带有一根铁叉和一根铜叉的叉子触碰青蛙腿上的神经和肌肉。在每次触碰时，青蛙腿就会立即收缩，伽伐尼于是确定这与电鳗的电击原理相似。然而，这个假设完全是错误的。他的朋友，另一位意大利物理学家亚历山德罗·伏特很快证明了导致青蛙腿肌肉收缩的电流是一种纯粹的无机现象，通过将两根不同金属的线焊接在一起而制成电线的末端被放入盐水溶液里就能观察到同样的现象。为了纪念他的朋友伽伐尼，伏特将这个现象称为流电[1]，并用大量交错放置的铜片和铁（或锌）片，中间用浸润盐溶液的布片间隔开来，这就组成了现在我们所知道的"伏特电堆"。"伏特电堆"是我们所熟悉的手电筒或者其他电器中用到的现代电池的原型。1800年3月，伏特向英国皇家协会寄出了记录他的发明的

1.译者注：流电的英文为galvanism，伽伐尼的英文为Galvani。

一份手稿，这份手稿是用于出版的。在当时，英国皇家协会是科学思想交流的国际中心。伏特在他的论文中写道：

"是的，我正在告诉你们的这个装置，无疑会让你们大吃一惊，它其实就是不同种类良导体的集合，按照某种特定方式排布。30块，40块，60块或者更多的铜；或者好一些用银，每一片都叠在一片锡上；或者锌片更好，相同层数的水；或者其他比普通水更好的良导体，比如盐水、碱液之类；或者纸板片，皮革浸在这些溶液里也可以；这些夹层需要夹在不同的两个或者多种金属的组合之间，如此这样连续交替下去，并且要保证这三种导体的顺序总是相同的，这就是我的新仪器的所有组成结构。正如我所说，这个装置模仿了莱顿瓶或是电池的效应，能像它们一样产生同样的电击，事实上，上述电池充电到很高程度的时候就会发生爆炸，伴随着爆炸还有爆破力和巨大的响声，在距离放电位置很远的地方还会出现火花，我的装置在电压很高时反应要比它们小得多，在充电比较低的时候和这些电池的效果是相等的，这是一个有很大容量的电池。除此之外，因为它不需要像这些电池那样事先来充电，所以它的优点和动力就远远超过这些电池了。不论接触有多频繁，每当碰触它就会产生电击……我即将要聊一聊这个装置还有类似装置的细节描述以及与之相关的最著名的实验。

伏特电堆原始手绘图如图5-5所示。

接下来一件非常不幸的事情发生了。当时掌管皇家协会发表出版的卡莱尔先生和尼科尔森先生搁置了伏特的手稿，自己重复了伏特的实验，并以他们的名义发表了实验结果，但这招并没有奏效。伏特的调查研究结果通过其他渠道为人所知，而卡莱尔和尼科尔森被定了剽窃科学成果的罪名，之后便消失得无影无踪。而今天的伏特电堆以及电势单位伏特,都纪念了这位意大利天才科学家的名字。电势描述了带电物体的带电程度。

图5-5
伏特电堆。

假设我们有一个大型球状导体带了一定的电量,并且想继续往上面充电。可以用绝缘体握住带一定电量的一个金属小球从距离大球一定距离的地方(理论上说,是从无穷远处)然后慢慢接近大球来获得。由于两个球体之间的库仑斥力,其中一个球体会做一些功来阻止两个球体接近。而增加大球1单位电量所做的功就称为电势。如果电荷的测量单位是库仑,功的测量单位是焦耳,那么电势的测量单位就是伏特。

电磁感应
虽然对于电现象和磁现象的早期研究者都感到它们之间一定有

着更深层的联系，但是他们都没能确切地指出。电荷以任何方式都不能影响到磁铁，同样磁铁对电荷也没有什么影响。发现电学和磁学之间桥梁的荣誉属于丹麦的一位物理学家，汉斯·克里斯蒂安·奥斯特，他听说伏特的研究成果之后，自己也制造了一个电堆，并用它做了各种实验。

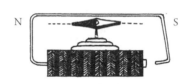

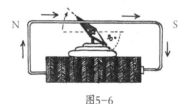

图5-6

奥斯特关于电流和磁铁之间相互作用的发现。

1820年的一天，奥斯特走向哥本哈根大学做演讲的教室，忽然产生了一个想法。如果静态电荷无论以任何方式对磁铁都没有影响的话，也许试着用电线连接伏特电堆两端使电荷在电线中运动起来，结果就会不一样了。他到了教室，教室里挤满了等着上课的年轻学生，奥斯特把他制作的伏特电堆放在讲台上，用一条金属铂线将电极两端连接起来，然后用一个指南针靠近它。这个本该一直指南北方向的指针，居然开始旋转并在垂直于金属线的方向停了下来（图5-6）。观众们看到这个结果都没留下深刻印象，不过奥斯特却记忆犹新。讲座结束之后，他留在教室试图检验刚发现的这一不同寻常的现象。首先，他想到可能由于电流产生的热加热了周围的空气产生了空气流动，从而造成指南针指针运动。为了检验，在电线和指南针之间加了一道硬纸板，以阻隔空气流动，结果没有什么区别。接下来他将伏特电堆旋转180°，这样金属线中的电流方向就会是相反的方向。指针也跟着旋转了180°，它现在所指的北极就是之前所指的南极方向。奥斯特就很清楚地知道磁铁与流动电荷之间存在着相互作用，并且指南针指针所指的方向取决于金属线中电流的流动方向。他将有关那一发现的所有事实以及观测结果都写下来，寄给了法国杂志《化学和物理年鉴》发表。这篇文章在1820年年底出现在公众面前，杂志编辑写了如下说明：

《年鉴》的读者们应该都会发现，我们并不主张轻易地宣布卓越的发现[1]，并且时至今日我们依然为这个决策感到庆幸。但是，关于奥斯特先生的这篇论文，由他取得的成果，不管看起来有多么奇特，但是却给出了太多的细节以至于不能让人产生任何错误的怀疑。

于是"电磁学"，奥斯特给它取的名字，成为事实了！

当奥斯特发现电磁感应的新闻传到巴黎之后，引起了一位法国数学和物理学家安德烈·玛丽·安培的注意。安培在短短几周时间里发现，不仅一根电线会对小磁针产生影响，两根电线之间也会发生相互作用。当两根平行电线中的电流方向相同时，两根电线会相互吸引；当电流方向相反时，两根电线就会互相排斥（图5-7）。他演示了铜线制成的线圈，并且当通上电流时，线圈可以像指南针一样绕着竖直方向在南北方向上自由转动时，这样两个线圈之间的相互作用就像两条磁铁一样。

1.可能是因为大部分卓越的发现都是曲折的。

这使得他产生了一个想法，就是天然磁铁是电流在磁体内部流动产生的。他想象磁体的每个分子中都有一个电流，因此每个分子都是一个小小的电磁铁。当材料没有被磁化时，单个分子电磁铁随机地指向任意方向，最终的结果是磁性为0。在磁化物体中分子的磁极指向同一方向或者至少有一部分是指向同一方向，因此产生了吸引和排斥的磁性。安培的这些观点被现代物理学完全认同了，现代物理学认为原子和分子的磁性是由于电子围绕着原子核发生运动或者是由于电子迅速绕轴自转。

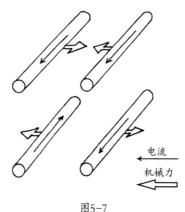

图5-7
电流间相互作用的安培定律。

由于安培是第一个清晰地将电流是电子在导线中运动公式化的人，电流单位就以他的名字来命名。1安培定义为每秒通过导体横截面的电量为1库仑。

安培取得的成就，毫无疑问地证明他是一位伟大的科学家，不过他也是一位典型的心不在焉的教授。据说，他在授课期间经常会拿起擦黑板的抹布擤鼻子。还有一件关于他的轶事，有一次，安培走在巴黎

156

的街道上, 把停在路边的出租车后车窗当成了黑板就在上面写起数学公式来。出租车启动, 他也跟着走然后就追在车子后边跑, 一定要完成推导。还有一次, 当拿破仑·波拿巴参观巴黎学院时, 安培没有认出他来, 拿破仑看见他笑着说: "你看, 先生, 不经常见到自己的同事是多么不方便啊! 我也没在杜伊勒里宫[1]见过你, 但是我知道怎么才能强迫你来, 至少过来向我问好!" 然后, 第二天他真的邀请安培去宫殿用晚膳了。只是到了第二天, 巴黎宫殿里餐桌旁的椅子却是空的, 因为安培已经忘记了这个邀请!

电流定律

当安培把大部分精力投入到电流产生的磁效果中时, 当时在科隆当老师的德国物理学家乔治·西蒙·欧姆却想知道, 依赖不同材质的导体与不同电势对电流强度的影响。他使用了许多伏特电堆, 将它们串联在一起, 从而产生不同强度的电压。他还使用了一个电流计, 第一个电流计是安培制造的, 通过观察小磁针的偏转来测量电流强度。用不同长度和不同横截面积的不同材质导线做了实验之后, 欧姆发现电流强度与导线的横截面积成正比, 而与导线的长度成反比, 而且导线的组成材料也会影响电流强度。他还发现, 对于给定的导体(导线长度、横截面积、材料不变时), 电流与串联的伏特电堆首尾的电势差成正比, 由于这个电势差使导线中会有电流通过。这种情况非常类似于用一根充满某种玻璃纤维的管子引水的情况, 管中的玻璃纤维会一定程度地阻止液体的自由流动。也是在这种情况下, 水流强度会随着水泵抽水压力的增加而增大, 会随着水管横截面积的增加而增大, 会随着水管长

1.译者注: 巴黎旧皇宫。

度的增加而减小, 并且水管中玻璃纤维的属性和多少都会影响水的自由流量[1]。

因此, 欧姆引入了对于不同导体电阻的概念; 他是这样规定的: 电流强度与产生电流的电势差成正比, 与导体的电阻成反比; 反过来, 至于导体的电阻, 它与导体的材料有关, 与导体的横截面积成正比, 与导体的长度成反比。欧姆将他的发现写成论文, 题为"直流电路的数学研究", 并于1827年发表, 这篇论文为之后所有有关电力电路的研究做了铺垫。欧姆定律可以用两个简单的公式表示:

电流强度=电势差/导线的电阻

以及

导线的电阻=C*导体横截面积/导体长度

$$R = P\frac{L}{S}$$

其中, C是表征导体材料特性的常数。为了对欧姆做出的贡献表示敬意, 电阻的单位称为欧姆, 1欧姆定义为1伏特电势差下产生1安培电流强度的电阻。有时, 我们不用电阻, 而是用"电导率"这个概念, 它们恰恰相反。于是电导率的单位为姆欧, 即把欧姆反过来写。图5-8所示是研究电现象的实验中所用到的各种电学装置。

1.这个类比从现代的观点来看依然是与电流流过金属导线是十分一致的, 根据现在的说法, 金属材料的结构是金属原子紧凑排列而成的, 在电压的作用下, 自由电子得以在紧密结合的原子形成的结构中穿过, 形成了电流。

图5-8

各种电学装置的展示。

电动机(E.Mo.)：从两个环形导线中通过的方向相反的电流，一个是可移动的，另一个是固定的。安培斥力的结果就是使可动的导线沿轴转动。然而，由于它与底部碟片的滑动接触设计，电流会发生反向，于是导线会继续运动下去。

电流计(G.M.)：当电流通过线圈时，细绳上的小磁针会改变它正常的指向。电流越强，它偏转的角度就会越大，从小镜子上反射的一束光可以测量这个角度。

电磁铁(E.Ma.)：当直流电通过线圈时，两极之间会产生一个强磁场。

变压器(T.)：当稳压交流电通过小绕阻的线圈(左)时，大绕阻的细导线绕成的线圈(右)中会出现高很多的电压产生的电流。

电位计(P.M.)：电池中的电流通过一个变阻器。电池的电流通过变阻器，通过从左向右滑动滑片，可以从与触点相连的导线两端获得不同的电压。

法拉第的发现

迈克尔·法拉第(图5-9)，一位把电现象和磁现象的经典研究推向顶峰的人，并且开创了我们现在所说的"现代物理学"的新时代。他出生于1791年，伦敦附近一个铁匠的家里，十分贫困以至于不能让他在学校读书,于是13岁时,就到一个名叫雷伯先生的书店里打工。工作1年以后,雷伯先生收他为装订工学徒,这份工作一做就是7年。法拉第不仅完成到图书店的装订工作,还阅读了其中的大部分图书,从第一页读到最后一页,由此激发了他对科学的浓厚兴趣。法拉第对于自己的童年时光这样写道:

当我还是一个学徒时,喜欢看每一本到我手上的科学书籍,这些书中,我尤其喜欢马尔塞的《与化学对话》,还有那本《不列颠百科全书》中关于电学的论文。我会做一些简单实验,实验支出大约是每个礼拜几便士,我还制造了一个电器,刚开始是用一个小玻璃瓶做的,后来才像其他的电学装置一样改用这种电器中所需的真正的圆柱缸体。

在他学徒生涯的最后一年,他刚过20岁(这时候伽尔伐尼和伏特的发现还是新闻),法拉第给老朋友本杰明·阿伯特的信中说道:

我最近做了一些简单的电实验,只是为了向自己说明科学的一些基本原则。我本来要去骑士家里要一些镍币,并想到他们有可锻造的金属锌,我就买了一些回来—你见过这种锌片吗?我拿到的第一份锌片可能是最薄的一片儿了—观察到它们处于一种十分平展的状态。于是我想到,它们这么薄可以用来做电热棒,或者是我之前的叫法“德鲁克的电气柱”。我获得它是为了形成光盘,把它和铜片放在一起做成一个小电池。我居然第一次就做了由七对金属片组成的一块电池!!!而且每一片都有半便士那么大!!!

图5-9

迈克尔·法拉第和他的管。

　　我，先生，我自己一个人，切出了半便士大小的七个金属锌片。然后我，先生，又用七个半便士将它们隔开，每两个相邻金属片的间隔中，七个间隔或者是六个也好，插放一片被盐水浸润的纸片！！！不要高兴得太早，亲爱的，这一切还没有结束。我对这种微不足道的力量所产生的效果感到非常惊奇。它居然足以将硫酸镁分解了——这个结果令我大吃一惊。我并没有，或者说不可能想象到这个装置有能力完成这个目标。于是我忽然有了一个想法，我这就告诉你。我将电堆的高电势和低电势金属板与溶液用铜线连接起来了。你是否认为是分解土质硫酸盐的铜——那部分，我是说，沉浸在溶液中？我敢肯定这是一种电流效应。两端的金属线起初在短时间内都被某种气体的气泡所覆盖，接下来几分钟这种小气泡连成一串串，就像很小的粒子一样，从溶液中负电极的位置快速溢出。我认为硫酸被分解的证据是，大约两个小时之后，澄清的溶剂变得浑浊：（微溶于水的）硫酸镁沉降出来了。

这就是用电流进行化学分解的发现，法拉第将其称为"电解"。接下来的几年间，法拉第继续对这个现象进行研究，并发现了以他名字命名的两个基本定律。法拉第第一定律的内容是：电解时，在电极上析出或溶解物质的重量，与通过电极的电量（即这段时间通过的电流强度乘以时间）成正比。这意味着，将电通过溶液传递的带电分子（之后我们称它们为"离子"）各自有着严格确定的带电量（图5-10）。

根据法拉第第二定律：不同物质的一价离子都产生同等的电量，二价、三价甚至更多的离子相应地则会带更多的电量[1]。这证明了存在一种通用的电荷单位，而在法拉第那个年代人们只知道不同原子带不同的电量，接下来就检测到以自由电子形式在空间运动。

不过，法拉第发现电解现象之后，还不得不找工作，因为几个月之后他在书店的职位就到期了。他最大的愿望就是与汉弗莱·戴维爵士一起工作，汉弗莱·戴维爵士是著名的化学家，法拉第学徒生涯期间去听过他的讲座。法拉第用书法方式抄写了戴维讲座的笔记，并在旁边配了精妙的插图，用精美的信封包装好，寄给了汉弗莱爵士，想申请在他的实验室工作的机会。戴维的导师是英国皇家协会的管理者之一，当戴维询问他："是否应该雇佣这个年轻的装订工人？"他回复说："你让他来洗试管吧！如果他是真心的就会接受这份工作；如果他拒绝了，就说明他一无是处。"

法拉第接受了并且在皇家协会度过了他生命中剩下的45年光景，他开始是戴维的助手，后来却成为他的同事，最后，戴维死后，就成了他的接班人。

除了在科学杂志上发表的大量文章之外，他的《日记》才是记录

1.译者注：如果通过的电量相同，则析出或溶解掉的不同物质的化学克当量数相同。

他研究成果的最卓越的档案,法拉第从1820年到1862年连续不断地记日记。

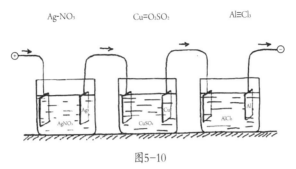

图5-10

法拉第电解定律的证明。当给这个装置通上电,电流顺次通过硝酸银溶液、硫化铜溶液以及氯化铝溶液,金属将沉积在负电极上。溶解金属的质量与电流强度成正比(法拉第第一定律)。同时也发现,如果溶解了108gm银(银的原子质量),那么溶解的铜质量将只有31.7gm(铜原子质量的一半),铝溶解质量将只有9gm(铝相对原子质量的1/3)。由于三个容器中通过的电量相同,我们可以得出结论,铜离子所带的电荷是银离子的二倍,而铝离子的电荷则是银离子的三倍。这个结论与三个金属的化合价相符,正如图上部所写的它们的化学公式。这是法拉第第二定律。

皇家协会在近期(1932年)发表了这些日记,一共七厚册足足3236页,其中还有几千张边缘图纸。我们从《日记》中摘录了描述,用法拉第的话来说,这可能是他做出的最重要发现,那就是电磁感应:

1831, 8, 29

1.磁生电的若干实验,等等,等等。

2.用软铁制作的铁环、铁轮以及7/8英寸粗的圆铁棒,将其变成一个外径为6英寸的圆环(图5-11)。把许多卷铜线绕成一半儿,这些铜线由麻绳和棉布分隔开。用三股电线缠绕，每股长24英寸。使用时，既可以将三股铜线连成一股，也可分成三股单独使用。通过实验，每个槽都与另一个槽彼此之间是绝缘的，我们称铁环的这半边为A。与这一边隔开一段空隙的另一边用铜线绕了两股线圈，总长为60英寸，绕向与前面的线圈相同，那一边我们称为B。

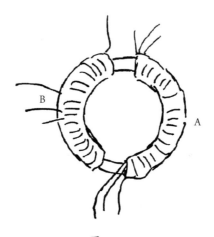

图5-11
法拉第《日记》中的草图，描述了电磁感应的发现。线圈A
通电或者断电时会使线圈B中出现短暂的电流

3.由用10对4英寸见方的金属片组成的电池供电。用一根较长的铜导线将B边线圈的两端连接起来，铜线的一端置于离铁环3英寸远处的一个小磁针上方，将电池与A边线圈中的一股接通；接通时，小磁针立刻有了明显的反应。小磁针来回摆动最终稳定在原始的位置上。当切断A边与电池的连接时，对小磁针又产生了扰动。

因此，一个线圈中的电流可以引起附近另一个线圈中的电流，正如一个带电体能使附近的另一个物体产生电极化现象一样。但是，在电极化情况中，它的效应会保持稳定，只要两个物体依然彼此相距很近，电流感应就是一个动态的过程，第二个线圈的电流只在第一个线圈电流从0增加到正常值或者从正常值减少到0的过程中才会产生。

从这一划时代的发现之日起不到三个月的时间，法拉第在电与磁关系的研究中又前进了非常重要的一步。根据他的《日记》，这一发现是这样实现的：

线圈长度	英尺	英寸
第一层（最外层）	32	10
第二层	31	6
第三层	30	
第四层	28	
第五层	27	
第六层	25	6
第七层	23	6
第八层（最内层）	22	

缠绕成线圈的部分总计220英尺

1831.10.17

56.用纸做了一个中空的圆柱形筒，圆柱形外面用铜线沿同方向环绕8层螺旋线，含有以下数量的铜线，中间用麻绳和棉布隔开。

纸质圆柱筒的内径为13/16英寸，而外径足足有$1\frac{1}{2}$英寸。铜螺旋线的长度（围绕圆柱体的部分）为$6\frac{1}{2}$英寸。

57.从无到有的实验。清除在圆柱一端的8条螺旋线线端上白布的包裹，并将线端拧在一起成为一束导线，对圆柱另一端的8条螺旋线线端也是这样做法【图5-12】。两束线端用很长的铜导线与电流计相连—然后直径为3/4英寸，长度为$8\frac{1}{2}$英寸的一个圆柱形磁铁条，它的一端插入被螺旋线环绕的纸筒的一侧—

将磁铁条从现在位置迅速完全插入纸筒中，电流计的指针偏转，又很快将磁铁条抽出，电流计指针朝相反方向偏转。每次放入或者取出磁铁时，都会重复这种效果，因此仅仅通过磁铁的接近就产生了电流，而不是在原地形成的。

58.电流计的指针并没有保持偏转，而是每次都回到了初始位置。偏转顺序与之前实验是相反的——但是偏转方向与之前实验是一致的，也就是说，指针有与激励磁铁平行的趋势，与线圈的绕向以及磁极同一方向。

59.当8条缠绕的螺旋线用1根长螺旋线所取代再做以上实验，电流计上指针的偏转和原来相比不会那么强烈，也许偏转连原来的一半都不到。所以用分开的螺旋线并且在尾端拧成一束的效果会更好一些。

60.当只用8条螺旋线中的一条重复上述实验，指针的偏转是最小的——几乎观测不出来。

在线圈中诱导出电流也是一个动力学现象，并且只有当磁铁插入线圈或者从线圈中抽出的这个过程中才会产生电流。法拉第的时代，磁一定能生电，但是电生磁却仍然是个谜，许多物理学家都试图去观察

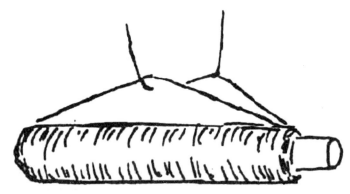

图5-12

法拉第《日记》中的一张草图，示意的是当磁铁插入或抽出线圈时产生电流的实验。

这一效应。但是由于一直错误地类比于静电感应，这些科学家试图只用静态磁铁和电线来做实验，比如将磁铁棒绕上线圈，再将导线两端连接在一起，固执地拒绝产生任何火花。由于法拉第的天分或者也许是他夜以继日所做的大量实验。很明显的是，电流的产生是一个动力学过程，要么需要另一电流强度的改变，要么需要改变磁铁的位置。除他以外，还有一位科学家产生了同样的想法，他是美国名叫约瑟夫·亨利的科学家，但是他犹豫了很久迟迟没有公布他的结论，所以导致这个发现的第一人归属于太平洋另一端的那个人。

迈克尔·法拉第的探索精神并没有止步于解开电和磁背后所隐藏的关系。他也想知道磁是否会对光学现象产生影响。这最终导致了光的偏振面在磁场中穿过透明材料时发生的旋转的发现。现在我们让法拉第自己来说说这个发现：

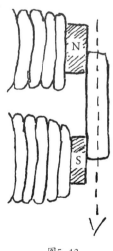

图5-13

法拉第《日记》中的一张草图，示意的是他关于磁场对光影响的发现。当发生偏振时，光沿着磁力线的方向传播，偏振平面发生旋转的角度大小与磁场强度成正比。

1845.9.13

7498. 今天的工作围绕磁力线展开，将磁力线穿过不同的介质（在不同的方向都是透明的），同时将偏振光穿过这些介质，之后用尼科尔目镜[1]或者其他仪器观察这些光线。磁铁是电磁铁，一个是很大的圆柱形电磁铁，另一个是临时的铁芯放入了螺旋线缠绕的框架里产生磁场的装置——而且这个装置并不像前者那么强大。5个Grove电池产生的电流立刻通过了两个线圈，接通电流时，产生了磁场，断电时，磁场就消失了。

在记录了光线通过空气和其他一些介质的许多失败的实验结果之后，法拉第在同一天的日记中写道：

7504. 厚玻璃

实验选取一块长2英寸×宽1.8英寸，厚度为0.5英寸的厚玻璃，抛光了最短的两个边缘，材料是一种含铅的硼酸硅。当相同的磁极或相反的磁极位于相反的两侧时，它不会产生任何影响（对于偏振光的方向来说）——两个同极放在同一边，无论是恒定电流或是间断的通电都不会产生任何影响。但是，当相反磁极都在同一边【图5-13】，就会对偏振光产生影响，因此证明了磁力和光彼此之间是有关系的。这一事实极有可能被证明是极其丰富的，并且在探索自然力的两个条件方面都具有很大的价值。

1.译者注：一种偏振光镜片。

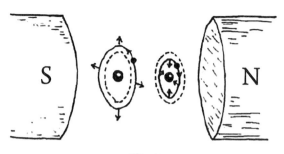

图5-14

对于法拉第现象的解释。作用在磁场中运动着的原子电子的力取决于它的运动方向。如果电子是逆时针旋转的（图左），那么电子所受的力将使电子轨道半径变大，速度变慢；电子是顺时针运动的情况（图右），那么电子所受的力使轨道半径变小，电子运动速度加快；如果再与光相互作用，这两种电子的运动将会使偏振平面偏转。

　　这个现象的发现确实如此！"法拉第现象"或者沿着磁力线传播的偏振光平面会发生旋转，这一现象证明了光波，这种波长很短的电磁波和每个原子中的电流之间存在着紧密的联系。而安培是提出原子中有微小电路存在的第一人，现在我们知道这个电流是因为电子绕中心原子核旋转产生的。假想将两个一样的原子放入到磁场中，使得一个电子绕原子核顺时针旋转，另一个电子绕原子核逆时针旋转（图5-14）。在其中一个案例中，磁场会给运动的电子施加一个指向原子核的力；而对于另一种情况，力的方向则是相反的。因此，在第一种情况下，电子的轨道直径会缩小，它的转动频率会加快；然而在第二种情况下，就会完全相反。原子内的顺时针和逆时针电流的行为差别会对穿过透明介质的电磁波（光波）产生影响，结果就是法拉第所观察到偏振平面的旋转。

　　法拉第坚信物理世界中观测到的所有现象，在某种程度上是相互关联的。所以法拉第还试图去建立电磁力和牛顿万有引力之间的联系。1849年，他在实验《日记》中写道：

> 重力。可以确定，这个力一定能与电、磁以及其他种类的力在实验上建立联系，从而也可以在相互作用和等效效果上与它们建立联系。我想了一下如何着手用理论和实验来处理这件事。

但是他为了发现其间联系而做的许多实验都没有结果，于是他在《日记》的某一部分中总结道：

> 现在就停止在这方面的研究：研究结果是不乐观的。虽然没有证据表明重力和电之间存在某种联系，但是它们并没有打消我认为它们之间有某种关系存在的强烈念头。

100年以后，另一个天才绞尽脑汁了几十年，试图建立所谓的"统一场理论"，这个理论能将电磁效应和万有引力现象结合在一起。但是，同迈克尔·法拉第一样，阿尔伯特·爱因斯坦没能完成这个任务就去世了。

电磁场

法拉第的实验发现是令人惊叹的，因为它们与法拉第的理论想法完全吻合。他受到的教育有限，而且几乎可以说完全不懂数学，所以法拉第通常不能被称为理论物理学家。但事实是，为一个困惑的物理现象设想一幅理论图景，复杂的数学知识通常是完全没有帮助的，有时候甚至会起反作用。因为探险者很容易迷失在复杂公式的丛林中，就像一句俄罗斯谚语所说的："见树不见林。"在法拉第之前，电力和磁力以及万有引力，这几个力通常被认为是作用于真空，相互作用的物体间被分隔开来。但是，在他简单的头脑里，"隔空作用"似乎并没有实际的物理意义。当看到载荷从某一处被移到另一处时，他还希望看到一根拖着它的绳子或是一根用来推它的棍子。

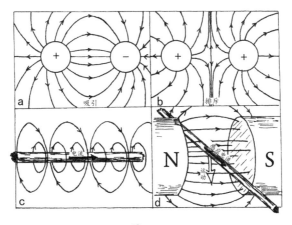

图5-15

法拉第的力线对应着不同种类的电磁相互作用：(a)两个异性电荷的电力线；(b)两个同性电荷的电力线；(c)通电电线周围的磁力线；(d)(沿白色箭头方向)切割磁力线的导线中产生的电流。许多黑色小箭头指向的是常规的磁力线方向：从正电荷到负电荷，从北极到南极。

因此，为了使作用在电荷和磁铁周围的力可见，他不得不想象在它们之中的空间充满了"某种东西"，能被推或者被拉。他把这种东西描述成类似于橡胶管的东西，它能拉伸并连接两个异性电荷或者两个磁极（图5-15a）。在符号相同的电荷或者磁极的情况下，类橡胶管在两

171

个相反的电荷或磁极之间伸展，并将两个同性电荷或者磁极相互推开（图5-15b）。这些法拉第管的方向可以通过在放置磁铁的玻璃板上撒上细铁屑来检测，磁性就能被这些细铁屑感知，碎铁屑将会被磁化，使它们的方向与作用于管道的磁力线方向一致。生成类似于插图III所示的图案。 在电场的情况下，用电极可以获得相似的结果，但是进行实验则比较复杂一些。根据法拉第的描述，电和磁的橡胶管对各种电磁现象也负有一定的责任。当电流流经电线，就会被环状管包围（图5-15c），于是对周围的小磁针施加拉力从而使它们指向合适的方向。当导线相对于磁铁发生相对运动时（反之亦然），导线将会横穿磁力管（图5-15d），结果就是，在导线中产生了诱导电流。

法拉第的这些想法在某种程度上是非常天真的，并且很大程度上是定性的，但是它们却开创了物理学发展的新纪元。远距离物体间作用的神秘力量被"某种物质"所替代，这种神秘力量连续地分布在空间中以及物体周围。"某种物质"在任何一点上都可以被赋予一个确定值。这给物理学引入了一个"力场"的概念，或者简单来说就是"场"，电、磁或是万有引力之间相互作用的"场"。被空间隔开没有物质连接的物体间的力现在可以被看作围绕它们周围场的"近距离"相互作用的结果。

而把法拉第的想法用数学公式量化的任务落在了著名的詹姆斯·克拉克·麦克斯韦（图5-16）的肩上，他是苏格兰人。恰好在法拉第宣布发现电磁感应的几个月之后，麦克斯韦出生于爱丁堡。跟法拉第相比，麦克斯韦是个非常优秀的数学家。10岁时，他到爱丁堡学院学习，并被迫将他的大部分时间用来研究希腊的不规则动词以及"人文科学"的其他分支。但是他更愿意做数学领域的研究，根据他自己的话，他在数学领域的第一个成就是"创造了一个四面体,一个十二面体,还有我不知道合适名字的两个多面体"。14岁时,因为他发表的一篇论文从而获得了爱丁堡学院的数学奖,这篇论文展示了如何用钉子和线绳来构造一个完美的椭圆曲线。几年之后,麦克斯韦向皇家学会递交了两篇论文,一篇是"关于滚动曲线的理论",另一篇是"关于弹性固体的平衡"。但是在皇家学会看这两篇论文之前,已经有人看过它们了,因为"一个穿着夹克衫的男孩登上那里的讲台是不合适的"。1850年,麦克斯韦19岁时,到剑桥大学上学,四年之后取得了学位。1856年,他被任命为亚伯丁马歇尔学院的自然物理学主席。直到1874年,他被剑桥大学邀请,回到剑桥担任当时刚成立的卡文迪许实验室的首席主任。

虽然麦克斯韦的最初兴趣完全在纯数学领域,但是很快就对将数学方法应用到各种物理问题上产生了浓厚的兴趣。

图5-16

詹姆斯·克拉克·麦克斯韦和他给出的电磁场的公式。

他在热学的动力学理论(对比第四章内容)上做出了十分重要的贡献,但毫无疑问的是,他最重要的成果在于给出了关于法拉第电磁场的本质和规律的数学公式想法。通过总结经验事实：变化的磁场能产生电动势并在导体中产生电流以及变化的电场和流动的电流产生磁场，他写下了现在以他名字命名的麦克斯韦方程组，这个公式把磁场的变化率与电场的空间分布联系在一起，反之亦然。我们通过麦克斯韦方程组，已知的磁化物体、带电体以及电流的分布，就可以计算出电磁场周围每个点的状态以及随时间的变化。麦克斯韦指出，虽然电场和磁场通常"固定"在带电物体以及磁化物体，但是它们也可以在空间中以自由电磁波的形式存在并传播。为了说明这个观点，我们想象两个球形的带电体，其中一个带正电，另一个带负电（图5-17a）。

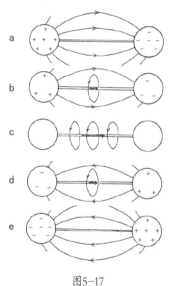

图5-17

两个带电体的电磁振荡，电场能量（a）周期性地转化成磁场能量（c），以及相反的转化（e）。

两个球体周围的空间存在着一个静电场，储存电荷的电能方式与压紧弹簧中储存机械能的方式大致相同。如果我们用两根导线连接两个球体,导线中将会产生电流从一个球体流向另一个球体,它们所带的电量以及周围的电场就会开始迅速减少(图5-17b),直到最终完全消失(图5-17c)。不过,电流流经导线时会在导线周围产生磁场,并且在电场减弱到零的那一刻,系统的所有能量都储存在这个磁场中。但是这个过程不会止步于此,虽然电流强度减小,但是导线中的电流会继续流动下去,并给两个球体充上与刚才相反的电荷(图5-17d)。磁场能量又回到电场能量中去,最终我们得到了带有与之前相等而符号相反电量的两个球体,并且导线之中没有电流通过(图5-17e)。现在,相反方向的过程又重新开始了,电振荡过程会往复进行,直到由于通电导线的发热逐渐损耗能量而使这个过程停止下来。这个情况和钟摆很类似,即钟摆每次摆到中间位置的动能转化成摆到两端位置时的势能。

运用麦克斯韦方程组,可以证明上述类型中的振荡器以耗散能量波的形式在它周围的空间中传播。由于电力线位于通过导线的平面上,而磁力线垂直于这个平面,传播波中的电和磁向量是相互垂直的,而且也垂直于传播方向(图5-18)。麦克斯韦的论文推测到了这种波的存在,之后不久,在1888年,德国物理学家海因里希·赫兹通过实验得以验证。这个成果促使无线电通讯科技的发展,它代表了今天工业文明的主要分支之一。

现在,我们想细致讨论麦克斯韦理论中的一个重要问题,即电磁波传播速度的计算。考虑到电场和磁场之间的相互作用,我们就会遇到测量各种电磁量单位的相关问题。我们已经知道,单位电荷被定义为:相距1厘米的等量单位电荷间产生1达因力时的电量。相应地,电场单位被定义为:置于该电场中的单位电荷受到1达因力时的场强度。类似地，也可以给出磁极和磁场单位的定义。那么，我们考虑到同时涉及电和磁两种现象，举例来说，对于电流周围产生的磁场该如何定义呢？

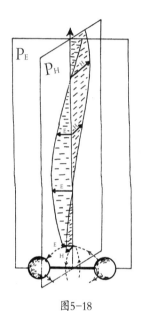

图5-18

由于两个带电体电荷产生的振荡，形成了正在传播的电磁波。

假设我们考察电流对于距离导线1厘米外的磁极作用，可以试图定义单位电流为每秒携带上述规定电荷单位的电流。但是如果我们这么定义的话，这个电流产生的磁场作用在1厘米以外单位磁极的磁场力将不一定是1达因，事实上远远不够这个值。那么或者，我们可以定义单位电流为该电流产生的磁场作用在1厘米以外的单位磁极产生1达因磁场力时的电流强度。但是如果我们这么定义，单位电流通过导线的电量将不会等于上面所定义的静电电荷单位。于是物理学家们并没有从上面两个可能的定义中选择一种而抛弃另一种定义，他们更倾向于把这两种定义结合起来, 通过引入一个常数把一个单位制转换为另一个单位制, 这种情况与热学物理量之间的转换关系非常相似, 1卡路里或是1尔格 (两者之间的比例常数为4.2×10^7) 都可以被用作热量单位。

(两种定义中的第一个定义) 根据库仑定律的电荷相互吸引和排斥所定义的单位电量为静电单位 (esu), 而奥斯特定律中电流对单位磁极的作用所定义的单位电量称为电磁单位 (emu)。一个电磁单位等于3×10^{10}个静电单位, 即每秒通过1静电单位电荷的电流对于相距1厘米的单位磁极所产生的磁场力仅为$\frac{1}{3 \times 10^{10}}$达因, 而各带有1电磁单位电荷的两个物体, 被放置相距1厘米的位置将会产生3×10^{10}达因的斥力。

因此, 麦克斯韦制定方程组时, 电场一定要使用静电单位, 磁场则需要使用电磁单位, 在方程电场的一边引入系数3×10^{10}进行换算, 等于另一边的方程磁场。对描述电磁波传递的方程组的求解, 就能得到电磁波的传播速度在数值上等于这两个单位之间的比值, 也就是每秒3×10^{10}厘米。你看, 这个数值与各种方法所测量的光在真空中的传播速度完全吻合! 远在麦克斯韦出生之前就有这些测量方法。啊哈! 麦克斯韦可能会想, 这个结果一定意味着光波实际上是波长非常短的电磁波, 这个想法衍变了物理学上一个非常重要的分支: 光的电磁理论。我们现在能看到光与物质的相互作用, 包括发光、光的传播以及光的吸收等现象, 它们是传播的力作用于短电磁波和微小带电粒子的结果, 电子围绕带正电的原子核周围不停地运动。并且利用麦克斯韦方程组, 我们就能解释所有光学现象和定律中最细微的细节问题。

看似无关的物理量之间的数值巧合, 比如一面是静电单位和电磁单位之间的比例关系, 另一面则是光速, 它通常会导致物理学的新发现以及广义概括。在本书的后面, 我们还会学习到两个物理常量之间的另一个巧合,一个是关于炙热物体辐射的光和热,另一个是被紫外线照射的表面辐射出的电子。事实证明,在量子理论的发展中起着至关重要的作用。

第六章 相对论的革命

正如前面章节所讲到的，19世纪末期物理学确立了一个观点，在所有物质里面和物质之间的空间中充满了一种具有穿透力的通用介质。这种介质在惠更斯的世界叫作以太，这种介质作为光波传播的基质；而在法拉第的管子的命名下，它负责在带电体和磁化体之间传递力的作用。麦克斯韦的工作成果使两种假想的媒介综合起来，表明光是传播的电磁波，并且他将所有关于光、电、磁的现象都用简洁的数学公式联结在一起。但是，尽管科学家们已经取得了所有这些成就，但是他们仍不能用描述熟悉的介质材料的术语，比如描述气体、固体、液体的物理性质，来描述这种神秘的通用介质的特性，而所有这方面的尝试最终都会导致剧烈的矛盾。

经典物理学的危机

确实，光的偏振现象毫无疑问地证明，我们在这里讨论的是材料垂直于传播方向来回运动的横向振动。不过，横向振动只在固体介质中存在，相比于液体和气体，在固体中传播会保持它们的形态，所以光以太被认为是固体材料。如果是这样的话，如果固体以太充斥着我们周围的所有空间，我们又怎么能在陆地上行走和奔跑呢？行星绕着太阳在轨道上运行了好几十亿年又是怎么能不受到任何阻碍的呢?

著名的英国物理学家开尔文勋爵试图去解释这个明显的矛盾,他认为可以归因于固体以太的性质可能类似于鞋匠用的胶水或是封蜡。这些物质所具有的性质被称为塑性[1],在快速施加强力的作用下,会像一块玻璃那样破碎,这些物质在受到相对较弱的力(比如它们自身的重力)作用其上很长的时间就会像液体一样流动。开尔文称,在光波的情况下,每秒力的方向要改变千万亿次,固体以太会表现得像弹性刚性物质一样,但是对于人、鸟类、行星或者恒星这种更悠闲的运动,它可能会让步,几乎不会施加阻力。但是,如果法拉第力管在固体以太的伸缩变形,永久磁铁和静电荷就不会在任何可观测到的时间长度下存在,因为这种神奇物质的塑形变化会很快将压力释放掉。如果固体以太真的存在,那它的各种性质会与我们熟悉的普通材料物体的性质完全不同,虽然我们现在知道了正确答案之后很容易指出别人的错误,但是上世纪伟大的物理学家们都没有意识到这一点还是令人惊讶的。事实上,众所周知,气体的可压缩性,液体的流动性,固体的弹性以及普通物质材料的其他性质都是由它们的分子结构决定的,是分子运动和分子间作用力的结果。看起来,除了俄罗斯化学家德米特里·门捷列夫之外,再没有人将固体以太解释成元素周期表上的零号元素,也没有人想到固体以太是有自己特有的分子结构,并且对于以太存在的假设只会引导出更复杂的东西。如果磁体与带电体之间力的作用以及光在空间中的传播一定要借助某种基本物质的存在来解释的话,那么这种物质并不需要一定要和我们所熟悉的普通物质有任何相似之处。但

1.译者注:材料力学中的概念,大多数的工程材料在应力低于弹性极限时,应力−应变关系是线形的。而超出之后发生的变形包括弹性变形和塑性变形两部分,塑性变形不可逆。

是，人类的思维总是受着传统思维的禁锢，只有借助了爱因斯坦天才的大脑才将古老的矛盾的固体以太抛在一边，而用电磁场的扩展概念取而代之。他解释说，场与其他任何普通的物质一样都是真实的物理事实。

光 速

人类第一次试图去测量光速的实验是由伽利略完成的，有一天晚上，他与自己的助手带着两个有遮板的提灯到了乡间郊外。他们配合做个实验，两个人站到距离彼此很远但仍能看到对方的位置，当助手看到伽利略的灯在闪灯的时候就闪一下自己手里的提灯。返回信号的延迟到达说明光是以一个最终速度进行传播的，并且光速是可测量的。不过，这个实验的结果，算是失败了，因为正如我们现在所知道的，光是以一个如此极大的速度传播的，以至于预计的延迟也不会超过十万分之一秒。在此两百多年之后，法国物理学家阿曼德·希波吕忒·斐索重复了伽利略的实验，并在此基础上做了很大的改进，他所用的实验装置如图6-1a所示。它由一对设置在长轴两端的齿轮组成，它的轮子定位方式使得两个齿轮的齿是交错放置的，一端的齿顶对应着另一端的齿槽，无论轴是如何转动的，左侧的眼睛都看不到来自右侧光源的光束。但是，当齿轮快速转动的时候，并且转动得如此之快时，从光源传播到另一边齿轮的时间间隔内，在相邻的齿轮之间移动了一半的距离，这束光预计不会被挡住而通过。两个齿轮间的光路被三个镜面故意延长很多，其中一个镜面被放置在很远的地方，位置如图所示。以每分钟几千转的速度转动这个齿轮，斐索终于开心地看到一束微弱的光透过了实验装置，他用他所得到的数据计算出光速刚刚好就是3×10^{10}厘米每秒。这个数据与伽利略死后大约三十年，丹麦天文学家奥勒·罗默得到的数据相吻合，几次观察木星距离地球不同位置时木星、卫星的月食现象，罗默观测到了明显的延迟，并由此计算出了光速。

斐索的方法只能用于测量光在空气中的传播速度（实际上也等于光在真空中的传播速度），因为用于增加光路的镜子只能被放到相当远的距离以外，才能产生可以观测到的效果。而斐索的朋友也是他实验室的合作者，让·傅科（两位物理学家均生于1819年，两人在法国物理学界就像双子星座的卡斯托尔与波吕克斯），用一个旋转的镜面代替了两个齿轮而成功地将装置所需路程缩短。

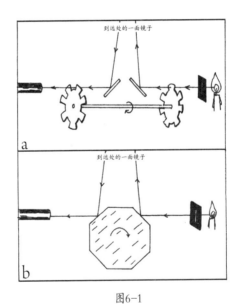

图6-1

（a）斐索测量光速的实验装置（b）傅科测量光速的实验装置。

傅科的实验装置如图6-1b所示，不需要加以说明的，它将光学路径缩短到几米，这样他就可以让光通过水或者任何其他透明的介质。

通过实验，他发现光速在固体介质中的传播速度小于真空中的光速。在惠更斯与牛顿观点相左的问题上，这个事实给惠更斯提供了迟来却依旧强有力的支持。正如光的波动理论所预测的，光在水、玻璃等介质中传播的速度等于光在真空中的速度除以所讨论介质的折射率。

运动介质中的光速

掌握了精确测量光速的方法之后，19世纪的科学家开始忙于对光的传播做各种各样的实验，希望在固体以太的性质方面有些突破性的发现，因为假想光波是借助于这一种神秘的介质进行传播的。于是1851年斐索做了一个十分重要的实验，不过这个实验的完全重要的意义直到爱因斯坦发表了第一篇论文之后才被人意识到。斐索做这个实验意在观察光传播的介质对光速的影响。对于声波在空中传播的情况，当然，传播速度很明显是直接受空气气团运动的影响，顺风传播的声速或者逆风传播的声速，其增加或者减少的量与风速相等。对于声音无疑是这样的，那么，对于光在运动介质中的传播情况也会遵照这个规律吗？为了解决这个问题，斐索决定测量光穿过装有快速流动的水的玻璃管时的光速。在这种情况下，结果还会是真空中的光速加上或者减去水的流速吗？当然，因为在技术上可以实现的最快的水流速度和光速比起来还是太小太小了，所以这个实验期待的光速的变化当然也很微小。因此，无论是用这种情况下的光速的直接测量方法，还是用上一节中斐索或者傅科的方法，不会显示出任何差别。但是，在这种情况下，我们只是想知道光在静止的水和流动的水中的传播速度的差别，那么就可以利用这两束光线的干涉设计一个更精确的方法。实验相关的基本原理如图6-2所示。

水银灯L产生的单色光落在玻璃P₁上，P₁表面涂有一层薄薄的银涂层，银涂层的厚度刚好可以将单色光反射一半，透射过去的另一半光线由M₁这个镜面反射。因此我们可以得到两束相等光强的平行光束，正如第三章杨氏实验所描述的情况，这两束光的振动是同步的。接下来这两束光分别通过两个管T₁和T₂，然后再由玻璃P₂和镜面M₂会合成一束光。当两个管道中的水都是静止的，进入观察者眼睛E的两束光是同相的（即波峰对应波峰，波谷对应波谷），并且两束光的光强叠加为原始光强。但是，如果两个管道中的水流方向相反并用自己的流动"拖累"光波，下方的光线就会比上方的光线更早到达观察者的眼睛E，

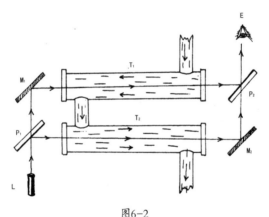

图6-2

斐索为了观察光通过运动介质产生速度变化而做的实验。

并且如果光程差正好是波长的一半，取而代之的就会产生相消干涉（即波峰对应波谷，波谷对应波峰）。现在让我们粗略估算一下为了产生这种相位差异，需要P₁中的水速达到多少。在斐索的实验中，管道的长度为1.5米，即150厘米，光的波长我们用0.5μ（5×10^{-5}厘米）表示，所以在管道这段长度有一列3×10^{6}光波。为了差出1/2个波长（从

300万到350万），通有流动的水的管道中的光速一定要增加或者减少 $0.5/3\times10^{6}=1.7\times10^{-7}$ 倍。因为光在水中的速度大约是 2×10^{10} cm/sec，所以水流速度一定要达到 $2\times10^{10}\times1.7\times10^{-7}=3400$ cm/sec＝34 meters/sec，才能得到这一结果，虽然是个很高的数字，但是这是一种可以通过管道实现的水流速度。因此，在那个实验中，通过观察干涉条纹而推测光速的预期变化是可行的。

通过在不同水速下精确的测量，斐索得到了一个结果，它介于两种预期的可能性之间。在流动的水中的光速与在静止的水中的光速是不同的，不过它们相差的数值要小于水流速度。斐索从他所观察到的干涉条纹位移中发现，顺水传播的光速增加的量为水流速度的44%，而逆水传播的光速也是相应减少这个数值。如果用其他液体代替水做实验，液体对于通过其中的光的阻力都具有不同的数值，而且事实证明，光在流体中的速度一般可以用一个经验公式概括[1]：

$$V=\frac{c}{n}\pm\left(1-\frac{1}{n^{2}}\right)\upsilon$$

其中，n是所讨论的液体的折射率，v是液体的流速。那时的斐索或者是其他任何人都不能明白这个结论可能意味着什么，直到半个世纪之后爱因斯坦提出，这个神秘的经验公式实际上是相对论理论的直接结果。

正在运动的地球上的光速

1887年那一年，爱因斯坦刚8岁，美国的物理学家A·A·迈克尔逊以及他的助手E·W·莫利执行了另外一个著名的实验。如果斐索可以

1.经验公式只是为了适应经验数据而得出的，它们不是在某些理论基础上通过数学推导得到的。

观测到快速流动的水对在其中传播的光的影响，那么我们也应当能观察到地球在空间中的运动对在地球表面测量的光速的影响。事实上，地球在绕日轨道上的运动速度大约为30km/sec，并且地球表面的近地面甚至地球里面都是刮着以太风的，就像在无风的日子里，一个汽车司机开着敞篷车的情况一样。迈克尔逊和莫利的实验遵循着斐索实验的原理，但不得不被修改，因为在这种情况下，这个实验显然不可能相当于那两个一样的平行管道使得以太风朝着两个相反的方向吹。相反，在这个实验中，他们试图去测量光沿着以太风的方向传播以及垂直于以太风的方向传播，在这两种情况下，光的往返运动所需要的时间。为了理解这个实验原理，我们来考虑一艘做往返运动的汽艇，第一种情况让它沿着宽阔的河流运动，第二种情况让它横穿过这条河。第一种情况下，前半程的旅程，汽艇是顺流而下的，它的速度为V+v，其中V是汽艇运行相对于水中的运行速度，v是河流的流速。后半程返程时，汽艇会逆流运动，速度将变为V−v。设L为沿河两个停靠点之间的距离，那么这个往返运动的总时间为：

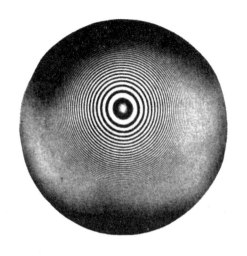

插图I （上）牛顿环。
（下）冰岛晶体块中显示的双折射现象。道尔顿·库尔茨提供，科罗拉多大学。

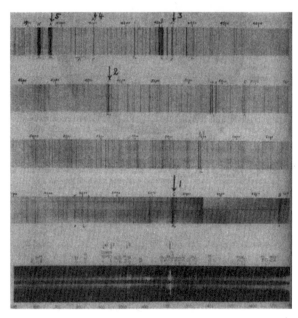

插图II（a, b, c, d）由13英尺高的太阳摄谱仪所拍摄到的太阳光谱中的可见太阳光的部分。标号的线对应氢的巴尔莫谱线。威尔逊山天文台提供。（e）从高空飞行的火箭上拍摄到的太阳远紫外线光谱。编号的线对应于氢的莱曼光谱。海军研究实验室提供。

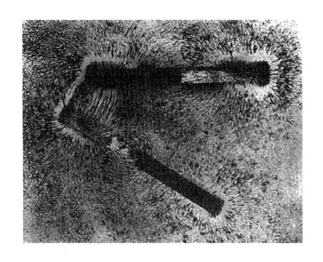

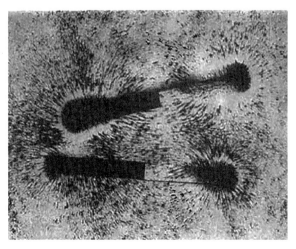

插图III（上）两个磁极反向的磁铁之间的磁力线。（下）同极放置的磁铁间的磁力线。之前在科罗拉多任教的R·康克林提供。

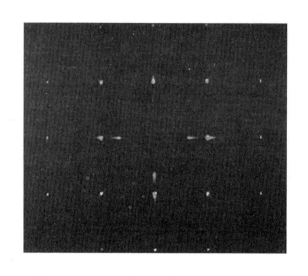

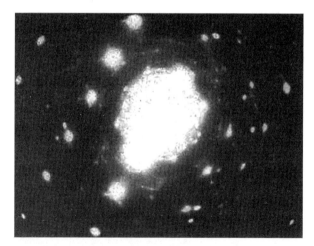

插图IV（上）X射线在镍铁合金中的衍射。

（下）100kv的电子在镍铁合金中的衍射。R·D·海登里希，贝尔电话实验室提供。

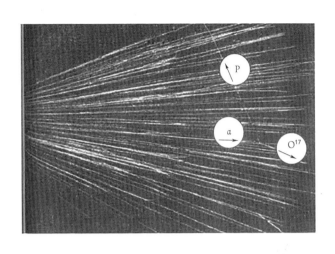

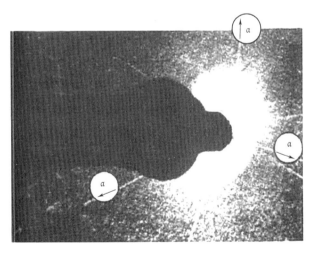

插图V（上）第一张人工核转化在云室中的照片。P·M·S·布莱克特提供，之前任职于剑桥大学。（下）硼的原子核分裂为三个阿尔法粒子。P·迪伊及C·希尔伯特提供，之前任职于剑桥大学。

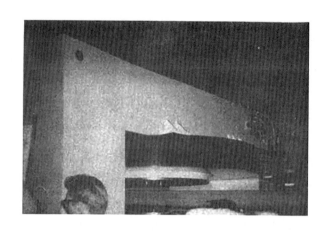

插图VI（上）科罗拉多大学的粒子回旋加速器，图上显示了电磁场的一个磁极和光束。核研究实验室提供。（下）加利福尼亚大学质子加速器的一部分。劳伦斯辐射实验室提供。

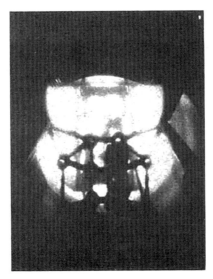

插图VII （上）内华达州的原子弹测试。（下）橡树岭的游泳池反应堆。原子能
委员会提供。

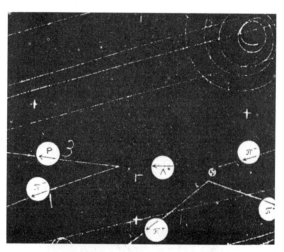

插图VIII （上）一个π介子的形成以及接下来衰变成一个μ介子和一个电子。厚乳胶照片。E·皮卡普提供，前加拿大国家研究委员会成员。（下）气泡室中发生的一系列核反应。L·阿尔瓦雷斯提供，加利福尼亚大学。

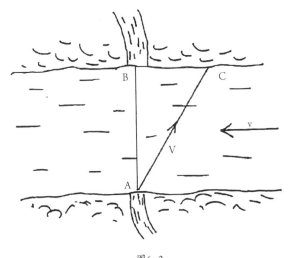

图6-3

汽艇过河的问题。

$$t \rightleftharpoons = \frac{L}{V+\upsilon} + \frac{L}{V-\upsilon} = \frac{2LV}{V^2 - \upsilon^2} = \frac{2L/V}{1 - \dfrac{\upsilon^2}{V^2}}$$

由于$\frac{2L}{\upsilon}$表示在静止的河流中往返L距离所用的时间,我们可以通过上式得出,水流的存在总会使往返时间变长。特别地,当水流速v等于或者大于船速V时,汽艇将永远不会回到起点,往返时间$t \rightleftharpoons$会变为无穷大。

现在我们来考虑汽艇过河的情况(图6-3)。假设游艇从图中点A出发,并且要横穿河流达到对岸的点B,那么游艇一定要保证它的航迹略微往上游方向偏转才能抵消河流的冲刷。因此,相对于河流它的运动轨迹为AC,并且从上游到下游漂移的距离为CB。很明显,BC与AC的比值等于水流流速与游艇速度的比值。应用直角三角形ABC的勾股定理我们可以得到:

$$\overline{AB}^2 + \left(\overline{AC} \times \frac{V}{\upsilon}\right)^2 = \overline{AC}^2$$

等价于

$$\overline{AB}^2 = \overline{AC}^2 \times \left(1 - \frac{V^2}{\upsilon^2}\right)$$

或者

$$\overline{AC} = \frac{\overline{AB}}{\sqrt{1 - \dfrac{\upsilon^2}{V^2}}}$$

如果令AB=L,我们可以得到这个情况下往返的时间:

$$t_\updownarrow = \frac{2\overline{AC}}{V} = \frac{2L/V}{\sqrt{1 - \dfrac{\upsilon^2}{V^2}}}$$

与前一种情况一样,流水中的往返时间总要比静水中的往返时间要长,只是修正系数 $\sqrt{1-\frac{\upsilon^2}{V^2}}$ 比前一种情况中的修正系数 $1-\frac{\upsilon^2}{V^2}$ 要小得多。

现在回到光在以太风中传播的问题,用以太风来替代河流中的流水,用光波来替代游艇,这样你就得到了迈克尔逊-莫利实验,所使用的实验装置如图6-4所示。这个装置设置在坚固的大理石平板上流动的水银中,因此,它可以绕转轴旋转或是摆动时都没有太大的摇晃困难。从灯L处发出一道光线,落在圆盘中心的玻璃片上。玻璃片上有一层薄薄的银涂层,可以反射入射光线的一半,而让另一半光线可以透射。

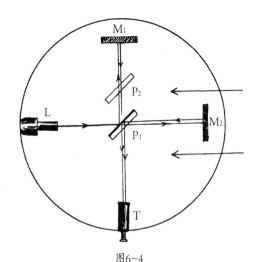

图6-4

迈克尔逊-莫利的实验装置,展示了光线的路径。到达镜面M_1及M_2并经过它们反射的光线,为了绘制的方便,一条光线相对于另一条光线而言,有一定程度的偏移。玻璃P_2用作玻璃P_1到镜面M_2之间光路的补偿。

两束光线会分别被镜面M_1和M_2进一步反射,两个镜面被放置在距离中心相等的位置上。当光线回到银涂层的玻璃片时,从M_1反射的光线会透射一部分(没人关心剩下的一部分发生了什么),而从M_2反射的光线会反射一部分(没人关心剩下的一部分发生了什么),这两部分光线就到达了望远镜T。如果没有以太风,两条光线会同相进入望远镜,并产生望远镜视野的最大照度。而如果有以太风在流动,假设是从右往左流动,那么横穿以太的光线的延迟将小于顺风和逆风这样往返的光线的延迟,于是至少会产生部分破坏性干涉。接下来我们对这种情况做一个大致的数值估算,光线沿两个相互垂直的方向往返的时间,根据上面例子中的计算公式,这两个时间段t_1和t_2的比值,我们可以得到:

$$\frac{1-\dfrac{v^2}{c^2}}{\sqrt{1-\dfrac{v^2}{c^2}}}=\sqrt{1-\dfrac{v^2}{c^2}}$$

其中游艇速度 V 用光速 c 来代替。比值 $\left(\dfrac{v}{c}\right)^2$ 在本例中等于 $\left(\dfrac{3\times10^6}{3\times10^{10}}\right)^2=10^{-8}$，即0.00000001。由此可知[1]，由于 v^2/c^2 的值非常小，这个平方根 $\sqrt{1-\dfrac{v^2}{c^2}}$ 就可以用 $1-\dfrac{1}{2}\dfrac{v^2}{c^2}=1-0.000000005=0.99-999995$ 来近似。因此，预计两束光波到达的时间差仅为0.0000005%。不过，这已经大到足以被敏感的光学仪器所感知到。事实上，假设大理石板的直径为3米（那是数值是对的），总的行程时间（从光源到镜面再反射回来）为 $\dfrac{300}{3\times10^{10}}=10^{-8}$ sec。因此到达望远镜的两束光往返的时间差为：

$$5\times10^{-9}\times10^{-8}=5\times10^{-17}\text{sec.}$$

对于光的波长为 6×10^{-5}cm，它的振动周期为：

$$\frac{6\times10^{-5}}{3\times10^{10}}=2\times10^{-15}\text{ sec}$$

因此，往返时间差等于 $\dfrac{5\times10^{17}}{2\times10^{-15}}=2.5\times10^{-2}$，或者2.5%个振动周期，这将会产生明显的破坏性干涉现象。而在实际的实验中，观察到的现象并不是光强的减弱，但是通过一系列干涉条纹的移动，它们之间的距离为2.5%。将装置旋转90度（这就是为什么需要将装置浮于水银当中），从而调换了镜面 M_1 和 M_2 所扮演的角色，这个实验期待的结果应当是在相反的方向上发生相同的移动，这样条纹的总移动应该是它们之间距离的5%。如果能观察到这个结果，这种转变将表明地球在宇宙中的运转速度为30km/s。

所以，科学家们就进行了这个实验，没有任何变化。怎么会这样呢？难道在运动的地球表面，光以太是完全地随着地球的运动而运动

1.事实上以下的近似来自艾萨克·牛顿爵士第一篇数学论文中的内容。

吗? 在高空悬浮的气球上重复迈克尔逊的实验打消了这种可能。物理学家们绞尽了脑汁也没搞清楚一点头绪。而一个革命性的猜想被英国（非常有爱尔兰气质）的一位物理学家G·F·菲茨杰拉德提出, 他解释说, 任何材料的物体以速度v在固体以太中运动, 在运动方向的速度都会以系数 $\sqrt{1-\dfrac{v^2}{c^2}}$ 缩小。这个对于任何物质结构的物体都被认为是相同的缩小比例, 将会使迈克尔逊-莫利实验中, 中间玻璃板以及处在以太上风面镜子之间的距离缩小, 这样将距离调整到两束光线能同时到达的时候, 从而消除干涉条纹的任何移动。科学家们多次试图去用物质组成的原子间的电力和磁力的相互作用来解释假设的"菲茨杰拉德收缩"的许多尝试, 不过结果都无济于事。对于这个大胆而天才的假说还有一首打油诗, 是这么写的:

有个年轻人名叫菲斯克

长剑在他手中灵活地飞舞;

但即便他的动作如此轻快

还是逃脱不了菲茨杰拉德收缩

将他的宝剑变成了废物。

然而这不过是事实的一半, 并不是全部的真相。

一个小插曲

在理解爱因斯坦对于迈克尔逊-莫利实验的负面结果的解释之前, 我们最好讨论一个和相对论无关然而却是相对论风格的问题。一个男人坐着船逆流而上(图6-5), 一瓶半满的威士忌在船尾立着。当船从桥底下穿过时,河水在桥柱子上激起的浪使得船身摇动起来,男人并没有注意,那半瓶威士忌就掉到河里去了。接下来的20分钟时间里,船继续往上游运动,然而那个酒瓶则被冲到下游去了。

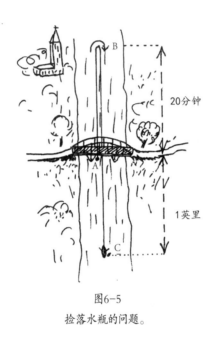

图6-5

捡落水瓶的问题。

过了20分钟之后,男人终于意识到了酒瓶不见了,就掉转船头(忽略掉操作过程中所花的时间),相对于水而言,他以之前相同的船速往下游去追寻瓶子。在距离桥的下游1英里处捡回了瓶子。问题是:河流中的水速是多少?试着在读后面的解答前尝试着来解决这个问题,你会发现它看起来很难。事实上,一些优秀的数学家也曾完全被这个问题难住过。

很自然地,我们会习惯地从站在岸上的角度来考虑这个问题,但是如果我们从相对于河水的角度来看,这个问题就变得非常容易。假

200

设我们坐在一个木筏上顺着水流而下，环顾一下四周。相对于我们来讲，河水是静止的，而河岸和桥都将会以一定的速度运动。一艘小船经过并且一个威士忌酒瓶掉落到水中。小船沿着它原来的轨迹继续前进，而酒瓶在它掉的位置一动不动地漂浮着（记住：水相对于我们是不动的）。20分钟之后，我们看到小船掉头行驶，往回走去捡瓶子。因此，瓶子在水中漂浮了40分钟，而那段时间河岸线和桥移动了1英里。因此，桥相对于水的速度，或者也可以说，水相对于桥或是岸边的移动速度是40分钟/英里，即1.5英里/小时。很简单，不是吗？

传记片段

郑重声明一下，应当指出的是，阿尔伯特·爱因斯坦（图6-6）生于1879年3月14日一个占地面积不大但小有名气（因为当时的工人歌星活动）的德国城镇乌尔姆，位于慕尼黑附近，他的父亲在当地开了一家电器工厂。爱因斯坦在慕尼黑度过他的少年时代之后，然后移居到了瑞士，在苏黎世工业大学学习，并兼职辅导一些天赋较差的学生数学和物理来赚取生活费。在1901年，他结婚了，在伯尔尼的瑞士专利局获得了一份有担保但是薪水不是很高的专利审查员的工作。1905年，他26岁，在德国杂志《物理学年鉴》中发表了三篇论文，震惊了整个科学界。这三篇文章涉及物理学三个不同的领域：热学、电学和光学。在之前的第四章中已经提到过一篇论文，论文的内容是关于布朗运动的微观理论，这对热现象的力学解释的发展有着根本的重要性。另一篇在当时还不成熟的量子假设的基础上解释了光电效应定律，并且引入了独立辐射能或是光量子的概念。这部分内容将会在下一章中谈到。而在这三篇之中对物理学发展史最重要的一篇却有着一个相当乏味的名字，"关于运动物体的电动力学"，这篇文章致力于解决在光速测量上的矛盾。它是关于相对论理论的第一篇文章。

图6-6

阿尔伯特·爱因斯坦。

运动的相对性

　　关于电磁相互作用和光波的传播根本原因的假说中累积的问题和矛盾全部交织缠绕，成为一个悬而未决的以太结，就像古希腊出身平民的戈德斯国王在战车上用山茱萸皮将车轭绑在柱子上所系的绳结。谁能将戈尔迪乌姆之结解开，谁就能统治整个亚洲。亚历山大大帝挥舞着剑将绳结砍断，这个神话中的预言就这样被他完成了。而与之极其相似的是，阿尔伯特·爱因斯坦用他敏锐的逻辑斩断了以太结，并将扭曲的固体以太的碎片扔出了物理科学圣殿的窗户，成为了现代物理学的统治者。

但是，如果固体以太没有充斥着整个宇宙空间，就不会有任何的绝对运动，因为一个物体运动一定要有一个参照物。因此，爱因斯坦说，我们只能说一个物体相对于另一个物体做相对运动或者是一个参照系相对于另一个参照系，分别在这两个参照系中的观察者都可以说："我现在静止不动，是那个人在动。"如果空间中不存在固体以太作为宇宙中运动的统一参考系的话，将没有办法察觉宇宙中的这种运动，事实上，关于这个运动的任何陈述将一定会被打上物理无意义的标签。因此，难怪迈克尔逊和莫利在他们的实验室中测量不同方向的光速的时候，不能察觉他们的实验室以及地球本身是否在宇宙中运动。

让我们来回忆一下伽利略说的话：

在一艘大型游轮的甲板下面的大房间里，把你自己和一些朋友关起来，在那个空间里还有昆虫、苍蝇以及其他一些带翅膀的生物。同时，房间里放一个大浴盆，里面装满水，放上某些鱼。要准备的一个悬挂起来的水瓶，让里面的水一滴一滴地掉落到正下方的细颈瓶中。然后船始终保持静止状态，观察房间里面的小翅膀生物如何以相同的速度在整个房间里乱飞；观察鱼自由地游向各个方向；观察蒸馏水滴全部滴到了下面的瓶子里。并且，向你的朋友扔个东西，向相距差不多的距离扔同一个东西需要的力差不多；往前跳，冲哪个方向向前跳的距离都差不多。

观察所有这些细节之后，虽然也没有人会怀疑，只要这艘船静止不动，这些事情就应该这么发生。现在让这艘船以一个你喜欢的任意速度动起来，只要保证是匀速的且没有方向上的波动就行。你可能辨别不出来前面所提到的这些现象最细微的变化，你也不能通过其中任何一个来判断船是移动还是静止。

我们可以用以下方式来解释伽利略关于迈克尔逊–莫利实验的

话: 将你自己和你的助手关在地球上的一个大型实验室中, 实验室中可以获得光源、镜子以及其他所有种类的光学仪器, 并且提供所有种类的设备用于测量电力和磁力、电流以及其他的性质等等。然后采用一个逻辑论证来说服你自己, 如果地球是静止不动的, 那么光的传播, 电荷、磁铁、电流之间的相互作用将与相对于实验室墙的相对位置以及方向都没有关系。接下来假设地球是绕着太阳运动的, 当然这是个事实, 并且太阳绕着银河系恒星系统的中心运动。这时你将无法识别之前所有现象的最微小的变化, 也不能从中得知地球到底在运动还是静止不动。

因此, 在伽利略假想中行驶在蔚蓝色的地中海上的船, 对于飞虫、小鱼、小水滴以及抛掷物体的真实情况是什么? 对于地球上在空间中在运动的光波和其他的电磁现象也是同样适用的。当然, 伽利略可以很轻易地知道他的船是否相对于地球在运动, 只要他从船舱走到甲板上去看一看海水或是海岸线就可以了。以同样的方式, 我们可以确定地球绕太阳的运动、太阳相对于恒星的运动。可以通过观察恒星并观察它们的视位变化(视差位移)以及它们发出的光的波长的变化(多普勒效应)。但是, 如果不跳出系统来看的话, 就像不可能通过观察系统机械现象来确定系统的运动一样, 也不可能通过观察地球上的电磁现象来确定宇宙中的运动。

空间和时间的结合

爱因斯坦意识到, 伽利略的运动相对性原理的扩展形式要求我们对于时间和空间的基本观点进行彻底的改观。从远古时代开始, 空间和时间就被当作两个完全独立的概念, 伟大的牛顿在他的《原理》

一书中写道:

绝对空间,就其本身的性质而言,与外界没有任何联系,始终是相似的并且是不动的。

绝对的、真实的以及数学上的时间,其本身以及所表现出来的性质来说,均匀地流动,与任何的外在东西无关。

牛顿对于空间的定义中暗示了空间在其中运动的某个绝对参照系的存在,而他对于时间的定义也包含着一个绝对时间系统,比如可以由大量的同步计时器或者简单的时钟来提供,它存在于宇宙空间的不同位置并均显示标准的宇宙时间。实验证明光速的恒常性否定了绝对空间的概念,同时它还破坏了通用的计时系统。为了理解这个通用时间的灾难,我们提出了一个问题,使两个彼此相距一定距离的时钟的时间同步的最好方法是什么呢? 当然,世界时公司的员工可以携带一个天文钟,从一个地方到另一个地方去旅行,用来校调时间。这就是原来航海家们所做的,在他们的船上带上天文钟。但是谁又能保证天文钟在运输中不会产生错误呢? 现代的时间系统当然是基于携带时间–信息的以光速传播的无线电信号来调整时间的。从地球上计时的实际应用目的来说,有限的光速产生的很小的延迟可以很容易地就被忽略了,但是在宇宙中校准星系之间的时间时,由于光速而产生的延迟可能会有几个小时,这当然就是个问题了。然而,这个问题也可以通过经信号接收站反射(反射过程没有时间延迟)的往返信号而很容易地就被规避掉。因此,如果时间信号在t1时间发射,并且在t2时间接收,则在信号接收站接收到光信号的时钟–设置的时间应该是 $(t_1+t_2)/2$。因此,根据迈克尔逊–莫利的实验，无论运动在什么条件下发生，真空中的光速总是保持不变的，上述的校准方法一定可以被认为是绝对精准且没有异议的。这个方法也可以替换成如下形式，即从两个接收站准确的中点位置朝相反方向发射的两个光信号，如果信号分别到达两个地点的时间相同，我们就可以认为这两个地点的时钟是同步的。

接下来的一步就是将两个相对于彼此匀速运动的系统之间的时钟关联起来，比如，两列相向而行擦身而过的火车。我们选择火车这个例子，是因为铁路员工通常都会为他们手上戴的大金表感到极度的自豪，而这块表总是能显示出精确的时间。为了应用上面描述的同步时间的方法，火车制动员应当在火车中央用灯来发射光信号，让分别站在车头和车尾的工程师和售票员在接收到光信号的那一刻看表对时。

上述的过程让我们想到老伽利略试图用提灯来测量光速的故事，当然我们在这里不是说校准时间的实验一定要由两列火车的员工来完成。

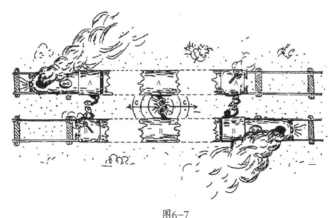

图6-7

在两辆相向运动的火车上校准时间。

而是这更倾向于爱因斯坦喜欢称之为"思想实验"（德语Eine Gedanken experiment），人们只通过想象场景，借助于已知的实验结果，就能试着想象出将会发生什么（就像迈克尔逊和莫利做的一样）。

将这个方法应用到两列火车A和B上，我们可以同步校准每列火车上的时间，但是现在所面临的问题是比较一列火车上的时间与另一列火车上的时间。校准两列火车上的时间可以在两列火车处于特定相对位置的时刻完成，这时火车A的车头刚好掠过火车B的车尾，也就是火车B的车头也刚好掠过火车A的车尾（图6-7）。确实，在那个时刻，火车A的工程师和火车B上的售票员可以直接探出车窗一起来比对手表上的时间，然后将它们校准。对于火车A的售票员和火车B上的工程师也是一样。

假设火车A和火车B上的制动员，他们在相向而去的列车相遇的那个时刻发出光信号，我们可以把直接放在一起对时和之前描述的光波校准表的方法联系起来。当然在这个情况下，只有一个光波，因为在这一时刻两盏提灯的光实际上是重合的。

现在让我们来考虑一下这个过程的结果。由于光的传播速度是确定的，所以光需要一些时间才能到达火车的两端，并且当光到达时，火车A的车头将会在火车B的车尾的左边位置，而火车A的车尾在火车B车头的左边位置。于是，光波通过火车B的车尾之后，还需要一些时间才能到达火车A的车头。因此，又由于校准时间的光信号方法将时间达成了一致，那么如果火车A上的工程师和火车B上的售票员，在他们接收到光信号的时候将他们的表设置成同一时间，那么在两列火车擦肩而过的那个时刻，火车A上工程师的表一定比火车B上售票员的表走得慢一点。同样的道理，在他们相遇的那一刻，火车A上售票员的表一定比火车B上工程师的表走得快。现在，由于火车B上的人们都通过光信号方法校准了自己的手表，所以车上所有人的时间都确定是完全一致的。于是他们会坚持说火车A上的时间校准是错误的，因为火车A上车头的时间要比车尾的时间要慢。同样地，火车A上的人会认为自己火车上校准的时间是正确的，从而怀疑火车B上的校准时间。火车A上的工程师会说火车B的售票员的时间比准确的时间快了，而火车A上的售票员会说火车B上的工程师的时间慢了。而他们两个人都会认为火车B上的时间校准是错误的，火车B车头的表走得比车尾的表要慢。这个论点永远无法被解决，因为火车A和B的地位是等价的，于是我们可以得出结论：一个系统中校准好的时间，从另一个相对于它运动的系统上来看则并没有被校准。换句话说，在同一系统中相距一段距离（火车长度）的两个地方同时发生的两个事件，当从另一个相对这个系统运动的系统上来观察，他们是不会同时发生的。因此，空间和时间是可以互换的，至少可以互换一部分。当从另一个运动系统观察时，在一个系统中两个事件的纯空间完全分离会导致它们之间产生一定的时间差。

为了说明这个观点，我们来想象一个男人坐在行驶的火车的餐车上吃着他的晚餐。他先喝了汤，然后吃了牛排，最后吃了甜点。这三件事情全都是在相对于火车的同一地点（相同餐桌）但是在不同时间发生的。然而，从在地面上观察者的角度来看，这个男人喝汤和吃甜点的位置中间隔了几英里。这个微不足道的事实遵循着如下规律：发生在一个系统的同一个地点但是不同时间的事件，从另一个相对于这个系统运动的系统上来观察，它们是发生在不同地点的。现在，将上面这句话中的词"地点"与"时间"互换，反之亦然。然后这句话就变成：发生在一个系统的同一时间（即同时）但是不同地点的几个事件，从另一个相对于这个系统运动的系统上来观察是发生在不同时间的。这不正是我们上面所得到的结论吗？

如果，当从一个运动的系统来观察，一个零时间间隔变得比零要大了，那么还是从这个系统的角度来观察，两个事件之间的有限的时间差一定增加了，这就是著名的时间膨胀。或者说从一个运动的系统来观察，钟表会变慢（对于所有物理、化学、生物过程都成立）。就像所有的相对论现象一样，时间膨胀中一个相对于另一个运动的两个系统之间的地位是对称的。虽然，当运动中的火车B中的工作人员发觉火车A上的时间慢了的时候，火车A上的工作人员会坚持说是火车B上的时间慢了。而钟表相对减慢多少的预期值由以下公式得出：

$$t = \frac{t_0}{\sqrt{1 - \dfrac{v^2}{c^2}}}$$

这个公式与菲茨杰拉德收缩的表达式相似，除了这个公式中开根号的根式在分母的位置上。

而快速运动的系统中所有物理进程都会变慢的现象，可以从"介子"的衰变中直接观察到，这种组成了宇宙射线中必不可少一部分的不稳定基本粒子以极高的速度落到了地球表面。在本书的最后一章中会细致地讨论这件事。由此产生的想法是，在绕着地球运转的人造卫星中放置一个原子钟，这是一种非常精准的计时器，它的指针的转动与置于其中的气体分子的振荡同步。通过无线电信号将人造卫星上时钟的频率与固定在地面上相同时钟的频率进行对比，将有可能证明在很大范围内会发生时间膨胀效应的有效性。

相对论力学

从一个运动系统的角度来看距离会缩短，而时间间隔会膨胀，这个结论迫使将一个坐标系中的空间和时间的测量值与另一个坐标系中相同量的测量值联系起来的公式从形式上发生了巨大的变化。让我们考虑这样两个坐标系(x, y)和(x', y')，两者之间的相对速度的大小为v，当两个系统的坐标原点O和O'重合时，我们开始给这两个系统分别计时。假设物体P固定在运动的坐标系距离原点O'的距离为x'的位置上。那么，在时间t时刻，那个物体在静止坐标系上的x坐标值是多少？即物体P距离原点O的距离为多少？我们用经典牛顿理论可以很轻松地回答这个问题。在时间间隔t中，两个坐标系的原点分开的距离是vt，因此

$$x' = x + vt。$$

我们还可以再加上这个公式

$$t' = t$$

就是简单地重申牛顿对于绝对时间定义的表达式。

在爱因斯坦之前，这两个公式被公认是常识问题，它们在现在被称为"伽利略的坐标变换"，第二个式子一般都会省略不写。但是将空间距离部分转换为时间差的可能性要求用更复杂的公式来替换这些看似微不足道的公式，并且可以证明是为了满足光速恒定的条件，以及其他之前讨论过的其他相对论现象，原先的伽利略变换被替换成了以下的新形式：

$$x' = \frac{x + vt}{\sqrt{1 - \dfrac{v^2}{c^2}}}$$

$$t' = \frac{t + \dfrac{v}{c^2}x}{\sqrt{1 - \dfrac{v^2}{c^2}}}$$

这两个表达式称为"洛伦兹变换",由荷兰物理学家H·A·洛伦兹在迈克尔逊–莫利的实验结果发表后不久提出,但是这两个表达式被洛伦兹自己和当时其他物理学家或多或少地当作一个纯粹的数学恶作剧。而爱因斯坦第一个发现了洛伦兹变换的意义,它实际上是对应一个物理事实,需要彻底改变对于传统意义上的空间、时间以及运动的普遍定义才能理解它。

我们注意到,伽利略变换的两个式子中空间和时间坐标系不是对称的,而洛伦兹变换是对称的。在计算新的时间t'时,我们需要在t的基础上增加一个关于相对速度v的附加项,这与为了获得新的坐标x'时而需要在原来的空间坐标x上增加的项很相似。在我们日常生活中所遇到的所有情况下,任何物体的速度都是远小于光速的($v \ll c$),于是时间变换分母的第二项就接近于零,两个公式分母中的因子实际上是等于1。于是我们就得到了原来的伽利略变换公式。但是,当所涉及的运动速度与光速差不多时,时间变换增加的一项会打破绝对同时发生的概念,而式中平方根的系数会使空间发生收缩而时间发生膨胀。

现在有必要讨论一下关于长度相对论收缩这个概念的一种误解。这个误解在物理学家当中存在了54年之久,从1905年爱因斯坦发表了他的原始论文开始,直到一位年轻的美国物理学家J·特勒尔在他1959年发表的短小精悍的论文中澄清了这一概念。通常人们会认为,如果物体的运动速度真的能接近光速的话,根据系数 $\sqrt{1-\frac{v^2}{c^2}}$ 而收缩的长度是能通过观察运动物体而被观察到的。因此,一个驾驶着泛美航空飞机的人看到从另一个方向高速接近自己的环球航空公司的飞机时（这样的操作在美国联邦航空管理局是不允许的），会觉得它从驾驶舱到尾翼的长度缩水了，而环球航空飞机上的乘客看到泛美航空飞机，也会觉得发生了同样的变化，它也变短了。特勒尔认为这个概念是不正确的，目测观察的角度来看一个快速运动的物体，它是不会比静止的时候看起来短多少。这个结果是因为光速是有限大小的这一事实，我们看到的从对面飞机的驾驶舱和尾翼分别传来的光有着不同的时间延迟，而这个时间差将抵消掉长度相对论收缩的效果。如果光是以无穷大的速度传播的，这个观测误差就不存在了，不过，当然，由于 $c = \infty$，长度的相对论收缩对于相对速度为任意数值的两个系统来说都将是零了。

根据特勒尔的说法，虽然长度的相对论收缩不能被任何一个观察者用眼睛看到，但是还是能用屏幕大于高速运动的物体长度的照相机拍摄记录下来。我们可以假想一个能完成照相功能的特种飞机，它上面携带的照相机可以从它的机头一直延伸到机尾，并且这个摄像机有一个很长的柱面透镜，还有一个"同时关闭的快门"，就是说快门靠近机头的前面部分和在机尾的后面部分都同时关闭（在这个飞机上时间同步系统是有效的）。当这架飞机从一个迎面而来快速运动的不明物体旁边飞过，就会照下一张显示出所有相对论长度收缩特点的照片。无需多言，如果这个不明物体也能给我们有特殊照相功能的飞机拍张照片，它就会用无线电对讲机告诉我们的飞行员："你也很短！"

从洛伦兹变换开始接下来的数学演算并不适合放在本书的这里，我们只指出所推导出的一些最重要的结果。其中一个重要结果是关于两个速度的相加。假设一艘舰船以35节的速度越过海洋，即大约每小时40英里的速度，在它的甲板上有一辆摩托车从船尾向船头行驶，速度为每小时60英里（图6-8）。那么摩托车相对于海水的速度是多少？经典力学的答案是简单的：40+60，即每小时100英里。但是，在相对论力学中速度的简单相加是不成立的。

图6-8
相对论的两个速度相加。

事实上，假设甲板和摩托车都在以光速的75%的速度前进（这是可能的，至少理论上是可行的），那么摩托车相对于海水的速度将比光速的50%还高一些。两个速度v_1和v_2相加的相对论公式为：

$$V = \frac{v_1 + v_2}{1 + \dfrac{v_1 v_2}{c^2}}$$

其中V为最终的速度结果。从这个公式很容易看出，如果速度v_1和v_2都比光速c要小，那么V也会比c要小。事实上，如果我们让$v_1 = c$，则有：

$$V = \frac{c + v_2}{1 + \dfrac{c v_2}{c^2}} = \frac{c + v_2}{1 + \dfrac{v_2}{c}} = \frac{c(c + v_2)}{c + v_2} = c$$

这就意味着光速加上任何一个速度都不会在光速的基础上增加

一点点。如果将$v_1 = c$和$v_2 = c$代入，我们同样会得到：

$$V = \frac{c + c}{1 + \frac{c \times c}{c^2}} = \frac{2c}{1 + 1} = c$$

相对论的速度相加公式解释了之前章节中描述的大约半个世纪之前发生的斐索的实验。将光在水中的速度c/n来替代v_1，并将v_2简单地写成v代表管道中水的流速，我们可以得到：

$$V = \frac{c / n + v}{1 + \frac{cv}{nc^2}} = \frac{c / n + v}{1 + \frac{v}{nc}}$$

分子分母上下同乘$\left(1 - \frac{v}{nc}\right)$，进一步可以得到：

$$V = \frac{(c / n + v)(c / n - v)}{1 - v^2 / n^2 c^2} = \frac{c / n + v - v / n^2 + v^2 / nc^2}{1 - v^2 / n^2 c^2}$$

接下来，由于v远小于c，所以$\left(\frac{v}{c}\right)$是一个很小的值，而且$\left(\frac{v}{c}\right)^2$依然会很小。因此，忽略掉上式中含有$v^2 / c^2$的项，我们得到：

$$V = \frac{c}{n} + v - \frac{v}{n^2} = \frac{c}{n} + v\left(1 - \frac{1}{n^2}\right)$$

这恰好和斐索的经验公式一模一样。因此，并不存在什么流体施加的"以太的阻碍"，所产生的速度只是光在液体中的速度以及管道中液体的流速的相对论相加的总和而已。

相对论力学的另一个重要推论是，运动粒子的质量并不像在牛顿系统中一样总是保持一成不变的，它的质量会随着速度的增加而增加。而运动物体质量改变的系数和前面长度缩小的系数还有时间膨胀的系数是相同的，以速度v运动的物体的质量可以由下面的表达式给出：

$$m = \frac{m_0}{\sqrt{1 - \frac{v^2}{c^2}}}$$

其中，m_0就是所谓的"静止质量"，即阻止使质点产生运动趋势的力，使质点保持初始静止状态的惯性力。随着质点的速度增加，直到接近光速的时候，再增加它的速度就会变得越来越困难，而当$v=c$时，对于继续加速的阻碍就会变得无穷大。这提供给我们看待相对论基本观点的一个全新的角度，由于相对论效应，任何物体的运动速度都不会超过光速；事实上，由于惯性阻力的增加，物体继续加速并保持物体以光速运动所需要的能量会是无穷大。

质能方程

排除了固体以太这个概念，使宇宙空间又回到了在此之前所认为的空无一物的状态，所以爱因斯坦一定要做一些什么来解释大体上保留光波和电磁场的物理实质。如果没有以太存在，电荷和磁铁周围充斥的是什么呢？真空中又是有什么介质使得从太阳和恒星发出的光能传播到我们这里呢？好像除了把电磁场理解为一种介质以外也没有什么办法能解释了，虽然这种物质介质会与我们所熟知的任何普通介质大不一样。在物理学上，"物质的"这个形容词的概念等同于"可称量的"，即有一定重量或是质量。因此，电荷和磁铁一定被某种有质量的物质围绕着，哪怕非常轻也是有重量的，也就是说有这个物质的地方比周围的空间相对来说要密集，并且当电力和磁力消失时这种物质也会逐渐变小一直到没有。类似地，光线被想象成从发光物体放射出的这种物质振动的波（就像从花园里水龙头喷溅出的水流一样）在完全空无的空间中传播。图6-9中大致描绘了新旧两种观点之间的区别。之前假设的固体以太在我们整个宇宙空间是均匀分布的，而电磁场被认为只是在以太中产生了某种变形，而对于新"以太"物质的假设说的是，它们只存在于电力和磁力存在的地方，而且并不是承载这些力的物质而是物质力本身。

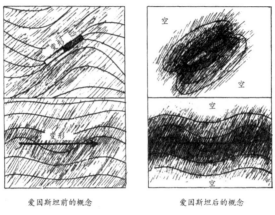

图6-9

关于电磁场原先和现在的概念。在爱因斯坦之前，人们相信所有穿透的固体以太在电磁场的区域都发生了变形。现在我们认为，电磁场是一种（可测量的）物理实体，本身在真空中存在。

这种物质的物理性质也不是用原来意义上的术语所描述的，比如刚性、弹性等等，这些物理性质只适用于由原子和分子构成的物质实体，新物质的物理性质是用描述电磁相互作用中所有细节的麦克斯韦方程组表示的。需要花些时间和费些力气才能接受这个新的观点，但是它确实将人们的思维从解释光现象老旧的"物质形态"（就像"anthropomorphical"）观点中释放出来。

但是，认为这种新的"以太"物质有可测量的质量的根据是什么呢？它的质量又是多少呢？回答这个问题最简单的方法就是考虑一束光遇到镜面并被镜面反射时所发生的事情。在物理学上很久以来就知道,光受镜面反射时会给镜面施加一定的压力,这个力并没有大到足以推动蜡烛前摆放着的镜子,也并没有成功地将彗星中的气体分子推动得离太阳更近一点。这些气体分子就是在彗星划过天空时所产生的明亮的尾巴。光压力的存在首次在实验室中由俄罗斯物理学家P·N·列别捷夫证明,实验结果显示光产生的压力数值上等于被反射的能量的二倍除以光速。

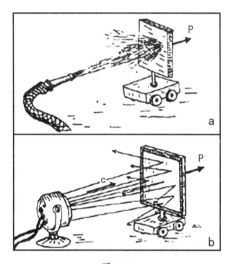

图6-10

（a）水流冲击到可移动平板并被它反射；（b）光束冲击到可移动的镜面并被它反射。

与光束经镜面反射对其产生压力很相似的一个力学场景是从浇花的水龙头冲出的水流冲击到其中一块板上并对平板产生压力（图6-10）。根据经典力学定律,一束物质的粒子对反射它的墙所施加的压力等于它们动量的变化率或者用牛顿的力学术语来说叫作"运动的量"（参见第四章）。假设水流中单位时间内携带水的质量为m,水流流速为v，则动量变化为2mv，因为是从+mv改变到-mv。（的确，mv-(-mv)=mv+mv=2mv。）

如果我们对于一束光受到镜面反射的情况也进行类似的计算，我们就必须给光定义一个力学动量的概念，它等于每单位时间落在镜面上的"光的质量"m乘以光速c。因此，我们可以把光对于反射它的镜面产生的压力写成：

$$P_{Hght} = 2mc$$

将这个公式与前面引用的经验公式联立，得到：

$$P_{Hght} = \frac{2E}{c}$$

我们可以得到这样的结论：

$$m = \frac{E}{c^2} \text{ 或 } E = mc^2$$

这就是爱因斯坦著名的"质能守恒方程"，这个式子使经典物理学中"不可测量"的辐射能与普通可测量的物质相等。由于c^2是个很大的数值，9×10^{20}，所以这么可观的辐射能的质量如果写成习惯的质量单位会是非常小的。因此，一个10瓦的灯泡的手电筒每分钟能放射出6×10^9尔格能量的光，将会减轻$\frac{6 \times 10^9}{9 \times 10^{20}} = 7 \times 10^{-12}$克。另一方面，对于太阳就不同了，它每天向周围空间辐射将会损失4×10^{11}吨的重量。

这个质量和能量的关系当然对于任何一种能量形式都是普遍适用的。带电导体和磁铁周围环绕着的场就变成了一个可称量质量的物理实体，尽管直径为1米并且充电到1kv电势的铜球周围的电场质量不过是2×10^{-22}克，而且一个普通实验室能达到的磁场最多也只有10^{-15}克。

热能也一定具有可测量的质量，1升100℃的水比1升凉水的质量多出10^{-20}克，而20千吨原子弹释放的总能量大约重1克。

爱因斯坦的质能方程是原子弹发明的基础，关于这个从各大报纸媒体、杂志文章上都能看到的论调我一定要说几句。这是相当不正确的，就像说质能方程是诺贝尔发现硝化甘油的基础或者说是瓦特发明蒸汽机的基础一样荒谬。在任何情况下，当发生物理或者化学变化时，当它们发生的时候释放出了一定的能量，根据质能方程我们知道，由于在这个过程中所释放的能量，反应后产物的质量要小于原始材料的质量。因此，硝化甘油爆炸后产生气体的质量小于原始爆炸物的质量；蒸汽机喷出的蒸汽的重量小于锅炉中的热水重量；木材燃烧之后释放的气体和留下的灰烬的总质量小于原来木材的质量。但是在所有这些情形中，释放能量的重量相比于反应前物质的质量实在是太小了，小到甚至用最精确的称都无法测量到它。没有物理学家会注意到一杯热水和一杯凉水之间重量的差异，也没有一个化学家对比过化学反应之前氢气和氧气的质量与之后二者结合生成的水的质量之间的差异。

而核反应的情况产生的能量要大得多，尽管将一个原子弹所有裂变的产物收集起来证明它们正好比裂变前的钚反应堆重1克是一个不可能的任务，但是还是可以通过一些精细的核试验方法确定一个原子准确的质量值，并且比较参与核反应原子的总质量与核反应产生的原子总质量之间的差别。但是，这只是精度的差异。因此，爱因斯坦对于原子弹的贡献并不是质能方程这个公式$E = mc^2$，而是由于他自身的权威性，他写给罗斯福总统的一封信，这封信使得曼哈顿计划开展起来。

一个以一定速度运动的物体本身具有运动的动能，而那部分能量附加的质量也是相对论质量增加的一部分。爱因斯坦的质能守恒方程也可以应用到基本粒子变换的情况。在制造一对电子和反电子(或者一对质子和反质子)时，一定需要消耗和它们总质量对应的这部分能量，而当粒子对湮灭时就会释放出等量的高频辐射能。

四维的世界

相对论空间的收缩与菲茨杰拉德的运动物体的收缩虽然在数学形式上是相同的，但是，菲茨杰拉德当时认为这个收缩是运动物体在以太中引起的物理现象，而相对论理论认为空间上的收缩是从运动参照系观察看到的距离上的明显缩减。对于相对运动的两个系统来说，空间的收缩和时间的膨胀都是对称的关系。只要空间距离缩小了，时间间隔就会拉长，空间和时间的关系可以类比于一根长度为L的棍子在竖直和水平方向的投影。当棍子竖直放置时，它的竖直投影就是0，而水平投影为L。如果棍子水平放置，它的竖直投影就是L而水平投影为0。如果棍子以某个夹角θ放置，那么竖直和水平方向的投影都将不为零。

但是，无论θ角是多少，根据勾股定理都会有：

$$\Delta x^2 + \Delta y^2 = L^2$$

这个类比使当时的德国数学家H·闵可夫斯基(他的工作紧随爱因斯坦早期发表的成果之后)得出一个结论，时间可以在某种程度上被当作对三个空间坐标轴补充的第四个坐标，这样一个系统相对于另一个系统的运动就可以被看成是这个四维坐标系的旋转。

日常生活中我们会用时间和地点的信息来说明各种不同的事项。我们会说这个会议将在晚上8点，在第六大街和第32小道的拐角处的15楼举行。而且我们习惯制作一个图表，上面按时间顺序标注了位置。这些和股市中用到的每月价格变化曲线没什么区别的图表实际上就是显示了两个相互关联的量之间的关系，并不能以任何几何的标准或者变换来看待它。如果要把时间当作一个合理的第四个坐标，那么它首先一定要能被三个空间坐标系的单位来衡量。要达到这个目的，只要将时间，通常以秒为单位，乘以某个单位表示的速度能得到以厘米为单位的距离就好了，而厘米这个单位就与三个空间坐标轴的单位一致了。为此任意选某个任意速度，这并不是一个理智的做法，比如高速公路的最高限速（具体是多少取决于当地的法律），或者甚至是声速（这取决于介质的材料和温度）。很明显，真空中的光速是我们最好的选择，因为光速联系了自然界的基本定律，并且由迈克尔逊–莫利实验已经证明这个值是不变的。因此，前三维坐标（空间坐标）我们用x, y, z来表示，而第四维坐标（时间坐标）我们用ct来表示。但是我们只是完成了所需要做的事情的第一步。在三维空间坐标系x, y, z中，三个坐标都是可以自由互换的，当我们把一个木盒子翻过来，它原来的长就变成了它的高。而这种完全的互换很明显不存在于时间和空间组成的坐标系中。否则的话，我们就能将时钟变成一根码尺，反之亦然！因此，在把时间当作第四维坐标的情况下，我们不仅应当在时间的基础上乘以光速c，还应当在不破坏四维坐标系统和谐的基础上，乘以另外某个系数，使得时间这个坐标看起来不同于其他三个空间坐标。数学上为我们提供了这么一个系数，称为"虚数单位"，用符号i表示。这样一个"虚数单位"被定义为–1的平方根：$i = \sqrt{-1}$ 。

因此，根据基本的代数，有$(+1)^2 = +1$和$(-1)^2 = +1$，而虚数i不存在于普通的正数和负数当中，所以才被称为虚数单位。在普通的计数上它没有任何用处，"有资产$1.00"意味着你的银行账户上有1美元，

"有资产$(-1.00)"意味着你有1美元的赤字,而$i在任何银行操作中都没有意义。

　　但是数学家和理论物理学家发现计算中使用i很方便,当它在最终结果中出现一定具有某种物理意义。最终结果包含i的平方的情况经常出现,因为$i^2 = -1$,这是一个普通的负数。因此,让我们用"虚数单位"当作这个附加的系数,于是第四坐标可以写作ict。由于画出四个相互垂直的坐标轴是不可能的,所以我们将第三个空间坐标轴z轴省略,用新的时间坐标ict来替代。这个坐标系的结果如图6-11所示,

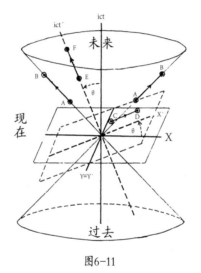

图6-11

时空连续统包含两个空间坐标(x, y)和一个时间坐标(ict)。这个圆锥曲面表示光的传播$(x^2 \times y^2 - c^2t^2 = 0)$将连续统分成"现在""过去"和"未来"。

　　其中空间坐标x和y在(相对于读者来说的)水平面上,而假想的时间轴处在竖直方向上。在这个坐标系中的每一个点代表一个事件,即一个发生在确定地点确定时间的事情。图中垂直于时间轴平面上的点

222

表示同时发生的事件（图中的坐标系有标出，事件A和事件B）。而平行于时间轴线上的点表示发生在同一地点不同时间的事件（图中的坐标系中也有标出，新坐标系中的事件E和事件F）。开口90度的圆锥曲面，也被叫作"光锥"，对应于能被光信号联系在一起的事件。比如说，假设点（事件）A表示一个发出光波的手电筒，则点B对应于位于空间某处被这个光照射的物体。

正如我们前面所讨论的，从一个运动的参照系上所观察到的空间和时间间隔可以从几何上被理解为四维坐标系中的时间轴偏转了一定角度使坐标系发生的旋转（由图6-11中的虚线和字母表示）。但是，由于任何物体的运动速度都不会超过光速c，所以ict轴旋转的角度θ永远不会超过90度。于是我们可以区别出两组不同的事件对。

第一组事件，比如E和F，EF的连线与时间轴的夹角小于90度。在这种情况下，我们会发现，两个事件都会落到以一定的速度相对于原始坐标系移动的新坐标系的时间坐标轴ict'上，此时它们在新坐标系中的空间距离变成了零。这种类型的时空坐标旋转是微不足道的，我们总是在日常生活中遇到。比如说，如果我们想去一个城市看一场礼拜一举行的足球比赛，然后礼拜二去另一个城市看另一场，两个城市相距几百英里，那我们就在第一场比赛结束之后而在第二场比赛开始之前开车到那就好了。尽管两个比赛场地的经纬度不同，但是从汽车的坐标系来看两个场所实际上就是在同一个位置。如上述所说的两个运动项目之间的时空分隔被称为"类时分隔"，因为通过以一个适当的速度移动过去，我们就能将二者之间的空间间隔减少到零，然后从同一个地点（汽车座位）和不同时间（隔了一天）来看这两场比赛。

第二组事件，比如C和D，CD的连线与时间轴的夹角大于90度。在这种情况下，除非我们的速度比光速还快，否则是不可能从第一个事件到达第二个事件的。因此，比如说，光从水星到达冥王星大约需要5小时20分钟，那么我们就不可能参加完水星上下午1点的午宴又参加同一天下午5点在冥王星上举办的鸡尾酒会。但是从另一方面来说，我们总能选取一个合适的旅行速度将两个事件之间的时间差减少为零，并让它们在新的时空坐标系中同时发生。这组事件的时空间隔被称为"类空间隔"，因为通过以一个合适的速度运动，我们可以将时间间隔减少为零。

现在我们就可以给旧观念上的"过去、现在和未来"下一个新的定义。假设我们认为自己在图6-11的坐标原点，并说："我在这（x=0，y=0，z=0），并且现在（t=0），"那么圆锥上面部分所包含的所有事件（t为正）就是在未来会发生的事情，因为无论我们怎么动，在我们看见这些事件发生之前总需要经过一些时间。我们可以通过做些什么而对这些未来事件产生一些影响，但是我们不能被它们所影响。类似地，圆锥下面部分所包含的所有事件（t为负）则是过去发生的事，因为无论我们运动得多快都看不到它们。举例来说，我们不可能在宇宙中飞得快到可以捕捉到第一颗原子弹爆炸或是罗马大火发出的光。这些过去发生的事情可以影响我们，但是我们却不能影响它们！在光锥上部和下部之间夹着的就是"无人之地"，或是我们通常所说的"现在"。这一部分包含的事件既有从我们的角度来看是同时发生的，也有可以通过小于光速的运动参考系统观察使之同时发生的。图6-11中的"现在"这部分占了如此大的空间是理所当然的，之所以会这样是因为我们用ct取代了t用于计算时间间隔。如果我们用t作为坐标轴而不用ct，竖直方向就会按系数3×10^{10}压缩，而光锥的上部和下部就会扩大，中间所夹的空间会缩小直至几乎为零。这就是我们在日常生活中所观察到的以相比于光速小到可以忽略不计的速度发生的情况。

现在，回到三维空间中，重新引入z坐标，我们可以在第四维坐标的表达式上使用一些涉及"虚数单位"的数学技巧。假设我们从原点x=0, y=0, z=0以及时间原点t=0处发射一个光信号。在时间t时，光信号到达空间坐标x, y, z所表示的位置，那么此时它与原点之间的距离，根据勾股定理，就是：

$$\sqrt{x^2 + y^2 + z^2}$$

由于光总是以速度c传播的，所以这段距离也等于ct，于是我们得到：

$$\sqrt{x^2 + y^2 + z^2} = ct$$

即

$$x^2 + y^2 + z^2 = (ct)^2$$

即

$$x^2 + y^2 + z^2 - (ct)^2 = 0$$

又由于$-1 = i^2$，我们可以将上式继续写成：

$$x^2 + y^2 + z^2 + (ict)^2 = 0$$

等式左边是四维空间平方和的勾股定理。在相对于原始坐标系旋转得到的新的坐标系中投影，我们可以得到：

$$x'^2 + y'^2 + z'^2 + (ict')^2 = 0$$

这也就是说由于四维坐标系的旋转，结果四个数的平方和并不会变。根据洛伦兹变换我们可以证明，以上结论对于在空间 (x, y, z, ict) 中代表两个事件的任意两点的时间和空间间隔都是成立的。因此无论参照哪个坐标系来观察这两个事件，表达式：

$$x^2 + y^2 + z^2 + (ict)^2$$

都是不变的（固定值）。二者之间的三维空间间隔和一维时间间隔会变化，但是由上式表达的它们之间的四维间隔总是保持不变。因此，用ict作为第四维坐标，我们可以将空间和时间在数学上统一起来，并且我们由此可以认为所有物理事件都是发生在四维时空中的。然而我们不能忘记的是，这是因为借助了"假想单位"我们才能做到这些，所以它是一个危险的助手。如果不使用它，而都是使用真实的数值，空间和时间就不完全等同了。

引力相对论

正如我们上述章节中所讨论的，可以认为伽利略对于在平稳航行船只的船舱中所进行的力学实验的观点，在爱因斯坦的相对论这里达到了辉煌的顶点。而将这个理论推广到非匀速运动上就得到了通常所说的广义相对论，不过我们最好称之为"引力相对论"，它的根源是伽利略在比萨斜塔顶端所抛掷的重物和轻物的实验。实验结果表明重量轻和重量大的物体会以完全相同的加速度同时坠落地面，这个谜题困惑了人们许久，直到爱因斯坦在1914年发表了一篇关于加速运动和重力关系的论文才得以揭开谜团。

在这篇文章中，爱因斯坦描述了一个假想的实验，需要一个在宇宙空间中自由漂浮的密闭房间。由于不受重力的作用，房间内所有的物品都没有往任何方向运动的趋势。但是，如果这个密闭房间是加速运动的，比如说，在它的底部安装了几个火箭发动机，那么房间里的情况就完全不同了：所有的物体都被摁压在了地板上，就好像有一个重力一样的力拉着它们向下。现在假想一个人站在这样一个空间实验室的地板上，并以一个匀加速度a运动，在他的手上有两个球，一个是轻的，另一个是重的。由于整个系统在加速，这个人的双脚被牢牢地压在了地面上，而两个球会被压紧在他的手掌上。现在，如果他同时释放这两只球会发生什么呢？两个球体在与火箭体分离的情况下，它们将继续以释放时的速度移动，因此会保持并排。另一方面，由于火箭是在加速运动的，它会持续地获得更快的速度，这个房间的地板很快会接住这两个球并且同时撞击到它们。在撞击之后，两只球会保持被摁压在地板上的状态，并与整个系统的其他部分一起做加速运动。不过，在房间中的观察者会看到他释放的这两个球是以相同的加速度掉落，并因此同时撞击到地板上。这就是重力和加速度之间的等价关系，这是一个我们所生活的"太空时代"的常识。

但是在一个加速运动的火箭船舱中发生的力学现象和拥有大质量的地球所产生的重力场中发生的力学现象很相似，这仅仅是一个巧合吗？或者说与引力的性质之间是否有着更深层的关联呢？爱因斯坦确定问题的答案是后者，于是问自己，光线在加速的房间中会如何。假设房间的墙上安置有一个手电筒，发出的光束穿过房间。为了看到光线的传播路径，观察者可以在光路中间等距设置几块荧光玻璃板（图6-12）。

图6-12

在一个加速的火箭上进行的光学实验说明光线会在引力场的作用下发生偏移。

　　如果船舱没有被加速，那么光束穿过玻璃板的几个点将在一条直线上，并且很难说明火箭相对于，就比如说固定的恒星，是静止的还是以匀速直线状态运动。但是，当火箭以一个匀加速度a运动的情况就不同了。光到达第一块玻璃板，第二块玻璃板，第三块玻璃板，等等，所需要的时间以算术级数1, 2, 3……增加，而火箭匀加速运动的位移在以几何级数1, 4, 9……增长。因此，这束光的轨迹穿过荧光玻璃的点将形成一条抛物线，就像水平投掷一块石头所得到的轨迹一样。因此，如果加速度和重力的等效也能应用到电磁现象上，那么光波就会在引力场的作用下发生弯曲。然而，由于光速是非常大的，它在地球这个引力场上所发生的偏转太细微了以至于都观察不到。事实上，假设一束水平发出的光在达到玻璃板前需要行进30米，那么它完成这段路程所花的

时间为 $\frac{3 \times 10^3}{3 \times 10^{10}} = 10^{-7}$ 秒。因为地球表面的加速度大约是 10^3cm/sec^2，所以玻璃板上显示的光束竖直方向的位移就应该是：

$$\frac{1}{2} \times 10^3 \times (10^{-7})^2 = 5 \times 10^{-12} cm$$

这和原子核直径是一个数量级的！

但是爱因斯坦意识到，对于在接近太阳表面的光线的偏转就应当是很显著的了。下面是对这个偏移量的粗略计算。太阳表面的重力加速度是万有引力常数（6.7×10^{-8}）乘以太阳的质量（2×10^{33}）再除以太阳半径（$7 \times 10^{10} \text{cm}$）的平方，即：

$$\frac{6.7 \times 10^{-8} \times 2 \times 10^{33}}{(7 \times 10^{10})^2} = 3 \times 10^4 \frac{cm}{\sec^2}$$

太阳在引力场中运动的距离与太阳的直径（1.4×10^{11}）相当，所以光线完成这段距离所花的时间为 $\frac{1.4 \times 10^{11}}{3 \times 10^{10}} = 5$ sec。在此期间，光线会"往下掉"的距离为：

$$\frac{1}{2} \times 3 \times 10^4 \times 25 = 3.7 \times 10^5 cm$$

偏转角为：

$$\frac{3.7 \times 10^5}{7 \times 10^{10}} = 6 \times 10^{-6} radians$$

或者大约是1角秒。

对于经过整个太阳重力场光线的偏转角度更精确的计算结果为1.75角秒。由于只有在完全的日食下才能看到太阳周围的恒星，一支英国的天文探险队在1919年到了非洲，那里当时正在发生日食（由于当时战争的封锁，德国天文学家没能参与）。实验结果与爱因斯坦的预测完全吻合。当爱因斯坦得知这些结果时，他只是笑了笑然后说，如果结果不是这样的，他才会感到很吃惊。这个验证以及对这个理论的其他验证都证明了在引力场中和在加速系统中发生的现象之间的相互关系是毋庸置疑的。

引力和空间曲率

所有人都知道曲线或者曲面, 但是要理解三维弯曲空间就需要些想象力了。而在脑海中形成一个弯曲空间的困难在于, 虽然我们能从外面去看这个表面, 看它是平面还是曲面, 但是我们生活在这个空间里, 却无法站在地球的外面去观察它。讨论弯曲空间最好的方法是采用一个类比, 想象生活在二维平面上的生物, 它们不知道还存在着一个垂直于它们生存的平面的方向。那么它们如果不跳出自己所在的平面, 如何能判断出它们所居住的表面是否是一个平面, 一个球面, 还是其他什么面呢? 答案是, 当然它们应该在它们的世界中学习一下几何, 学习画不同的图形, 测量各种角度等等。在图6-13中, 我们举一个这样的二维 "几何学家" 的例子来研究在平面上, 在球面上和所谓的 "马鞍双曲面" 上所绘制的三角形。

对于平面(a)这种情况, 欧几里得平面几何的规则都适用, 三角形三个内角和总是等于180度。对于球面(b)三个内角和总是大于180度, 我们可以通过在球面上绘制一个由两条经线和半条经线组成的三角形就能很轻易地看出来, 赤道的一部分被它们所包围。由于纬线与相交两条经线的夹角都是直角, 所以我们这个球面三角形的两个底角和已经是180度了。在此基础上再加上顶角就一定比180度要大。将球面三角形画小一些的话, 三个内角和会更接近180度, 并且当三角形相对于所在的球体无限小的时候, 内角和与180度之间的差距才会消失。在马鞍型曲面(c)上情况是不同的, 三个内角和总是小于180度。习惯上称球面为"正曲率",而称马鞍形曲面为"负曲率。"

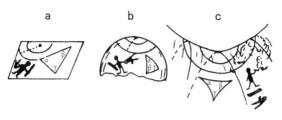

图6-13

三种不同类型的（二维）表面。（a）平面：曲率为零。（b）球面：曲率为正。（c）马鞍形曲面：曲率为负。如果二维智能生物研究了圆形或者是三角形的几何形状，它们将会发现这三种表面之间的差别。

将上述结论推广到三维空间中，我们可以通过取空间中的任意三个点来画三角形，看内角和是等于180度、大于180度还是小于180度，来判断空间是平面还是具有正曲率或者负曲率。让我们想象一个大规模的三角测量实验，三个天文学家携带着经纬仪分别位于地球、金星和火星上，然后测量三角形EVM的三个内角。根据在上一节中所讲到的，光线会由于太阳的引力场而发生偏移（光路会向着引力体弯曲），所以组成这个三角形的三条光线看起来如图6-14所示，天文学家会发现三个内角加起来大于180度。因此，我们的天文学家会总结道：太阳周围的空间是弯曲的，且具有正曲率。如果在木星、土星和天王星上重复做这个实验，由于它们距离太阳更远，所以由于太阳的引力产生光线的偏移会更小，三个内角和将更接近180度，说明太阳周围空间的曲率会随着距离的增加而减小。但是有些人会对给出的这种测量的上述解释提出异议，认为天文学家所测量的不是一个正常三角形的内角，因为它的边都不是直线。

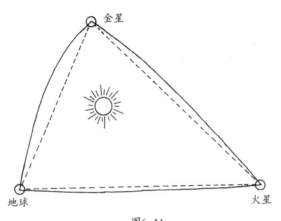

图6-14
太阳周围空间的三角法测量。

但是话说回来,什么才是直线呢?对于直线唯一合理的定义是:
"视线",但是视线就是光在真空中传播的轨迹!或者我们可以将直线
定义为"两点之间最短的距离",但是所有光学科学中都是基于"光总
是走最短路径"的假设。如果我们认真地考虑这个问题将会发现,再
没有其他合适的方法来定义一条直线,图6-14中的实线就应当被当作
"弯曲"空间中"直"的线,而图中的点线完全没有任何物理意义。为了
避免术语混淆,"直线"这个词仅在平面几何中用来描述最短的距离,
而在曲面和弯曲空间中我们用"测地线"来替代它。因此在球面上,直
线就是大圆上的圆弧,我们用这些圆弧作为球面三角形的边。在球面
几何的情形中,我们会发现,欧式几何中所说的"平行线永远不会相
交"就不再成立了,因为任意两个大圆总有两个交点,从赤道上的两点
起飞的飞机在垂直于赤道的方向平行飞行,在不改变航向的情况下,二
者将会在到达极地的时候发生相撞。

引力场和弯曲空间之间的等价关系可以用接下来的二维例子做

232

进一步解释。当我们在一个水平平面的桌子上滚动一个台球，那么它当然会沿着通常意义上的直线方式移动。但是如果由于某种原因，球台有一个浅凹处，并且在球的路径上略微地凸起，那么这个球就会从它原本"笔直"的线路上发生偏移，拐向凹槽的中心并远离凸起的顶部。当我们从桌子正上方（天花板的一个洞）来观察这颗台球的运动，我们将不会注意到这个桌子表面的缺陷，于是倾向于相信在桌子表面的某些位置存在着吸引和排斥这颗球的某种力的想法。类似地，太阳附近光线和运动物体轨迹的偏移既可以被解释成在它们上面作用了某种力，也可以解释成大质量物体周围空间曲率的结果。

现在让我们从另一个角度来看我们的问题，假设观察者处在一个巨大的转台上观察所看到的物理现象（图6-15）。这个思维实验类似于上一节中讨论的在爱因斯坦的飞船船舱所发生的，不同之处在于，上一个思想实验中飞船具有线性的加速度（即加速度只改变速度的大小而不改变速度的方向），而在这个思想实验中的转台具有的是周向加速度（即不改变速度的大小只改变速度的方向）。我们要在这个转台上安装一个与之一起旋转的半球形穹顶，不让里面的人看到周围的树和房子在旋转。众所周知，在旋转平台上的人们会感受到离心力使他们远离了转台中心，而这些人会将这种力解释为一种特殊的重力，它产生的不是互相吸引而是互相排斥的作用效果。而这样类比于重力是贴切的，因为如果其中一个人用脚紧紧抓住平台的地面，我们在平台上放两个小球，一个很重，另一个则很轻，那么这两个小球会一起滚动，就像两个物体从塔顶坠落的情况。由于在转台上的这个人是训练有素的物理学家，他知道我们在本章前面部分所论述的所有观点，这群人就可以将这个"伪重力场"和几何空间联系起来，并且试图得到一些几何测量结果。

图6-15

转台上的几何学研究。

　　首先，他们可能试着用A，B，C处的旋涡制造了一个三角形，并测量了它的内角和。根据"直线是两点之间的最短距离"的定义，二号物理学家（一号物理学家是整个项目的大老板，他指导项目的进程）拿了一盒木棍，其中每根棍的长度都是相同的标准长度，他试图将这些木棍钉在点A和点B之间的一条直线上，目的是为了使用它们中最小的数值。如果这个平台没有在旋转，实现这个目的的最好的方式将会是图中虚线所示的部分。但是，由于转台在转，情况就不同了。现在这些木棍会在它们的长度方向上移动，并且遵循菲茨杰拉德收缩；事实上，站在地面上的五号物理学家确定了木棍的偏转。在正中间的那根木棍完全是沿着它的长度运动的，并且在全测量中均受到了菲茨杰拉德收缩，而靠近圆周的那些木棍也至少在它们的长度方向上具有一个速度分量。由于长度的收缩，两个相邻的木棍之间会出现缝隙，二号物理学家就必须添加更多的木棍使连线保持连续,但是对于这种麻烦至少可以补救一部分:如果这些木棍多少离转台的中心近了一些,它们的线性速度以及长度的缩小就会稍微地减小,这样需要增加的木棍数量就会减少。因此,二号物理学家就会如图所示地安排他的木棍,将被迫对三角形的另外两条边也是同样的操作。这时,三角形的内角和将小于180度,在这个平台上的物理学家将会得出结论:他们所在的空间具有负曲率。

接下来我们增加一个情景,这些物理学家决定用光学的方法检查上述的结果,他们将会得到相同的结论。确实是这样,由于向心力的场在各个方面都与一个排斥的引力场相类似,连接旋涡A, B, C的光线将会偏离平台的中心,也就是会沿着木棍连成的路线传播。

还有另外两个人在转台上,三号物理学家和四号物理学家,他们在做另外一件事情。他们试图去测量周长和直径的比值,这个值在平面几何中用希腊字母π表示。平台的旋转再一次干扰了他们:对于三号物理学家还没什么问题,因为他所使用的木棍是沿着垂直于它们的长度方向运动的,所以这些木棍的长度不会发生变化,只是它更薄了一些,但是四号物理学家所使用的木棍将会受到最大的菲茨杰拉德收缩的影响,他不得不再添上一堆木棍才行。因此,在转台上测量出的圆周与直径的比值将大于平面几何中所使用的3.1416……这个结果又一次证明了这个空间具有负曲率的结论。

现在让我们再回到二维曲面上看一下,如果我们在曲面上画圆会发生什么。在地球表面上,以极地为中心的圆被称为"纬线",很明显,"纬线"的长度与它的直径(沿着子午线测量出来)的比值是小于π这个数值的。事实上,赤道的长度(0度纬线)除以子午线的长度只有2。

纬线的长度比沿着子午线测量出来的半径增长得要慢, 也就是说对于80度, 70度, 60度……的纬线 (半径为10度, 20度, 30度……) 长度的增加比1, 2, 3……要慢得多。类似地, 这些纬线所围成的表面积的增长也比1, 4, 9……要慢得很多。对于马鞍形曲面的情况则正好相反, 此时圆周长的增长比它对应的半径的增长要快得多, 表面积的增长也比半径的平方的增长要快。如果我们从足球上剪出一块圆形的皮并把它放到桌面上, 它会在中间鼓起来, 如果我们要把它弄平整就必须要拉长它的边缘。而与之相反的是, 如果我们从一个西部马鞍上剪下一块圆形的皮, 要使它平整的话, 它的边缘就显得有太多的材料了, 必须使它收缩才能使他变平。再次通过这个类比, 我们同样能得出一个结论: 旋转实验室具有的空间曲率是负值。

在三维空间的情况, 在球体是正曲率的情况下, 球表面的增长要比 r^2 要慢, 它的体积增长要比 r^3 更慢, 对于负曲率空间, 相反的情况则会成立。这个数学结果为天文学领域一项很有趣的工作提供了基础, 这项工作是由埃德温·哈勃在威尔逊山天文台在很多年前提出来的。在巨型望远镜所见的范围内的宇宙空间中散布着上十亿的恒星星系, 而哈勃是恒星星系的专家, 他决定调查一下, 相距我们不同距离的这些星系的数量与距离的立方是否成正比, 是更慢或者是更快呢? 如果是第一种可能, 那么我们必须得出结论: 宇宙空间就是欧式空间。如果是第二种情况, 那么空间是正曲率的, 并且最终一定会闭合。而如果是第三种情况, 空间是负曲率的, 它在各个方向上都是开放的。不幸的是, 当时对于测量星系间距离的观测技术并没有发展得很成熟, 哈勃得出的结果是自相矛盾的, 也尚无定论。我们希望用更好的观测方法重复哈勃的 "星系计数" 实验, 它能给宇宙学这一重要问题一个答案。

在上述这一系列思考的引导下，爱因斯坦得出了一个理论：所有的引力相互作用可以被解释成空间曲率的影响。对于爱因斯坦来说幸运的是，早在几十年前，德国数学家伯恩哈德·黎曼已经给出了任意维度下弯曲空间的精准数学模型，所以爱因斯坦需要做的只是将这些已经存在的数学公式应用到物理真实存在的弯曲空间上。当然这是个带有x, y, z, ict四个坐标轴的四维空间，本章前面已经讨论过了。将时空连续体的所谓"曲率张量"与质点的分布和运动联系起来（这个基本公式在图6-6爱因斯坦的照片下面标注出来），在一阶近似下，爱因斯坦能够得到牛顿引力理论的所有结果。然而，更精确的计算表明，爱因斯坦的理论与原始的牛顿万有引力理论之间存在一些微小的偏差，而这些偏差的发现证明了爱因斯坦的理论比牛顿理论的优越之处。爱因斯坦引力理论的其中一个结论就是我们已经讨论过的，光在引力场中会发生路径的偏转。而另一个重要结论是关于行星围绕太阳的运动。牛顿理论中说，根据他的万有引力定律，行星一定会沿着椭圆形轨道绕太阳运动，与开普勒发现的经验定律一致。而在爱因斯坦理论中，所有的运动都要被当作在四维时空(x, y, z, ict)中进行，对于引力场存在的情况这个四维空间就是弯曲空间。在四维时空中代表任何物体"历史运动"的线段，也就是所谓的"世界线"，一定是"测地线"，即最短的线，并且可以根据引力场的相对论理论计算出来。

在图6-16中，我们给出了一个地球绕着太阳运动的世界线的图示。两个空间坐标x和y在椭圆所在的平面，而第三个坐标轴是时间坐标ict。太阳附近的时空连续统是弯曲的，地球的世界线相当于这个弯曲空间的直线（即测地线）。因此，ABCD的连线是点（事件）A和点D在这个三维时空连续统中的最短距离，而ABCD连线在平面(x, y)上的投影就是地球绕太阳运动的轨道。然而，准确的计算表明，这个椭圆并不是像牛顿理论中所指出的在空间中保持静止，它会在每一个循环过程中缓慢地绕着它的主轴旋转。这个效果在水星的轨道上体现得最明显，它的椭圆轨道比其他行星的轨道都要长，而且它距离太阳最近。爱因斯坦计算得到每一百年水星轨道会旋转43角秒，于是解决了一个古老的天体力学谜题。在爱因斯坦出生之前很久，数学天文学家就计算过水星轨道的主轴在太阳系其他行星扰动（即引力扰动）的影响下，一定是在缓慢地旋转。但是计算结果和观测到的每一百年总计43角秒之间是有差距的，这个差距一直不能被解释。爱因斯坦的引力相对论填补了这一空缺，并成为了征服古典牛顿理论的一个无可辩驳的胜者。

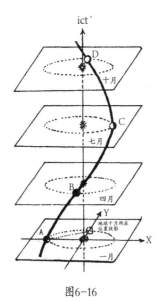

图6-16

地球围绕太阳运转的世界线，在x, y, ict坐标系统中标出。地球一月和十月所在
位置间时空维度的距离是最短距离。但是一月所在位置和十月所在位置在一月平
面上的投影（Oct'）之间的距离当然不是最短距离。

238

统一场理论

阿尔伯特·爱因斯坦一生的工作使物理学的很大一部分得以几何化：时间合理地成为了伴随着三个空间坐标出现的第四个坐标（除了系数i以外），并且引力被这个四维世界的曲率所解释。但是电力和磁力仍在这个几何的"战利品"之外，而且发展到此时，爱因斯坦用了全力给这个顽固的电磁场拴上一根几何的缰绳。这个四维空间所具有而尚未被发掘的何种物理性质导致了电磁感应呢？爱因斯坦自己，以及许多"感兴趣的旁观者"，比如著名德国数学家赫尔曼·韦尔，都尽了他们最大的努力去给电磁场提供一个纯几何解释。但是，作为威廉·克拉克·麦克斯韦的孩子，电磁场的性格中带着典型的苏格兰人的倔强，就是拒绝被几何化。将近40年的时间里，直到爱因斯坦1955年去世，他一直致力于研究所谓的"统一场理论"，这个理论能将引力场和电磁场在一个几何的基础上统一起来。但是随着时间的流逝，这个理论变得越来越渺茫。每当爱因斯坦得出一组新的公式，他都会声称："一定会解开统一场理论的谜团。"然后这些复杂的张量表达式就会被发表在纽约时报和全世界的其他报刊杂志的头版。但是结果这些公式总是不能完成它们的使命而销声匿迹，直到下一个希望来临。无论是年轻的还是老一代的理论物理学家们，他们对于能否给电磁场一个纯几何解释的可能性逐渐失去了信心。如果能成功固然好，但是大自然总不可能被强迫去做不属于它本性的事情。另一方面，物理学家在新发现的领域取得了飞速的进展，除了经典的引力场和电磁场外，由波动力学引入的新领域在科学界占据了坚实的地位。如果给了电磁场一个纯几何解释，那么我们也必须给正介子场、重核子场以及许多其他的新场一个解释，这样我们才能说：物理学不过就是几何学。爱因斯坦自身对他的理论变得越来越敏感，他和其他物理学家讨论这些问题的时候也变得越来越不情愿。在他三十出头的一次去英国的访问中，他在英国北部的一个女子院校中做了一场关于统一场理论的演讲（在黑板上写下的复杂张量表达式之后被学校当局保护了起来），但是他拒绝在剑桥大学演讲这些。他的注意力越来越集中在犹太复国主义和世界和平问题上，不过他对科学的敏感性还保持着以往的灵敏。当本书的作者在二战期间去爱因斯坦在普林斯顿安静的家中拜访他的时候，发现他还是那个迷人的老样子，他还记得涉及现代物理学各种不同分支的许许多多丰富有趣的对话。当时在他的桌子上散放着几页纸，上面密密麻麻地记录的复杂的张量公式显然是关于统一场理论的，但是关于那些，爱因斯坦从未说过。现在他当然是在天堂，那他一定知道把所有物理学问题几何化是对的还是错的了吧。

第七章 量子理论

物质的可分性

正如每个人都知道的，原子（在希腊文中的意思是"不可再分的"）是德谟克利特思维的产物，而他生活并且教学的时间在大约2300年前的雅典。他认为不可能将物质无限地分隔成小之又小的部分，并且假设一定存在一个终极粒子，这个粒子小到再也不能将它进一步分隔成更小的部分。德谟克利特肯定了四种不同的原子——石原子、水原子、空气原子和火原子—并且他相信所有已知种类的物质都是由这四种元素的不同组合得来的。在19世纪初期，英国的化学家约翰·道尔顿接受了他的观点并为它打下了坚实的实验基础，这个观点是所有现代化学的根基，尽管我们现在知道原子并不是不可再分的，而且它具有一个相当复杂的内部结构。但是德谟克利特认为：终极基本粒子现在已经转变成为组成原子内部结构的比原子还小很多的粒子，人们可能希望电子、质子以及其他所谓的"基本粒子"在古老的德谟克利特的意义上，是真实的而且是真正的基本粒子，也是不可再分的吧。这种印象是因为我们对于那些近期发现的粒子相对来说并不是很熟悉，也许我们就像19世纪的物理学家和化学家觉得物质分隔止步于原子，我们也在犯着同样的错误。当然，也许会发生这样的情况，现在我们所认为的基本粒子在将来可能会被发现仍具有复杂的结构，是由具有新名字的粒子所组成的，这将证明我们在这条路上还没有走到尽头，又过了几年之后，更进一步再产生更小的粒子，这也是可能发生的。我们无法预测将来的科学发展进程，对于德谟克利特不可分割的原始哲学概念到底是对是错，用现在的经验也无法回答。但是无论怎样，许多科学家，包括作者本身，都对"物质是有可分的尽头的"持有乐观的态度，而未来的物理学家会知道关于物质内部结构所有需要知道的事情。其实说现代物理发现的基本粒子完全配得上"不可分粒子"这个名字看似也挺合理的，因为它们的性质和表现都比之前用来描述原子的要简单得多。

一个旧原子的碎片

直到19世纪末，物理学家将注意力转到气体中电流的通路。几百年前人们就知道，气体虽然是一种良好的绝缘体，但是有时能被很高的电压击穿。放电的强度小到从穿着橡胶鞋的人走过铺着地毯地面再用手碰门把手产生的小火花，又大到暴风雨的天气产生的巨大闪电。威廉·克鲁克斯爵士，他对科学的贡献部分地被自己对巫术以及超自然的信仰所掩盖，他表明当气压减小到一个大气压的很小百分比时，气体中电流的通路会以一个平和得多的方式产生。根据不同气体的属性，克鲁克斯管会发出一种颜色的光，直到今天它们仍在城市街道上的旅馆、夜店的广告牌和成千上万其他的东西上发着光。当施加到高压的管中的气压足够低，就会从阴极到阳极产生一道清晰的光，如果淘气的物理学家将阳极移到光束之外，它就会击中远远的管的另一端。当打到玻璃管上，这个从阴极板射出的神秘光束会使——产生漫射绿光，挡住它光路的物体会投射出一个清晰的影子。在管附近放置一个磁铁，克鲁克斯观察到光线会发生偏转，就像电流或是一群负电子会从阴极周围逃开一样。大约和这个实验同一时期，法国的让·佩兰发现了放置在该光束中的金属板获得了负电荷。这些似乎都在暗示，稀薄气体中一定漂浮着带负电的粒子，就像法拉第的电解过程里液体中流动的离子一样。当然，它们之间的本质区别在于，在电解的情况下，电解质中的离子需要挤过拥挤的液体分子，并且它们最终总会达到相反的电极，而稀薄气体中的阴极射线（它们被称为）则总是笔直地穿过去，并且会打到任何挡着它们前面路的东西上。

而德国物理学家，菲利普·莱纳德是反对这个观点的，他发现阴极射线会很容易就穿过挡在路上的各种屏幕，并且不在上面打出孔洞，就像任何材料的离子都可以做到的那样。但是莱纳德反驳他说，只有波才能穿透屏幕不留痕迹，粒子束是做不到的。然而现在我们知道，在原子堆附近应当建造几英寸厚的混凝土墙，这样可以防止中子从里面出来而在原子工厂人员中引起辐射病，于是莱纳德的观点听起来就没那么有说服力。但是当时在他提出的那个年代还是一个很有力的论据。

而解决实验矛盾，证明阴极射线是粒子束以及寻找这些粒子的物理性质的任务就由科学进展最高委员会交给了约瑟夫·约翰·汤姆森，之后被封为了约瑟夫爵士（图7-1，右），他是一位在曼彻斯特出生的物理学家，在接到这个任务时他40岁，在当代物理学重要中心之一的剑桥著名的卡文迪许实验室做主任。假设阴极射线是由快速运动的粒子组成的，那么汤姆森决定去测量它们的质量以及所带的电荷。而观察阴极射线在磁场中的偏转可以得到这部分信息（图7-2b）。粒子的电荷、质量以及速度都会对它的偏转轨迹产生影响, 通过测量, 在传统的公式中, 决定偏转的只有 $\frac{质量 \times 速度}{电量}$ 这个量, 或是用符号表示的 $\frac{mv}{e}$。遵循着这一理论, 然而, 又得到了阴极射线在电场中的偏转 (图7-2a) 是由相同物理量的另一种组合所决定的, 即 $\frac{mv^2}{e}$。因此, 在两个实验中测量偏转并对比结果, 汤姆森就可以得到单独的运动速度v以及它的电质比 $\frac{e}{m}$。而v由管上所加电压决定, 电质比 $\frac{e}{m}$ 总保持不变, 等于 5.28×10^{17} [1] $\frac{esu}{gr}$。

图7-1

卢瑟福勋爵(左)和J·J·汤姆森爵士。

虽然正如法拉第在他的电解溶液的实验中发现的基本带电粒子, e有着相同的数值是几乎确定的, 但是汤姆森还是进行了一个特殊的实验来测量气体离子的值。他所用的方法是基于另一位卡文迪许物理学家, C·T·R·威尔逊(剑桥的一首老歌谣里还唱到: "C·T·R是闪耀的星, 是智慧的星!")的发现, 他发现对于里面水蒸气达到饱和的无尘空气如果因突然膨胀而降温, 空气中可能存在的任何离子上就会凝结出细小的水滴[2]。

1.esu是在第五章中介绍过的静电单位; gr是一个质量单位。
2.如果空气中掺杂有灰尘的话, 在灰尘粒子上就会首先凝聚饱和的水蒸气而扰乱实验结果。

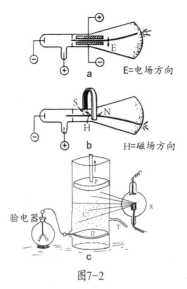

图7-2

J·J·汤姆森爵士测量电子质量的实验。(a) 在电场中的偏转可以测量出 $\frac{m}{e} \cdot v_2$。(b) 在磁场中的偏转可以测量出 $\frac{m}{e} \cdot v$。对比两个结果可以得到 $\frac{m}{e}$。(c) 气体离子上凝结水滴的比例可以测量出电荷e。知道了 $\frac{e}{m}$ 和e的值，m的值就很简单地得出来了。

    如果膨胀比例较小（小于30%），只有带负电的离子上作为凝聚水滴的中心，而如果膨胀了更大的空间，水蒸气就会在带正电和带负电的离子上都有凝缩。汤姆森的实验设想在图7-2c中示意出来。它由一个圆柱形玻璃容器C和一个活塞P组成，金属圆片D连接了一个验电计。通过管道T将玻璃容器中充满潮湿空气，并用X射线照这个容器。当活塞突然拔起，使空气膨胀（小于30%），由于水蒸气在带负电的离子上凝聚，而产生的水雾就出现在了容器中。水雾逐渐沉降下来，落到金属圆片D上，离子所带的总电荷就会被电位计测量出来。如果知道玻璃容器中初始水蒸气的数量以及小水滴的平均大小，我们就能知道产生所有的水滴数量，也就等于离子的数量。由于水滴太小了而看不到，汤姆森决定通过观察它落在圆盘上的速度来确定它的大小。越小的水滴下落的速度就越慢，并且存在这么一个公式，首先由斯托克斯提出，它给出了水滴下落速度、水滴的半径以及空气黏性之间的关系。通过借助这个公式，然后将电位计测量的总电荷除以水滴的数量，汤姆森得出了每一个水滴的带电量，它的值是4.77×10^{-10}esu，也就是说，与通过电解质溶液所计算出来的结果相同。

现在汤姆森就可以通过之前所测量出的$\frac{e}{m}$而得到m的值了，结果是0.9×10^{-29}克，即比氢原子的重量小1840倍。

这里是一个重大的发现：一个比所有原子之中最轻的原子还轻将近2000倍的粒子出现了！汤姆森得出结论说，法拉第的离子就是带着电荷的原子，而组成阴极射线的粒子就是这些所带的自由电荷本身，将这些自由电荷起名为电子。他将原子视为一个带正电的质量球，上面有许多微小的电子点缀在里面，就像新鲜西瓜红瓤里面的黑色瓜子，这就是人们所说的"静止模型"，也就是说，原子中的电子是可以在任何平衡位置静止的，而这个平衡位置取决于两个带负电电子之间的静电斥力以及电子和原子中心所带的正电荷之间的静电引力二者之间的平衡。当一个原子变得兴奋，它从外界得到了一些多余的能量，在它内部的电子理应在它们的平衡位置附近振荡，放射出不同波长的电磁波（光波）。由此引起了一系列艰辛的计算，试图将不同电子构型的振动频率与观察到的不同化学元素的光谱线联系起来，但是这些工作都成了徒劳，这个问题直到卢瑟福的原子模型出现才不再有人提起。

神秘的X射线

19世纪末，出现了一系列重大发现，使物理学迅速从"经典"阶段跨越到偶然形成的"现代"阶段。这些发现的背后总是有一批思维敏捷的物理学家，他们足够细心留意着不同寻常的事物，并且继续他们持之以恒的研究直到重要的事实显现出来。1895年11月10日，德国物理学家威廉·康德拉·伦琴（图7-3）用克鲁克斯管产生的阴极射线做了一些实验，他注意到当电流从管中流过的时候，恰巧在实验台旁边的荧光屏就会发出明亮的光。伦琴用一张黑卡纸遮住克鲁克斯管，但是荧光并没有消失。另一方面，金属片则彻底阻止了这种效果。因此，这说明克鲁克斯管发出了一种新的放射物，它能很容易地穿过对于普通光线来说不透明的材料。伦琴将这种新发现的辐射光称为X射线，而他用X射线照下的第一张照片就是他妻子手部的照片，上面清晰地显示出骨骼的结构和那枚结婚戒指。进一步的研究表明，这种有穿透力的射线是从被阴极射线击中的玻璃管的远端发出的。当在阴极射线的传播路径中放置一块重金属板作为"对阴极"，X射线的强度会增加很多（图7-3）。X射线的产生是由于组成阴极射线的快速运动的电子（读者应该会记得，恰好两年后，J·J·汤姆森爵士发现了电子）对前方设置的目标造成的影响。这些电子在它们的路径中突然停住，于是将它们的动能以一种非常短的电磁波的形式释放，就如同子弹打到装甲板上所释放出的声波。而且在子弹这个例子中，所发出的声响包含所有可能的频率，所以不是有旋律的和声而更应该被形容为"噪音"。而X射线也是一组连续波长的电磁波的组合。德国人称之为"韧致辐射"（德文"Bremse"代表刹车；德文"Strahlung"的意思是辐射），并且这个术语仍在普遍地应用，与许多其他的德语术语一起在英文中保留着（确实，如果用英文说"刹车辐射"听起来就会有点奇怪）。

图7-3

马克思·冯·劳厄（左）以及威廉·伦琴。

　　由于X射线在磁场中不会发生偏转，伦琴于是从一开始就假设它们的波动与普通的光线的波动类似。如果假设成立，它们应当会表现出衍射现象，接下来伦琴花了几年的时间试图用实验论证，但是没有任何乐观的结果。在他发现X射线的这一伟大发现的十二年之后，这时的他在慕尼黑大学担任实验物理学教授，伦琴受到同所大学一位年轻（当时他33岁）的理论物理学家马克思·冯·劳厄的邀请，对他的助手W·弗雷德里希和P·克尼平刚刚拍到的一些照片进行检验。伦琴看到那些照片的第一眼就意识到这正是他多年来想要寻找的结果：X射线通过晶体产生了漂亮的衍射图样（插图IV，见上文）。冯·劳厄在纯理论考虑的基础上产生了用一块水晶作为衍射光栅的想法。由于在使用普通光栅的时候X射线不会显示出任何衍射现象，这说明它们的波长一定非常短。现在，由整齐的原子层或分子层排布的晶格，层与层之间的空隙大约是10-8厘米。当一束X射线落到一个晶体表面的时候，它将穿透到晶体很深的地方，并在每穿透一层原子就发生部分反射（图

7–4)。如果入射角是(b)这种情形,那么反射波之间为同相,反射光束的光强就会增加。而如果是另一个入射角(a)的这种情况,反射的小波之间是异相的,就会显示出暗条纹。正如光栅的现象,衍射条纹可以在反射或者透射光束中观察到。而晶体具有很多组平行的分子层,所以X射线的衍射图应当比普通光线的衍射图要更复杂。插图Ⅳ,见上文,所显示的是在贝尔电话实验室所做的X射线在镍铁合金中的衍射结果。

　　随后人们发现,除了一组连续的"轫致辐射"以外,X射线还包含一系列与光谱很相似的清晰的线条,是由原子内部深层发生的电子跃迁所产生的。关于X射线谱的大量工作是由W·布拉格和他的儿子W·L·布拉格做的,他们发明了X射线光谱学的精确方法。

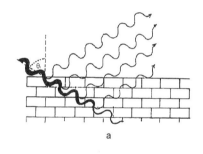

a

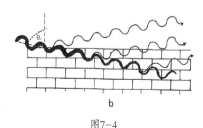

b

图7–4

X射线或者说是德布罗意波在晶体表面的反射。在(a)图中,从连续层晶格的(如图中砖块示意)每一层中所反射的小波是不同相的并且相互抵消的。而(b)图中,小波是同相的,从而产生了强度增加的效果。

同位素

19世纪初，令英国化学家W·普劳特印象深刻的是，不同元素的原子质量不同，而且以氢原子的原子量来表示它们的话，都非常接近于整数值。这个观察结果使他产生一个假设，就是不同化学元素的原子其实都只不过是不同数量的氢原子的聚集体：氦原子=4个氢原子；碳原子=12个氢原子；氧原子=16个氢原子，等等。但是普劳特同时期的科学家们不同意他的看法，并且很快对他的假设提出了一些反例。这样，比如说，氯原子和镉原子相对氢原子的重量分别是35.457和112.41，这两个值差不多位于两个整数中间的位置。如果它们的原子是由氢原子聚集形成的，那么这些值总是比预期的要小一些。由于氢原子重量是1.0080[1]，那么氦原子质量应当为4×1.0080＝4.0320，而它实际上为4.003，低了0.8%。同样地，十二个氢原子放在一起的总重为12×1.0080＝12.096，而化学估算出的碳原子的重量只有12.010。由于这些"明显的"差异，普劳特的假设被否决了，并且被遗忘了将近半个世纪之久，直到1907作为J·J·托马森的研究成果而荣耀地复活了。

电子的存在已经被发现，并且它的质量和电荷也可以通过电子束在电场以及磁场中的偏转测量出来，J·J·托马森将他的注意力转向到穿过带电管往相反方向偏转的粒子上。

1.为了使氧原子质量为16.0000000000，化学家将原子质量做了调整。

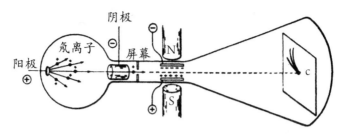

图7-5

托马斯研究阳极射线的装置。从阳极出发的带正电的离子往阴极移动,通过阴极板上的隧道再穿过一个屏幕进入到电场和磁场方向一致的区域。由于磁性偏转(水平方向)由速度决定,电场偏转(竖直方向)由速度的平方决定,不同速度但质量相同的离子就会在屏幕C上形成一个抛物线。

    这些带正电的粒子束被称为"极隧射线",因为最早观察它们时要在阴极板上转孔(隧道),这些小洞允许粒子通过它以外的空间去。汤姆森研究极隧射线时所使用的装置如图7-5所示,这是基于他在电子束的研究中使用的相同原理。带正电的粒子是由正负极之间的放电气体所产的,通过负极板上的转孔(隧道),进入电场和磁场同向的区域。正如我们之前所讨论的,电场导致的粒子束在竖直方向的偏移正比于 $\frac{e}{m}v^2$,而磁场引起的水平方向的偏移正比于 $\frac{e}{m}v$。因此,对于具有不同速度而电质比相同的粒子,竖直方向的偏移量与水平方向偏移量的平方成正比,在荧光屏S上所观察到的曲线应当就是抛物线。

    而J·J·托马森观察到的结果恰好就是抛物线,但是并不是一条抛物线(对于任何一种给定的化学元素)而是两条或者是更多条抛物线,这意味着粒子束中原子的质量是不同的。用氯元素举例来说,得到了质量为34.98的氯原子所对应的一条抛物线以及质量为36.98的氯原子所对应的另一条抛物线,两个质量的数值都非常接近于整数。不过,同一种元素的原子含有不同的原子质量被命名为"同位素"，即在门捷列夫的元素周期表中占据着相同的位置。他发现这两种不同质量的（从照相底片变黑的地方估算）氯原子的百分比分别为75.4%和24.6%。因此，平均原子重量为$34.98 \times 0.754 + 36.98 \times 0.246 = 35.457$，与化学估算出的氯原子质量十分吻合。接下来，F·W·阿斯顿开展了进一步研究，结果表明对于其他化学元素也是一致的。因此，比如说，镉的八种不同类型的原子，它们的原子质量分别为106，108，110，111，112，113，114，116，相对数分别为1.4%，1.0%，12.8%，13.0%，24.2%，12.3%，28.0%和7.3%，则平均原子重量为11.241，与化学测量结果完全一致。于是，普劳特原先的想法重新占据了上风。

但是即使发现了同位素，依然存在一些差异，比如说氯的两个同位素确切的原子质量为34.98和36.98，而并不是$35.280 (=35 \times 1.008)$和$37.296 (=37 \times 1.008)$。不过这回这不再是个问题，而是一个好现象，因为根据爱因斯坦质能方程，几个粒子的质量和应当小于这几个初始的粒子共同结合起来的能量值除以c^2。因此，复合起来的原子质量与组成它的各部分的质量和之间的差值告诉了我们形成过程中是有能量参与的。让我们以碳原子为例，$_6C^{12}$，由6个质子和6个中子组成。氢原子的准确质量为1.008131，而中子的准确质量为1.008945。因此碳原子的总重量应该为$6 \times 1.008131 + 6 \times 1.008945 = 12.102456$。然而，通过精确的测量得到的碳原子质量为12.003882，即少了0.098546个单位。这个所谓的"质量亏损"的数值一定代表着由质子和中子形成碳原子核释放出的能量所对应的质量。根据爱因斯坦的说法，这部分能量等于$0.0986 \times 1.66 \times 10^{-21*} \times 9 \times 10^{20} = 1.48 \times 10^{-4}$ 尔格，或是92.5兆电子伏

1.1.66×10^{-24}克等于一个氧原子质量的1/16。

（Mev）。

卢瑟福的原子模型

欧内斯特·卢瑟福（图7-1）出生于1871年，在新西兰南部岛屿的尼尔逊城附近，许多年之后由于他在科学上所做出的贡献而被授予英国贵族称号，成为了尼尔逊的卢瑟福勋爵。在他24岁的时候，他到剑桥大学的卡文迪许实验室跟随J·J·托马森学习，毕业之后获得了蒙特利尔麦吉尔大学教授的任职邀请，在那里，他完成了对新发现的放射性现象的研究，做出了第一个重要的贡献。之后他于1919年换到了曼彻斯特大学工作，并在J·J·托马森退休后成为了卡文迪许实验室的管理者。他在同事中有一个盛传的外号叫作"鳄鱼"，这是他最喜爱的一个学生给他起的，这名学生就是俄国物理学家彼得·卡皮查。要知道，虽然对于经常去埃及被鳄鱼咬过或者吃掉（那就是去过埃及了）的英国人来说，鳄鱼这个别称好像有点贬义，但是对于从来没在本国见过鳄鱼的俄罗斯人来说，鳄鱼是强有力的象征。虽然卢瑟福在场的时候没人敢叫他这个外号，但是他知道这个外号并且悄悄地引以为豪，为卡皮查研究非常强磁场所建造的新建筑（由于某个原因并没有官方宣布），墙面上有一个巨大的鳄鱼浮雕。

回忆在卡文迪许的那段时间，作者忽然想起在剑桥发生的一件和"鳄鱼"有关的事……

……那个帅气热情的英国勋爵，

人们都知道他是谁（欧内斯特·卢瑟福）。

以新西兰农夫儿子的身份出生，

他从未与大地失去关联；

他洪亮的嗓音和快乐的呐喊，

能穿透厚厚混凝土的遮拦，

但是当他快要生气的时候，

你一定要听他叙说他的想法。

因为无论你说哪种语言，

任何人都会被他所震撼！

有一天罗斯福家宴客，

乔治·伽莫夫去了，尼尔斯·玻耳（你一定听过他的名字）也在，

卢瑟福款待下午茶。

玻尔谈到高尔夫，又谈到板球，

但是旁边的女士们就像平常一样谈起家长里短：

什么衬衣，腰带，围巾啊——

玻尔感到有些不耐烦。

"伽莫夫，"他说道，"我看见你骑摩托车来啦。

带我兜兜风去怎么样？来吧，我们走吧！

宴会实在是没劲。"

然后玻尔就真地走到摩托车那，

伽莫夫跑出去追他，气喘吁吁地，

伽莫夫介绍了这个部件、那个零件都是做什么的，

玻尔这时已经在座位上坐好，

"嗖"的一下从一旁冲出去，

吓了牲畜和出租马车一跳，也惊到了一旁的行人。

不过虽然他冲出去的力道很猛，

但他却没在座位上坚持多久。

还没往前五十码，

他就把紧张的引擎熄灭了，

速度减慢时一个大转弯，

人就躺在皇后大道中央，来往的车辆戛然而止。

伽莫夫跑在后面追他，

他能做的都做了，

恨不得让朱庇特神降临。

他还在追的时候，耳边传来卢瑟福的声音，

他大声吼道："伽莫夫！你等着！

你要是再让尼尔斯·玻尔骑你的摩托车，

来堵塞交通或者让他丧命，

我发誓我就折断你的脖子！"

　　现在还是让我们先回到卢瑟福在曼彻斯特的那几年。他不喜欢汤姆森将原子比喻成西瓜模型，并且决定用发现放射性之后落入物理学家之手的新类型的投射物来撞击原子，从而探究原子的内部结构。在麦吉尔大学的早些年，卢瑟福已经证实，由不同放射性元素放射出的所谓的阿尔法粒子实际上是从不稳定原子喷射出的带正电的氦离子束，喷射过程中伴随着大量的高能量的释放。在原子带电部分的相互作用下，阿尔法粒子一定会从它们原来的路径发生偏转，粒子束的合成散射应该可以揭示出原子内部电荷分布的信息。因此卢瑟福用阿尔法粒子束喷射不同金属做成的薄薄的箔片（图7-6），并且记录通过金属箔之后散落于不同方向的粒子数量。

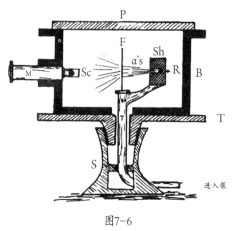

图7-6

研究α射线散射的第一个实验装置。真空容器B上部的盖片P是可移动的，并且容器B置于转台T上。放射源R在铅制容器Sh中（在铅容器上留一个小孔，这样就能形成一束很窄的放射线），散射灯丝F固定在支撑台S上。带显微镜的转换屏Sc安装在真空容器B上，它可以沿着水平转轴转动。

　　在当时，粒子计数是一个艰苦的工作。然而，现在的物理学家可以设置一个盖革计数器让它自动计数，然后自己出门遛弯儿或者去看个电影，不过卢瑟福只能通过显微镜看粒子束前面放置的荧光屏，掰着手指头数屏幕上的荧光点，这些小火花是由高能粒子击打到屏幕所产生的。当时的一些核物理学家甚至会为了将他们的瞳孔放大而吞食一些莨菪。通过这些实验的研究成果，卢瑟福发现通过金属箔的阿尔法粒子散射范围是非常可观的。尽管入射粒子束中的大多数粒子都保持着原来的运动方向，但是有一些偏转到了各个角度，甚至有极个别的粒子被折回。这个结果与汤姆森模型所预计的结果一点也不符合，因为汤姆森的原子模型中，质量和正电荷应当在原子整个球体上近乎均匀的分布。

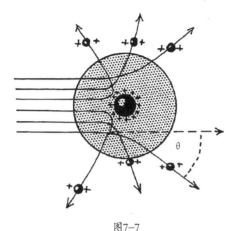

图7-7

原子的核式结构模型。

事实上，如果是这样的话，入射粒子的电荷与原子内部的电荷的相互作用将不足以使阿尔法粒子产生相对于原来方向的大转角的偏转，更不用提使其向后运动的可能性了。唯一一个可能的解释就是正电荷与原子的质量集中在一个非常小的区域，基本上来说就是一个点，位于原子的正中心（图7-7）。如果这个假设与观察到的阿尔法粒子散射现象相一致，那么就可以基于力学定律得到一个公式，因为粒子射入时与对它产生排斥力的原子中心的不同距离决定了它的偏转。不过就像许多伟大的实验主义者一样，卢瑟福不喜欢数学或者至少根据传闻，这个公式是由一个年轻的数学家，R·H·福勒，帮他推导得到的，这个年轻人后来娶了卢瑟福的女儿。根据卢瑟福的公式，从原来运动方向偏转θ角的阿尔法粒子的数量与$\sin\frac{\theta}{2}$的四次方成反比，这个结果与所观察到的散射曲线很好地吻合在一起。就这样，一个崭新的原子模型产生了，这个模型中原子具有一个很小但是集中了全部质量和电荷的中心，卢瑟福将其称为"原子核"，而成群的电子在库仑引力的作用下环绕原子核运动。这看起来多少和我们的行星围绕着太阳系的运动很像，行星在牛顿的万有引力作用下绕着太阳在各自的轨道上运行。在此之后，卢瑟福的学生们，H·盖革和E·马斯登继续研究得到：原子核所带的正电荷，和与之相等的环绕它运动的电子数量，等于这个元素所在门捷列夫的元素周期系统的位置，或者说原子序数。至此原子结构的现代形象就此产生。

紫外灾变

我们现在一定要追溯一下19世纪最后的那十年，当时物理学家正经历着从经典物理蜕变到现代物理这种"羽化成蝶"的痛苦之中。当时热动力学正由于波尔兹曼和麦克斯韦等人的研究成果而发展得很好，人们对于所说的"热"就是组成所有物体的无数分子所做的不规则运动的结果的说法并无质疑。在最简单的气体分子在空间中自由运动的例子中，我们可以从速度分布，分子间碰撞的数量，以及热现象的其他分子特性得出简单的数学表达式。在这一阶段，一位著名的英国物理学家、天文学家，也是畅销书作家的詹姆斯·金斯爵士，决定在热辐射的问题上也采用统计学的方法，统计学在分子热运动的研究上被证明是非常有效的。我们从第四章中已经知道，热物体会辐射出带有所有频率和波长振动的连续光谱。我们同样也知道，在每个给定的温度，不同的波长之间存在某种能量分布，并且能量集中的最大值所对应的波长随着温度的改变而改变(图4-13)。金斯问自己,不同波长下的能量分布在放射的情况下是否也满足着与气体分子间能量分布相同的统计规律呢?让我们想象一个"金斯立方体",就是里面镶嵌"理想镜面"的盒子,也就是说,这个理想镜面能将落在上面的光100%地反射回来。当然现实生活中的镜子每一个都会在入射光被反射之前先吸收一部分,但是我们在这里讨论的是一个"思维实验",类似于引力相对论中所讨论的爱因斯坦宇宙飞船的船舱。有了这个带有一扇安装了百叶窗的小窗户的金斯立方体,我们就可以首先打开百叶窗,用台灯照入一些光线,然后把百叶窗快速关上将光线囚禁在里面。由于光不会被容器内壁吸收,所以它将会发生无数次的反射,一两个小时之后,如果我们再次将百叶窗打开,光会迅速冲出立方体,就像打开汽车轮胎的阀门,里面的气体会冲出来一样。

在图7-8中,我们给出了两种容器的对比,一个里面充满了做热运动的分子,另一个是不同波长的热辐射。在第一个情况中,分子在空间中以所有可能的速度朝着各个方向穿梭,不时地撞到容器壁被弹射到另一个方向,偶尔还会发生分子间的碰撞。在第二种情况中,不同波长的光波沿着所有可能的方向传播,并且会受到镜面墙的反射。

第二张图中缺少会产生能量交换的"光波之间的碰撞"。确实,不同种类波的基本性质,无论它们是在海洋中,还是声波或者是无线电波和光波,就是在它们相遇时不会对彼此产生影响。两艘并肩而行的船的船头波纹,屋里一群人谈话产生的声波,同一个城市中两个广播电台发出的无线电波或者是天空中两束探照灯的灯光,都是从彼此间穿过,仿佛它们是两个中世纪的古老的鬼魂。为了便于类比,消除缺少的这个能量交换的部分,我们可以想象在金斯立方体中有一些细小的煤粉颗粒，它们可以从一个波长中吸收一些能量，并且将这部分能量传递到另一个波长中。我们象征性地选用煤的粉尘，因为它是黑色的，而且我们都知道黑色物体（说是理想黑色物体更好，与金斯立方体的理想镜面相配合）可以吸收并发出任何波长的辐射。将煤灰颗粒引入到这个思维实验中，只是使不同波长振动的光之间的能量交换得以成立。这些煤灰不会从系统中带走能量，因为它们的体积很小，这就对应着热容量也很小。

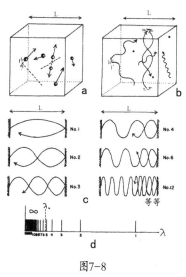

图7-8

（a）密闭容器中气体分子的自由运动与（b）金斯立方体中光波的自由运动的对比。其中（b）中的黑点表示极小的煤灰颗粒，作为光波之间能量交换的工具。（c）给出了金斯立方体中在简化的一维情形下振动的不同模态，（d）给出的是相应的谱线。

现在让我们来看一看这些能量将会怎样在金斯立方体中存在的不同振动之间分布。在统计物理学中有一个基本定律名为"能量均分定律"。它的表述为，如果我们有非常多数量的系统（比如说独立的气体分子），彼此间统计交互，那么有效能量将会平均分配在所有系统上。因此，如果容器内总共有N个气体分子，总的有效能量为E，那么每个分子将会得到一个平均能量：

$$\varepsilon \cong \frac{E}{N}$$

这个简单的定律也可以应用在金斯立方体中存在的许多的光波上。但是这种光波到底有多少呢？为了简化这个问题，假设光波只在水平方向在立方体的左右墙之间往返穿梭（图7-8c），我们会发现这个情况和系在两个端点之中的小提琴琴弦的情况很类似（对比在第一章中所描述的毕达哥拉斯的结论）。可能的最长光波被标记为1号，它的波长为左右墙之间的距离L的二倍。接下来比它短一些的是2号，波长为L，或者一样的，$\frac{2L}{2}$。更短的光波为$\frac{2L}{3}$，2L/4（或者L/2），2L/5，2L/6（或者L/3），…，2L/100，2L/101，…，2L/1,000,000，…电磁振动的可能的波长没有最低的限制，继续上面的数列，我们会得到可见光、紫外线、X射线、γ射线等等。并且对于在所有三个方向上传播的波来概括这个论点，当然，我们得到同样的结果。因此，可能的振动数量是无穷多的，按照经典的均分定律，而它们分摊有效能的话，无论有效能有多大，对于所有可能的光波，我们可以得到：

$$\varepsilon = \frac{E}{\infty} = 0$$

在物理上，这个公式的意义如下。如果我们将图7-8d中所示的所有可能的波长用标记λ_0的竖线分成两组，那么λ_0的右端将总是有限多数量的可能振形，而在零点和λ_0之间可能振形的数量是无穷多的。能量均分定理将把所有的有效能量都分配给小于λ_0的波长的振形，无

论 λ_0 有多小。因此，如果我们在金斯立方体中填充红光，那么这些光波将开始转换成（在煤灰的吸收和再释放能量的作用下）紫外线、X射线、γ射线等等……对于这个假想的金斯立方体成立的，那么在普遍状况下也都是成立的。打开厨房微波炉的时刻或是关闭火车燃烧室的时刻，我们都有可能被致命的短波辐射击中，然后当时就地告别人世了。这个结论很明显是荒谬的，但是从另一个角度来说，这是在辐射能上应用经典物理学最基本的定律得来的结果。

在金斯的论文发表之后的几年时间，金斯或者其他任何人都不知道如何解释这个矛盾的结果。于是，在上个世纪最后一年的最后一周，一位德国物理学家，马克斯·普朗克（图7-9），登上了德国物理协会圣诞节会议的讲台，并做出了一个非凡的提议。我们原来总认为光与所有其他种类的电磁辐射是连续波列，但是普朗克提出它们其实是由独立的能量包组成的，每个个体所具有的能量是确定的。个体的能量多少取决于它的振动频率 ν，并且与它成正比，所以我们可以写作：

$$\varepsilon = h\nu$$

其中h是一个恒量。普朗克将这些能量包称为光量子（或者更广义一些，称为辐射量子），常数h被称作量子常数。

现在，马克斯·普朗克的革命似的想法是如何消除了金斯紫外灾变的危险呢？为了让读者能理解这个过程，让我们想象一个生活中的例子，一个人去世后留下了一些财产，比方说有600美元。他没有继承人，但是有五位债主：一位酒保，一位屠夫，一位药店老板，一位杂货店老板，还有一位是裁缝，这五个人的每一个都想拿回他所欠自己的钱，但欠款总额是比那600美元要多很多。一个最简单的解决办法就是应用"均分定律"，给每个人100美元。但是，这个问题由于这些债主的想法变得复杂了,他们都认为要么就还清要么就不要还了。酒保想要回他的600美元,屠夫和药师每人要回300美元,杂货店老板要回200美元,裁缝要回100美元。由于这些遗产不够还清所有这些债务,法官必须达到法律上所说的"公平",即一个符合常识的解决方案。如果将600美元都还给酒保,很明显是不合理的,这意味着剥夺了剩下四个债主的所有债权。一个相对合理的解决方案是,在需求较低的债主上花费更多的钱来满足他们,并且拒绝索取过高的债主的请求。因此,例如,裁缝可以获得100美元。

图7-9

尼尔斯·玻尔(左)与马克斯·普朗克,氢原子中的量子跃迁。

　　杂货店老板可以获得200美元,屠夫和药剂师谁能获得那300美元抛硬币决定,和酒保的债务清零。(有的读者可能会注意到,这个分配钱的原则实际上是美国国家科学基金会所采用的一种办法,当他们经费不足的时候,就会尽可能地将钱款公平地在各种合约者之间进行分配。)很难说在类似以上的问题中,公平只对应着唯一的答案,但是在概率物理学上确实如此。一次,普朗克提出了关于不同波长光量子能量极小值的假设,应用了精确的数学统计学定律,将许多短波振动上不再分配任何能量,因为它们的需求不切实际地高了。结果,他获得了热辐射的能量分配公式,其中大部分能量分配给了普通波长段的光波,而对能量高需求的短波振动只获取了其中极小部分的能量,或是根本没有获得能量。

普朗克在他的光量子假设的基础上得到的公式结果与所有所知道的热辐射规律都极其地吻合。但是,将独立的能量包的想法引入到经典物理学光是以波的形式传播的大环境中,这样就产生了革新的想法,只有迈克尔逊–莫利实验所引起的革新才可以与之相较。

光量子的事实

虽然普朗克早期对辐射能独立包的概念是相对模糊的,而且在当时仅作为光谱中不同波长间统计能量分布的基础,但是五年后,这个模糊的概念在阿尔伯特·爱因斯坦这里形成了一个更确切的形状。在他1905年发表的三篇论文的其中一篇中,爱因斯坦将光量子的概念应用于解释所谓的"光电效应"。在当时已经知道,落在金属表面的光(尤其是紫外线)会向它们传递正电荷。在发现电子之后,证明了这个现象是发光表面喷出电子所导致的。

研究光电效应的标准装置如图7-10所示。光从电弧A(其中含有许多紫外线)中射出,通过两块石英镜片组成的系统,又通过一个棱镜("单色光镜")将不同波长的光区分开。选择出的光线(可以通过旋转棱镜改变所选光线)穿过一个石英窗口W,进入真空管/电子管T,

从铜质圆柱形桶底部的小洞穿过, 落到可以用不同金属材料制成的金属板Pl上。在金属板和圆柱形桶之间的电势差减缓了光电放出的运动。(电池B和变阻器R提供电压, 电位计G测量电流。)当施加的电压乘以电子电荷之后等于电子的动能, 回路中的电流就会停下来。因此, 改变强度和入射光的波长并且测量电流停止时的电压, 就可以找到光强和频率与光电子的速度之间的关系。光电效应的实验研究结果产生了两个定理:

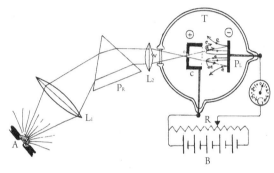

图7-10

光电效应的研究装置。当Pl与C之间的电势差足够大的时候, 从金属片

Pl中射出, 投向铜制圆柱形桶C的光电子会在电场的作用下停止运动。

I.对于给定频率的入射光, 放射出的光量子的能量不会改变, 但是放射出光量子的个数与光强直接成正比。

II.当入射光的频率发生改变(增大), 直到频率达到某个门槛值(取决于是何种金属), 否则不会放射出电子。至于更高频率的光, 辐射出光量子的能量会相应增加, 并且能量直接正比于所使用的频率与频率门槛值之差。

这两条定律在图7-11中用函数图象的形式表达出来。这是两条非常简单的定律,然而,它们与经典光的电磁理论所预测的并不相符。根据经典理论,光强的增加意味着光波中电力振荡的增强。作用在金属表面附近的电子上(这些电子是携带电流在金属电线中传播的),增强的电力导致用更高的动能才能把电子扔出去。但是这个实验结果显示,即使光强增加了一百倍,光电子出来时的速度也是完全相同的。

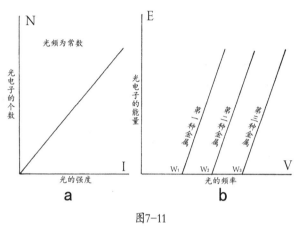

图7-11

光电效应实验发现的定律。(a)产生光电子的个数与入射光光强之间的关系。(b)光电子的能量与光频率之间的关系。

从另一方面来说,图7-11中的曲线显示出电子的速度(或者是动能)与入射光的频率之间的一个非常确定的关系,这个关系在光的经典电磁理论中是得不到解释的。

然而,从这个结论,光量子所带有确定的能量与它们的频率成正比,我们可以得到对两个经验定律的一个相当自然的解释。当入射光量子击中金属表面,并与表面上的电子发生作用,它一定向电子传递了它所有的能量,因为没有比一个量子更小的能量了。而入射光的强度越大意味着更多相同频率的光量子,因此相应地,相同动能的电子就越多。当入射光的频率增加时,情况就不同了。每个光量子现在都有了更多的能量,将能量传递给电子后,电子以更高的速度从金属中逃逸出来。在金属的表面中流动的时候,电子会损失一部分从光量子获得的能量;这部分能量的大小取决于金属的性质,给它取的(非常不合适的)名字为"溢出功"。因此光量子的能量由一个非常简单的公式给出:

$$E = h\nu - W$$

其中W表示该种金属的溢出功。只要$h\nu < W$(或者$E < 0$),电子没有从光量子中得到足够多的可以溢出金属表面的能量,则什么都不会发生。但只要$h\nu$变得大于W,就会开始溢出光量子,并且电子的能量会随着频率ν线性地增加。图7–11b中函数的斜率应该等于量子常数h,而且也确实是如此!因此,灵光一现,爱因斯坦解释了光电效应的神秘定律,并且为普朗克刚开始关于辐射能独立包的想法给出了强有力的支持。

对于光量子假说的另一个有利的支持是由美国物理学家阿瑟·康普顿的工作给出的,那时光量子假说已经可以被称为光量子理论。康普顿是夏威夷吉他手,网球冠军,也是一位探索高能宇宙射线的优秀的物理学家,而这些后期的研究使他享有全墨西哥最强壮的男人的盛誉。康普顿自己对本书作者说,当时的情况是这样的。在研究从极地到赤道宇宙射线强度的变化的过程中,康普顿必须测量墨西哥南部某地的宇宙射线强度。这个测量地点一定要远离城市,这样能避免高压线、交通等因素的干扰,但是同时这里也必须有充足且良好的电流供应。于是在这两个条件下选取了墨西哥城以南一段距离的天主教修道院,那个地方很安静,有自己的发电站和蓄电池,并且修道院的院长也很乐意为科学的进展做一些事情。康普顿于是带了十二个装满科学装置的箱子到达了修道院附近的火车站。这些木质箱子干净漂亮，大小与中等尺寸的旅行箱差不多，上面还有金属把手方便人提放。其中两个箱子里装有四个科尔劳施静电计—黑色的金属球上有小的窗口，通过它们能观察到一个记录电荷的灯丝，剩下的箱子都是装着屏蔽辐射的铅块。

去过墨西哥旅行过的人都知道，行人在快到达火车站的时候会冲过来一群光着脚的男人和小男孩，大声喊着："需要帮忙提行李吗，先生？"旅客手里的旅行箱就这样被抢着拿走了。在这种情形下，康普顿自己拿好装有科尔劳施静电计的两个箱子，冲那些墨西哥人点点头，示意他们可以拿剩下的那些。于是在站台上出现这样一个画面：一位美国人轻快地走在前面，甩着手里两个装仪器的箱子，后面一队的墨西哥人一只手提着一个装铅的箱子，弯着腰紧赶慢赶地跟着他。不过这个奇幻的冒险到这里还没有结束。当康普顿乘坐的卡车装着他和他的十二个箱子到达修道院的大门口时，两个墨西哥士兵将卡车停下来，要求检查行李。当时的背景是这样的，墨西哥政府与天主教教堂正在经历着一场剧烈的争吵，所以所有天主教机构处都设有警戒。士兵们打开箱子一看，发现了"四个黑色炸弹和许多重金属铅"，它们大概只能用来制造子弹。于是康普顿就这样被捕了，他在当地的警察局等着给墨西哥城的美国大使馆打远程电话来平息这件事，一等就等了几个小时。而这个修道院宇宙射线强度的结果和预期的完全一致。

但是还得回到康普顿效应上。康普顿作为一个资深的实验物理学家，他喜欢将光量子和电子之间的碰撞想象成台球桌上的象牙球之间的碰撞一样，只是区别在于，所有的台球都一模一样（除了颜色），而光量子和电子应当被看作是质量不同的台球。康普顿认为, 尽管形成原子行星系的电子是由于电荷的吸引而被中央的原子核束缚, 但是当光量子带有足够大的能量击打它们的时候, 这些电子就会表现得好像没有被束缚一样。假想一颗黑球 (电子) 在台球桌上保持静止, 台球桌的表面上埋了一颗钉子, 钉子上系根绳子限制住这颗球。而打球的人看不到这跟细绳, 他试着用白球 (光量子) 将这颗黑球打进中间的底袋。如果打球的人以相对较小的速度发球, 那么在撞击时这根线会限制住黑球, 因此这次尝试就不会有什么好结果。如果白球速度稍微快一些, 线绳可能就会断掉, 但是如此所引起的充分扰动会让黑球向一个完全错误的方向出发。然而, 当白球的动能超过线绳拉住黑球拉力的许多倍, 此时线绳有和没有就没什么区别了, 而两球撞击的结果与黑球完全不受束缚是一样的。

康普顿知道一个原子束缚最外层电子的能量堪比可见光量子的能量。因此, 为了使撞击压倒性地猛烈, 他选择了能量很高的高频X射线的光量子来做这个实验。而X射线光量子与 (实际上) 自由电子撞击的结果就能被当作近乎两个台球之间的撞击来处理了。在几乎迎面撞击的情况下, 静止台球 (电子) 会获得很高的速度在撞击的作用线上运动下去, 而撞击的台球 (X射线光量子) 会损失它很大部分的能量。在侧面撞击的情况下, 撞击台球会损失较少的能量, 并且会从它原来的轨迹发生微小偏转。在仅是触碰的情况下, 撞击台球实际上会不发生偏转地继续运动, 并且仅仅会损失原有能量的一小部分。在光量子的语言中, 这个表现意味着: 在散射过程中, 发生较大角度偏转的X射线光量子将会具有较小的能量, 相应地, 它就会有较长的波长。康普顿所做的这个实验在每一个细节上都印证了理论预测, 并因此对辐射能的量子本质的假设给出了再一次有力的证明。

玻尔的原子

1911年，一位年轻（25岁）的丹麦物理学家尼尔斯·玻尔（图7-9）来到了曼彻斯特，他自己通过在哥本哈根大学研究的这段时间，成为了全国知名的足球运动员，也获得了一段研究阿尔法粒子穿过阻碍它运动的原子发生"滞后"问题的经历。当时，卢瑟福正在进行他的划时代实验，导致了原子核的发现。玻尔十分赞赏卢瑟福的研究成果，卢瑟福也这样对朋友说过："这位年轻的丹麦人是我见过的最聪明的小伙子。"就这样，他们成为了朋友，并且之后两人一直保持着紧密的联系。

如果没有和尼尔斯·玻尔共事过的话，很难描述他是一个怎样的人。也许他最具代表性的特点就是他的思考和理解速度都很缓慢。在他快三十岁到三十岁刚出头的这段期间，本书作者也在哥本哈根玻尔所在的学院为了嘉士伯（全世界最好的啤酒）奖项而工作，是"玻尔男团"的成员之一，他有很多的机会去观察他。傍晚时分，玻尔的几个学生们在Paa Blegdamsvejen研究所"工作"时，也在讨论关于量子理论最新的问题，或者是在图书馆的桌子上打乒乓球，还得放上一些咖啡杯给这个游戏增加一些难度，玻尔就会过来，抱怨说他很累，想去"做点什么"。他所说的"做点什么"很明显是说想去看场电影，而玻尔只喜欢看名为"懒人农场的枪战"，或是"独行侠和一位苏族女孩"这种类型的电影。但是和玻尔看电影就很困难，他跟不上电影的情节，并且还不断地问坐在旁边的我们，从而给其他的观众带来了很大的搅扰。类似于这样的问题："这个人是那个牛仔的妹妹吗？就是用枪打死偷她姐夫一群牛的印第安人的那个牛仔的妹妹吗？"

在科学会议上，他也表现出了同样的反应迟缓。有好几次，年轻的访问物理学家（大多数哥本哈根大学的来访物理学家都很年轻）要对他近期关于量子理论一些复杂问题的计算发表一段精彩的讲话。在场的听众，所有人都能十分清楚地知道演讲者在讲些什么，只有玻尔跟不上节奏。于是每个人都开始向玻尔解释他漏掉的简单论点，结果就很混乱，所有人都开始跟不上演讲者了。最后，在过了相当长的一段时间之后，玻尔开始理解了，只不过他对于来访者提出的问题的理解与来访者本身所做的表述相差甚多，而他的理解是正确的，那个演讲者对问题的理解则是错误的。

玻尔对于西部电影的偏好，导致了一个所有人都不知道，只有在那段时间陪他看电影的朋友才知道的理论。众所周知，所有西部电影（至少是好莱坞风格的电影）都是有套路的，歹徒总是先下手为强，但是英雄的射击动作更快总是能把歹徒打倒。尼尔斯·玻尔将这种现象归因为随心所欲的动作与有条件限制的动作之间的区别。歹徒需要时间决定什么时候拔枪，这放慢了他的动作，而英雄的动作更快是因为他只要看到歹徒开始拔枪就不假思索地行动。我们都不认同他的这个理论，第二天早上，作者去玩具店买了一对牛仔手枪。我们和玻尔比赛拔枪，他扮演英雄，结果我们都被他杀死了。

玻尔反应迟钝的另一个例子表现在他不能很快地解答填字游戏的问题。有一天晚上，作者开车去玻尔在齐斯维勒莱厄（北欧日德兰北部）乡下的家，在那里玻尔已经和他的助手在家工作了整整一天，他的助手是里昂·罗森菲尔德（来自比利时）。他们二人在写一篇重要的论文，这篇论文是关于电磁场的不确定关系的（待会讲）。玻尔和罗森菲尔德经过一天的工作都有些筋疲力尽，于是玻尔建议从一些英国杂志上找些填字游戏来"放松一下"。不过填字游戏并没有进行得很顺利,大约一小时之后,玻尔太太就建议我们去卧室休息,罗森菲尔德和我共用楼上的一间客房。夜里不知什么时候,我们被敲门声惊醒了。我们在黑暗中起身,大喊着:"什么事?发生了什么?"不过从门口传来的是含糊不清的声音:"是我,玻尔。我不是有意来打扰你们,不过我只是想说一下那个七个字母的英国工业城市,以'ich'结尾的词是Ipswich!"

"我不是故意的……不过……"是玻尔的口头禅,不知道多少回他手里拿着一本打开的杂志进屋,然后说,"我不是有意要批判它,不过我就是想理解一个人怎么能写出这种废话!"

在我们讨论尼尔斯·玻尔的原子理论之前,再讲一个真实的故事。有一天晚上很晚了(大约是哥本哈根时间晚上十一点钟),作者和玻尔,还有玻尔太太以及一位荷兰物理学家卡斯·卡西米尔,一起从玻尔学院其中一人举办的晚宴中回家。卡斯就是位"人类飞行"的专家(德语,a"fasadenk·-terer"),别人总看见他手里捧着一本书在学院图书馆接近天花板的地方上待着,他的两条腿在最高一层的书架上伸展。我们一行人走在空旷的大街上,经过一座银行大楼。这个银行的正面是由大块的水泥砖堆砌而成的,其间有登山者所说的攀岩岩点作为脚撑,这引起了卡西米尔的注意,他很快就爬上了大概两层楼的高度。当他下来的时候,玻尔想要和他比试一下,也慢慢悠悠地爬上了银行的墙。玻尔太太、卡西米尔和我都有些担心,我们在下面看着玻尔一点一点地在墙上爬。这时,两位夜间巡逻的哥本哈根警察从后面快步地跑过来,准备行动。他们抬头看着玻尔在一层和二层中间挂着,忽然其中一个认出了他:"哦,原来只是玻尔教授啊!"然后这两个维护法律和秩序的人完全放下心来,悄悄地走了。

在上述的铺垫之后,现在让我们来讨论一下玻尔的原子理论,他在卢瑟福发现原子都具有质量集中且带正电的原子核,并且电子围绕着原子核以小型太阳系的形式运动的基础上提出了自己的理论,这一理论并于1913年得以发表。这个情况下,玻尔遇到的第一个难题是原子存在的时间还不及一秒中的一个可以忽略的片段长。确实,一个在轨道上快速运行的电子等同于一个电子振荡器,它会释放电磁波并很快损失掉它的能量。这导致了一个结果,很容易计算得出,原子中的电子会沿着螺旋形的轨迹运动并坍缩到了原子核的位置,总共的时间只需要一亿分之一秒。而它们显然并不是这样,因为原子是一个相当稳定的结构。这种情形就像金斯的紫外灾变一样是一个悖论,然而玻尔想到这个困难问题的答案也许就应该遵循同样的路线。如果辐射能量只以某个最小值或者以最小值的倍数存在,那么为什么对于绕原子核运动的电子的机械能不做同样的假设呢? 在这个假设下,正常状态下的原子中电子的运动将对应于这些能量的最小值,那么高能激发态下的原子将对应于这些量子更多的机械能。因此,一个原子机制的表现在某种程度上就像一个汽车变速箱;我们可以挂一挡、二挡或者最高挡,但是不能挂它们之间的挡。如果原子中电子的运动和辐射出来的光都是量子化的,那么一个电子从原子中较高的量子能级变换至较低的量子能级一定会有光量子的放出,放射出的光量子$h\nu$等于两个能级之间的能量差。相反地,如果入射光量子$h\nu$等于给定原子基态和激发态之间的能量差,那么这个光量子会被吸收,并且电子会从较低能级运动到较高能级。物质与放射物之间的这些能量交换过程由图7-12a和b示意,这将引导我们得出一个非常重要的结论。如果一个具有能量$h\nu_{32}$的光量子在电子从能量状态E_3到能量状态E_2的过程中释放出来, 并且假定从E_2到E_1的转变的结果是释放能量为$h\nu_{21}$的光量子, 那么我们至少在某些情形下会观察到一个具有能量为$h\nu_{32}+h\nu_{21}=h(\nu_{32}+\nu_{21})$的光量子, 也就是对应着直接从$E_3$到$E_1$变换的情形。类似地, 释放出具有$h\nu_{31}$和$h\nu_{32}$的光量子, 将会引导我们期待释放出$h\nu_{31}-h\nu_{32}=h(\nu_{31}-\nu_{32})$的光量子的可能性。去掉$h$这个符号, 我们可以用语言将其描述为:

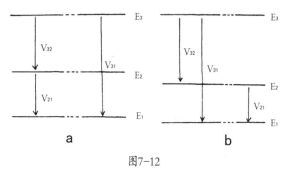

图7-12

里德伯原理的示意图。(a)如果一个电子从能级E_3向能级E_2跃迁释放频率为ν_{32}的光量子, 接着又从E_2向E_1跃迁释放频率为ν_{21}的光量子, 那么一定存在直接从E_3向E_1跃迁释放频率为$\nu_{31}=\nu_{32}+\nu_{21}$的可能性。(b)如果一个电子可以从$E_3$向$E_2$跃迁释放频率为$\nu_{32}$, 或者向$E_1$跃迁释放频率为$\nu_{31}$, 那么一定存在从$E_2$向$E_1$跃迁释放频率为$\nu_{21}=\nu_{31}-\nu_{32}$的可能性。

如果从一个给定的原子谱中观察到释放出某两种频率, 那么数值上等于这两个频率的和以及差的光量子也有可能出现。但是, 以上就是所谓的"里德伯的组合定律"的表述, 这是早在量子理论成形之前很久, 由德国光谱学家里德伯发现的经验公式。

上述所有的事实都毫无疑问地说明了玻尔在机械能量子化的问题上的基本概念是正确的, 所留有的疑问仅仅是寻找这个量子化的规则。为了完成这件事, 玻尔选择了所有原子中最简单的一个例子, 用氢原子来做这个实验，根据前面的讨论，我们知道氢原子的原子结构是由一个单个电子围绕着带一个正电荷的原子运动组成的，这个带正电荷的粒子我们现在称为"质子"。氢原子的可见光光谱由四条线组成——一条红色线、一条蓝色线以及两条紫色线，不过通过对紫外线的研究表明它还有许多更短波长的光谱线。这个光谱如插图II所示，其中谱线是按照振动频率增加而排列的。线段越来越密集地接近高频端一个确定的极限，这种线段的序列在光谱学中被称为"谱线"，而氢元素的特征谱线是其中最具代表性也最规律的一个。1885年一位德国教师J·J·巴尔莫发现，氢元素光谱中的线（现在被称为"巴尔莫谱线系"）可以用一个非常简单的公式表达：

$$v = R\left(\frac{1}{4} - \frac{1}{n^2}\right)$$

其中R是一个数字常数，n取3, 4, 5, 6……（很明显n不能取1和2，因为这样的话v会变成一个负数或者零）。为了在左边得到释放出的光量子的能量，我们在等式两边乘以h，于是得到：

$$hv = Rh\left(\frac{1}{4} - \frac{1}{n^2}\right)$$

根据一个众所周知的代数结论，这个公式被玻尔改写为：

$$hv = Rh\left(\frac{1}{2^2} - \frac{1}{n^2}\right)$$

从之前的讨论中我们可以推论出，$-\frac{Rh}{n^2}$代表着氢原子中电子的能级，电子在能级中的跃迁伴随着巴尔莫谱线的释放。我们在两个量子前面加上"负号"，因为一个原子中电子的轨道能量是负值，意思很简单，就是它们的动能小于它们在电场中的势能，所以它们不会轻易逃离轨道。那么围绕原子核的何种运动符合这些能量值呢？

回答这个问题最简单的方法就是记住库仑力的势能变化规律是与到中心的距离成反比的。

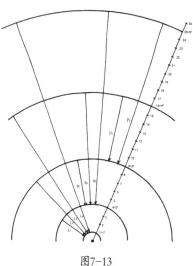

图7-13

氢原子的玻尔原子模型中，前四条圆轨道的半径是以整数的平方增加的。从第二条轨道向外开始到第一条轨道的跃迁L₁，L₂，L₃，L₄……产生了莱曼系中的谱线。而到第二条轨道的跃迁B₁，B₂，B₃……以及到第三条谱线的跃迁P₁，P₂……分别产生的是巴尔莫线系和帕邢系。第一条量子轨道的半径等于1×10^{-10}cm。

由于巴尔莫公式中的项以整数n平方的倒数变化，我们可以得出连续量子轨道的半径一定是以n^2增加的。对于这种圆形轨道的变化，玻尔首先将它们的相对大小画出来加以讨论，如图7-13所示。电子从位于第二轨道之外的轨道向第二轨道的跃迁与巴尔莫级数谱线相对应，那么还有没有其他的可能性呢？从标号为2，3，4……的轨道到第一条轨道的跃迁一定会形成一组类似于巴尔莫线系的谱线，但是在光谱中的位置应该是远紫外线的部分。另外，从更高轨道到第三轨道的跃迁也会产生远红外线的序列。两组谱线序列分别由光谱学家西奥多·莱曼以及弗里德里希·帕邢发现，这两组谱线的存在为玻尔的电子跃迁理论提供了强有力的支持。

由于量子轨道(假设轨道是圆形的)的半径随着整数的平方而增长，玻尔可以发现哪个力学量也是"量子态的"，即随着一个轨道到另一个轨道之间的相同数量的增长。结果发现，电子的机械动量乘以它的轨道的长度，这个量在经典力学中被称为"函"。从一个量子轨道到另一个量子轨道的"函"的变化量精准地等于普朗克在他的热辐射理论中的定义以及爱因斯坦在光电效应的解释中所用到的量子常数h的大小。

人们很快地意识到，玻尔的同心环形的量子轨道的原始模型一定要推广到增加一些量子椭圆。德国物理学家阿诺·索莫非首先提出了这个推广。如图7-14所示是一个氢原子中一组完整的电子可能的量子轨道。第一条圆形轨道(实线)保留完好。在第二条圆形轨道上(虚线)，索莫非增加了三条椭圆轨道，运行在这三条轨道上的电子与在第二条圆形轨道上所具有的能量相同。第三条圆形轨道上则是增加了八条椭圆轨道(图中仅画出其中三条)，运行在这八条轨道上的电子与第三条圆形轨道上所具有的能量相同。往上更高次序的圆形轨道上添加了越来越多的椭圆轨道。这种添加使情况变得愈加复杂，但是值得一提的是，这个复杂模型与观察到的真实情况愈加符合。原子不再和行星系相似，木星可以突然跳到金星的轨道上，而是把原子模型描述为与经典力学的圆形和椭圆轨道有些许联系的一种抽象模型。

在这个发展头十年里，玻尔理论在解释复杂原子的性质上获得了巨大的成功，它可以解释这些复杂原子的光谱的性质以及化学相互作用性质等等。但是，尽管它如此成功，但是这个理论仍保持着它原本的本质特性而已，所有试图描述电子从一个能级跃迁到另一能级的过程以及尝试去计算这种跃迁过程产生的光谱强度，都毫无进展。

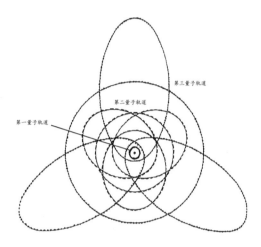

图7-14

氢原子中的圆形和椭圆形的量子轨道。第一条圆形轨道（实线）对应着能量最低的电子。接下来的四条轨道，一条圆形的和三条椭圆形的（虚线）中的能量相同，相比于第一条轨道能量较高。之后的九条轨道（点线）图中只显示出其中四条，对应着更高的能量且能量相同。

这个结果被俄罗斯理论物理学家弗拉基米尔·A·福克写在二十世纪早期的一首诗生动地表达出来，在这里我们将它简单地翻译成中文[1]：

1.译者注：原文这里是英文。

向尼尔斯·玻尔致意[1]

倒满我的啤酒杯, 开始篝火礼!

为他干杯吧, 为他干杯, 再一次向他献上敬意!

此时此刻, 拨动竖琴那优美的琴弦吧,

我们为尼尔斯·玻尔, 为这位英雄和偶像高歌一曲!

愿你的生活更兴盛,

愿荣誉与盛赞与你同行,

玻尔, 你值得我们人人敬畏尊崇, 你登峰造极!

你的功劳数不胜数; 有谁能否认呢?

你的理论极度晦涩, 那有什么干系呢?

你如此宣讲; 我们却视若无睹。

你的宣言, 如同上帝的话语, 纯正无邪。

尼尔斯啊, 你就是阿波罗神啊,

我们虔诚地追随你!

你制定的规则就是我们要服从的规则, 坚定不移。

力学是你的仆人, 他总是温顺听从。

没有经过你的允许, 他的行为准则就不能脚踏实地。

如果你觉得合乎权宜, 连能量定律都会为你飞出天际。

1.一首V·A·福克于20世纪20年代初期所做的未发表的俄文诗, 并由B·P·G翻译成英文诗。

当你坐在了讲台上，

"接受知识吧"，你侃侃而谈，

连续几个回合，一条龙也肝脑涂地。

然而因果律把你至于一个危险的境地，

这是你的荣幸，但是没人敢提起。

如果某一天你突然决定，

那么因果律也会从地狱向你致意。

于是事情变成这样，

没有人再八卦你，

只有那九十二个人，连这你也不允许。

"你们这些无聊的人啊，

去写百科全书吧！"

你对不理解你的人说，事不关己。

量子敬重你。发表观点的时候你宣布，

每一个微小电子都在遵行自然规律；

然而被限制在自己的轨道上，它们心绪不宁，

于是风驰电掣，能量放射，估算着去另一个轨道的高度，

预先判断一下，

幻想一下美好前景——

带着起因和结果，带着对未知的恐惧——

电子从母轨道纵身一跃，誓死一搏，

直接跳到了另一个轨道上。

搜寻吧,虽然是徒劳,哪里会有在飞行的难民。

从虔诚的国度向尼尔斯·玻尔致意!

你是引导我们的导师知己。

为了对你神秘而又自豪的主张表示敬畏,

每一个人都把自己弄得半死。

不过没有关系,我们依然会对你保持本真的自己,

对你也永不抛弃,

从头到尾细细咀嚼你的话语,

哪怕——(快快举起你的啤酒杯!

为他碰杯的时候到了!)——

你说的每个字都让我们云里雾里!

玻尔的原子模型以及元素周期系统

讨论完氢原子中单个电子的运动之后,我们继续思考一个问题:在包含2, 3, 4, 以至更多电子的原子中会发生什么情况呢? 对于带有更多电荷的原子核,它们量子轨道的一般格局与氢原子的情况保持一致,只是由于原子核会产生更大的引力,原子中所有轨道的直径会随着元素原子序数的增长而缩小。

较重元素原子中那么多数量的电子在这些缩减的量子轨道上是如何和谐相处的呢? 经典物理学对这个问题的解答是微不足道的。任何力学系统中,最稳定的系统就是不能再失去能量而降到更低能量等级的系统。按照这个说法,我们应该期待看到重核原子所附带的所有电子都降至第一级量子轨道,然后做"绕着玫瑰花环"的游戏,或者更

确切地说，是"围着原子核旋转"。而且我们知道，由于序列数越高的元素（较重的元素），原子的环形轨道直径就会变小，所以我们可以预测随着序列数增加，轨道上的电子排布就越来越密集。而事实并不是如此，尽管原子核的电荷不同，但所有大小的原子保持着近乎相同的结构。

这个问题引起了德国物理学家沃尔夫冈·泡利（图7-15）的注意，他以肥胖的身材和乐观的天性在玻尔的理论物理学院成为了被大家所熟悉且受欢迎的一员。泡利是一等的理论物理学家，在他的朋友之间，他的名字总是与被他们开玩笑叫作"泡利效应"的神秘现象联系在一起。众所周知，所有的理论物理学家在使用实验装置的时候都是笨手笨脚的，轻轻一碰就打碎贵重而精致的实验装置是常有的事。而泡利是个更神奇的物理学家，只要他刚一迈进实验室的门，实验仪器就会发生故障。关于泡利效应最有说服力的一件事是，有一天哥廷根大学

图7-15

恩里科·费米（左）以及沃尔夫冈·泡利。

物理研究所的詹姆斯·弗兰克教授实验室中的装置出乎意料地炸裂了，

碎成了碎片，没有任何明显的原因表明为什么会这样。

而接下来的调查显示，这个灾难发生的时间恰好处在从苏黎世到哥本哈根的火车，在哥廷根火车站停下来的那五分钟里，而当时泡利正好在火车上。

泡利考虑原子中的电子运动时，形成了至今很著名的原理（他自己将这个原理称作"不相容原理"），根据这个原理，任何一个量子轨道不会承载两个以上的电子。也就是说，这个原理要求，在空位全部被占据的情况下，下一个电子就必须去找其他的轨道容纳它。当一个原子给定的某一层以内的轨道全都被占据，接下来就会填充下一层中的轨道（对应于更高一级的能级）。

在我们沿着元素的自然序列一步步地向越来越重的原子接近的过程中，我们知道由于原子核电荷的增加，量子轨道的半径在缩小，但是，从另一方面来说，越来越多的轨道会被电子所占据。因此，两个因素一中和，从最轻元素到最重元素原子的大小平均保持不变。然而，当我们考察一种最外层电子都充满的原子（惰性气体结构）与同族另一种原子的时候，原子大小是有细微差别的。这产生了各种不同元素密度的微小周期性变化，并且与它们的化学性质产生的周期性变化一致。

元素周期表中所有种类原子的电子层均按照这个确定的能量状态的层次结构进行填充。第一个电子层，表示的是可能达到的最低的能量态，它是首先被填满的。在氦原子中，这个电子层完全被2个电子填满，它们互相追逐并环绕在第一级的量子轨道上。接下来的一个元素是锂，它有三个电子，根据不相容原理，其中一个电子一定会被增加到第二个电子层中，而第二级的量子轨道包含一条圆形的轨道以及三条椭圆形的轨道。由于这四条轨道上总共可以放置8个电子，再加上内层轨道上的2个,那么第一电子层和第二电子层都被填满的原子是氖原子,它一共具有10个电子。比氖元素更重的元素又有多余的电子,它们将被排布到第三个电子层的圆形和椭圆形轨道上,照这个规律如此下去。因此,泡利的不相容原理解释了元素内部结构是按照它们连续的电子层逐层填充的。这个原理也同样是原子对外表现,或者说化学特征,以及元素周期表中原子种类序列周期性化学性质的基础。这些特征由原子最外层的电子数所决定,因为原子间相互碰撞建立联系就是靠最外层电子。

在泡利原理最初制定的时候,电子只被认为是带负电的点电荷。然而人们很快发现,也应当认为这些电子是微小的磁铁,它们具有磁矩,因为当它们绕核运转时会快速地旋转。在意识到把电子当作小磁铁之后,我们需要同时考虑对电子在轨运动负主要责任的电场力以及电子自转产生的磁力这两个方面。

一个电子有两种自转趋势:要么以它沿着轨道的方向转动,要么是以相反的方向。而且结果表明两个在同一条轨道上运行的电子的旋转方向一定是相反的。这个发现需要我们将泡利原理以某种其他方式准确地表达出来。因为反方向旋转的电子产生的微弱磁场使各自的轨道发生了微小的改变,所以我们现在应当说,本来在同一条轨道上运行的两个电子实际上在按照两条不同的轨迹运行(尽管两条轨道极其接近)。因此,将轨道看作由微弱磁场作用相互分离的一对很近的轨道就会更合理一些。

原子电子层结构的观点给我们带来了对于不同元素间化学键本质的简单解释。在量子理论的基础上,我们可以得知,那些最外层电子接近完整的原子为了使电子层饱和而具有吸收额外电子的趋势,而刚刚形成新电子层的原子倾向于摆脱这些多余的电子。举例来说，氯（原子序数17）第一层电子有2个，第二层电子有8个，第三层电子有7个，意味着最外层缺少1个电子。另一方面，一个钠原子（原子序数11）第一层电子有2个，第二层电子有8个，只有1个电子刚开始占用第三电子层。在这些情况下，当一个氯原子碰到一个钠原子，它会"领养"后者最外层那个孤单的电子，成为Cl⁻，于是钠原子也就变成了Na⁺。这两个离子现在被静电力拉在一起，成为了餐桌上的盐中一个稳定的分子。类似地，一个氧原子最外层缺少2个电子（氧的原子序数=8=2+6），它有从其他原子取走两个电子的趋势，因此它可以联结两个单价原子（比如H，Na，K，等等）或是联结一个二价原子，比如镁（原子序数=12=2+8+2），它可以借出2个电子。这种化学键联结的一个例子如图7-16。这也是为什么惰性气体，也就是电子层上的电子都饱和，不需要给出或者外借电子的元素，它们这么不容易发生化学变化。

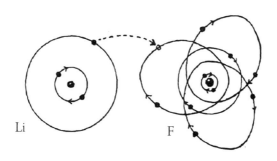

Li   F

图7-16

氟化锂分子（LiF）中锂原子（Li）与氟原子（F）间的化学结合。锂原子中最外电子层中的单个电子跃至氟原子即将填满的最外电子层的空缺位置。

物质波

一位法国贵族, 路易·德布罗意 (布罗意德英文发音和 "西兰花" 挺像) (图7–17), 原本是学习中世纪历史的学生, 后来突然对理论物理学感兴趣, 就这样开始了他的科研生涯。1924年, 32岁的他在巴黎大学向师生展示的博士论文包含了非凡的想法。德布罗意相信物质粒子的运动是在某种导波的引导和伴随下进行的, 这种导波与粒子一起在空间传播。

图7–17
P·A·M·迪拉克 (左) 以及路易·德布罗意。

如果真的是这样, 那么玻尔原子模型中选择的量子轨道可以被解释为满足以下条件的轨道: 它们的长度包含这些导波的整数倍; 第一个量子轨道有一个这样的波, 第二个量子轨道有两个波, 依此类推。(图7–18)。我们从前面已经知道, 对于环形运动的简单情形, 玻尔的量子轨道满足它们的长度分别乘以对应运动电子的动量 (质量乘以速度) 对于第一条轨道等于普朗克常数h, 第二条轨道等于2h, 第三条轨道等于3h等等。

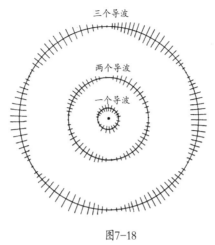

图7-18

沿着玻尔原子轨道运行的德布罗意波。

如果我们假设导波的长度等于h除以粒子的动量, 那么这两种表述是相同的意思:

$$\frac{h}{mv}$$

而路易·德布罗意也是这样假设的。如果轨道半径是个中间值, 那么运行的导波将不能"首尾相连", 于是那种运动模式是不可能存在的。因此, 在一个大胆的灵感下, 德布罗意改变了尼尔斯·玻尔的量子轨道的框架, 将其变成一个新奇概念下的风琴管、鼓膜等等。粒子的量子力学所具有的特性与声波或者是光波很类似。

这个革命性的提议可以和一个实验测试关联起来。如果电子是被德布罗意波所引导在原子中进行运动, 那么它们在空间中直线运动的时候一定也会表现出一些波的特性。对于实验室中所采用的几千伏特的电子束, 德布罗意波的波长预计应该在10^{-8}cm左右, 与X射线在一个数量级上, 这意味着可以利用X射线衍射技术来检查是否存在伴随

287

着电子放出的波。

基于这个想法的实验在1927年由J·J·汤姆森爵士的儿子乔治（他此后也被封为乔治爵士）和美国物理学家C·J·戴维森和L·H·杰莫实施，他们将一束射向水晶的电子在电场中加速。结果的图像正如插图IV中下图所示，表明他们毫无疑问地在面对一个衍射的波现象。从衍射环直径所估算出来的波长也恰好符合德布罗意给出的公式h/mv。并且，随着电子束的加速或者减速，波长就会相应地减小或是增加。几年之后，一位德国物理学家奥托·施特恩重复了戴维森和杰莫的实验，但是他用钠原子束取代了电子束来做这个实验，他发现德布罗意公式所描述的衍射现象在这个实验中也发生了。因此，现在人们就很确定，微小的粒子，正如电子或是原子，它们是在"导波"的引导下运动的，只是在当时这个现象的本质完全被掩盖了。

德布罗意的观点在1926年被澳大利亚物理学家艾尔文·薛定谔（图7-19）总结并用严密的数学基础推导出来，他将它们整理成著名的薛定谔方程，并可以应用于任何场力的作用下粒子的运动。对于氢原子以及更复杂的原子应用薛定谔方程会产生玻尔量子轨道理论所有的结果（比如谱线强度），此外，这是原有的理论所做不到的。描述原子内部的圆形轨道和椭圆形轨道，现在已经取而代之用所谓的ψ函数的变量来描述，ψ函数对应于原子核周围空间中可能存在的各种类型的德布罗意波。

薛定谔第一篇论文发表在了前沿德国杂志《物理学年鉴》的同时，还有一本竞争关系的杂志《物理学杂志》上也发表了一篇关于量子理论的文章，这是一位年轻的物理学家——维尔纳·海森堡（图7-19）（当时24岁）所写的。很难去将海森堡的理论与受欢迎扯上关系。

图7-19

维尔纳·海森堡（左）与艾尔文·薛定谔。

这篇论文的大致观点是量子力学量,比如位置、速度、力等等,它们不应该被通常的数字来表示,像5, $7\frac{1}{2}$或者$13\frac{5}{7}$这样,而是应当通过抽象的数学结构,也就是我们所说的"矩阵"来表示,每个矩阵就像一个行列都是数字的填字游戏表,并且有无穷多个行和列。我们可以对这些矩阵定义加法、减法、乘法和除法的规则,它们和一般代数的运算规则很相似,只是有一个明显的区别。在代数矩阵中,矩阵A乘以B的结果不一定等于B乘以A的结果,这是矩阵乘法过程复杂度较大的结果。最相近的一个类比就是人类的语言,我们说道格拉斯·马尔科姆的时候是和马尔科姆·道格拉斯的意思不一样的,平顶（flat top）和最高层（top flat）的意思也不一样。海森堡表示,如果将经典力学公式中所有的量都当作矩阵来考虑,同时引入了一个附加的条件:动量×速度−速度×动量=hi,其中h是量子常数,$i=\sqrt{-1}$是我们的老朋友,一个假想单位,那么我们将会得到一个可以准确描述所有已知量子现象的理论。

这两篇用完全不同的方法得到相同结果论文的同时出现让物理

世界陷入恐慌，不过人们很快发现，这两个理论在数学上是一致的。事实上，海森堡矩阵是薛定谔方程的离散矩阵形式的解，在解决量子理论中的各种问题时，是可以交错地使用波动力学和矩阵力学的。

测不准关系[1]

引导物质粒子运动的德布罗意波，它的物理意义是什么呢？它们是像光波一样真实的波吗，还是只是数学上引入了一个虚构的量，目的是方便描述微观世界的物理现象呢？这些问题在波动力学方程提出的几年之后由W·海森堡所解答，他问了自己一个问题，引入辐射量和力学能量极小值的量子定律是如何影响经典力学的基本概念的呢？

海森堡找到了问题的根源：尝试在原子尺度上应用普通的规则以及观察方法。在日常生活的经验中，我们观察任何现象或是测量它的性质的时候可以做到不对这个现象产生任何明显范围的影响。为了明确这件事，假想我们要借助浴用温度计来测量一小杯咖啡的温度，这个温度计会从咖啡中吸收足够多的热量以至于实质上地改变了咖啡的温度。但是如果使用一个小型的化学温度计，我们就会得到一个充分准确的数值。我们可以用微型热电偶测量小到生物细胞一样的物体的温度，这种微型热电偶具有几乎可以忽略的热容。但是在原子世界，我们就不能忽略由于引入测量装置而引起的扰动。能量在原子的量级上实在太小了，甚至使用最温柔的测量方法都会导致所观察现象的大幅度扰动，这样我们就不能保证测量结果是否可以确实描述未加入测量装置之前所发生的现象。观察者和他的仪器成为了调查研究的现象

1.这一节是与作者于1958年一月在《科学美国人》上发表的题为"测不准原理"紧密贴合的一部分内容。

中一个完整而不可分割的部分。甚至在理论上就没有所谓纯粹的物理现象本身。在所有的情形下，观察者与被观察的现象之间，都存在着一个绝对无法避免的相互作用。

海森堡用对于追踪物质粒子运动问题的细致思考说明了这个现象。在宏观的世界中，我们可以在不影响它的轨迹的情况下，去追踪乒乓球的运动。我们知道光会在乒乓球上施加压力，但是我们不需要非得在暗室中打乒乓球（假设在黑暗中还能打的话），因为光的压力太小了以至于不可能对球的轨迹做出任何的改变。但是用一个电子把乒乓球取而代之的话，这个情况就变得相当不同了。海森堡用一个"思维实验"来检验这种情况，也就是爱因斯坦在讨论相对论的理论时所使用的推理方法。

在这种头脑风暴中，试验者是允许"理想车间"存在的，他可以在车间里制作任何仪器或是装置——只要它的设计以及原理与物理学基本定律不相矛盾就好。比如说，他可以拥有一架接近光速飞行的火箭，只要速度不超过光速；或者他也可以利用光源来释放出单个光子，只要不是半个光子就可以。而海森堡将自己置于一个理想装置中，这样他就能观察到一个电子的飞行（图7-20）。他想象了一把电子枪，它可以在完美的真空室中发射出单个电子——不含任何一个空气分子。他让光从一个理想光源出发，它可以放射出所需任意数量以及任意波长的光子。而且他还可以用理想显微镜观察真空室中电子的运动，它可以从最长的辐射波到最短的伽马射线的整个光谱范围内任意地转动。

那么，当在真空室中发射一颗电子会发生什么呢？根据我们经典教科书上的力学部分，这个粒子将会以抛物线的轨迹运动。但实际上，这时一颗光子击中了电子，将会对它产生反冲作用力并改变它的速度。

观察粒子运动中的连续点，我们会发现，在光子的撞击下，它会产生"之"字形的轨迹。接下来，由于我们有一个理想而灵活的仪器，我们可以通过减小光子的能量使撞击最小化，只要使用低频光就可以做到。事实上，通过将频率降到无穷小的极限（我们的仪器可以做到），我们可以将电子运动的干扰降到我们希望的任何小的程度。但是，这又产生了一个新的难题。光的波长越长，我们看到物体就越困难，因为会产生衍射效应。所以我们不再能找到任一时刻电子的确切位置。

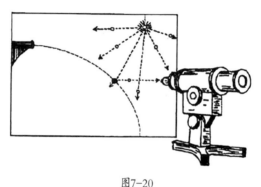

图7-20
海森堡关于观测粒子轨迹的理想实验。

海森堡提出，位置不确定以及速度不确定的乘积从不会小于普朗克常量除以粒子质量的值：

$$\Delta v \Delta x \geq \frac{h}{m}$$

所以通过较短波长的光我们可以准确确定一个运动粒子的位置，但是会对它的速度产生很大的影响，而通过较长波长的光，我们可以确定他未被干扰的速度，却不能确定它的具体位置。现在我们取这两个不确定量的中间值。如果我们使用一些光学中波长度的光，我们会对粒子的轨迹产生适度的干扰，也可以将它的轨迹确定到一个相当接近的近似值（图7–21）。用传统的术语表达，所观察到的轨迹将不再是一条清晰线，而是一条具有模糊边界的带。以这种方式来描述一个电子的轨迹，让我们很容易联想到电视的显像管，其中电子轨迹显示在屏幕上的"宽度"比电子束在屏幕上显示的一个点的直径要小很多。在这里，我们可以放心地用一条线来表示电子的轨迹，但是我们却不能将原子中的电子轨道照此描述。不确定带差不多和从轨道到原子核的距离一样宽！

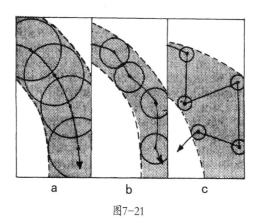

图7–21

海森堡想象中的实验所得到的粒子路径。(a)光波长太长的情况，每个测量位置都是非常不确切的。(b)优化条件下的情况。(c)频率太高的情况，粒子被撞击的次数很多。

假设我们放弃用光追踪一个运动粒子的轨迹，而采用云室的方法来代替。在我们的假设实验中建立一个理想"云室"，这个空间不包含任何物质粒子，但是填充了非常微小的假想"指示剂"，它可以在任何电子接近的时候被"激活"。被激活的指示剂可以显示出运动粒子的轨迹，就像在一个真正的云室[1]中水滴会被显示一样。

经典力学理论会说，理论上所使用的指示剂应当足够小，反应也应当足够精细，这样它们才不会从运动粒子中吸收大量的能量，我们也可以在任何所需的精度下观察到它的运动轨迹。但是量子力学找到了反对这一程序的根本理由。量子定律其中的一条是：力学系统越小，它的量子能量（的极小值）就越大。因此，（为了精准测量电子的位置）随着"指示剂"尺寸的减小，它们就会从经过的粒子上吸取更多的能量。这与用光追踪粒子轨迹的情况很类似，又出现了一个致命的困难，我们再一次需要面临位置不确定和速度不确定二者之间的辩证关系。

所有这些讨论给我们留下了什么呢？海森堡总结道：在原子的数量级上，我们一定要摒弃一个物体的轨迹是数学上的一条线（即无穷细）的概念。对于日常生活中的现象，我们把轨迹理解成一条线已经足够准确，我们可以将运动物体在它的轨迹中的运行当作火车在铁轨上行驶。但是在原子中电子的微观世界里，独立的运动和事件都不是确定事先预定好的。微小的物质粒子，比如电子和质子，在波的引导下，在一个范围中运动，这个范围可以被当作经典力学中加宽的线轨迹。重要的一点是，这个引导是随机发生的，而不是严格按照确定的方式。我们只能计算一个电子击中屏幕上某个点的可能性，或者给定仪器中的某个位置会找到任何其他物质粒子的可能性，而不能明确地知道在一个给定的场力下，它将会如何运动。

一定要明确说明的是，这里所说的"可能性"与经典物理学和日常生活中所理解的意思是不同的。当我们谈及扑克牌游戏中有一定的可能抽到同花顺，我们的意思只是，因为我们不知道这副牌的顺序，

1.真正的云室，核物理学家使用的术语，我们将在下一章对它进行叙述。

所以只能估算这件事发生的可能性。但如果我们完全知道这副牌的顺序，我们就能明确预测到底能不能得到同花顺的牌了。经典物理学假设对于类似于气体分子行为的问题，以上也是成立的：只有因为信息不完整，所以需要基于概率可能性来描述它们的行为，但如果提供给我们所有粒子的位置和速度信息，就可以预测接下来的事件中关于气体的所有细节。不确定性原理为这一观点打下了基础。我们不能预测单独粒子的运动，因为我们首先就永远不可能知道确切的初始条件。所以，在原则上不可能在原子的数量级上，同时获得粒子的位置和速度的准确测量信息。

引导了物质粒子轨迹的波动函数ψ（或者与其说ψ，不如说它的平方），是一个如同钠原子或者就像洲际弹道导弹一样存在的确定的"物理实体"吗？这个问题的答案取决于人们对于"存在"这个词的理解。波动方程就如同物体运动轨迹一样的"存在"。地球绕着太阳的运行轨道或者月亮环绕地球的运行轨道，在数学意义上都是确实存在的，它们是被运动物体不断占据的一些连续的点集。但是它们不像承载着运动的城际列车的铁轨一样存在。尤其是，波动函数没有质量，只不过是一个模糊的轨迹罢了。

也许在经典物理学的领域中，最接近的类比就是熵的概念了。熵是一个数学函数，被理论物理学家所创造，它将任何给定的分子运动模式的数学可能性联系起来，并且决定了热动力学进程通常的走向：总是从较小的熵值往更大的熵值发展。但是熵也不是一个类似于质量或是能量的"物理实体"，而且我们可以说1克的质量或是1克对应的能量（通过爱因斯坦），但是如果说1克的熵却没有任何的意义，就像说1克的德布罗意波或者1克的薛定谔方程一样的荒诞！

只需稍加利用海森堡方程就可以知道，我们在处理显微镜级别的问题时，为什么可以忽略不确定原理而只相信完美老旧的决定论定律就可以呢？位置不确定和速度不确定的乘积等于普朗克常量除以粒子的质量。普朗克常量是一个极小的量值：它在厘米-克-秒的单位制下的数值大约仅为10^{-27}。当我们考虑一个质量为1毫克的粒子时，理论上我们可以将它的位置确定在万亿分之一厘米，同时将它的速度确定为万亿分之一厘米每秒的范围——也就是误差每世纪30μ！

海森堡理论被玻尔发展到一个新的物理哲学高度上。它要求我们对物质世界的认知发生一个深刻的转变——改变那些我们从年幼时就取得的尝试和经验，但是它使原子物理中的许多难题都有了意义。

许多物理学家欣然接受了这个新观点，而另一些则根本不喜欢它。阿尔伯特·爱因斯坦则属于后者之中。他关于决定论的哲学确信不允许他将不确定性提升到一个理论高度。而正如怀疑论者试图去寻找相对论中的矛盾一样，爱因斯坦也试图去寻找量子物理中不确定原理矛盾的地方。然而，他的努力只能将他引导向肯定不确定原理的方向。偶然发生在1930年于布鲁塞尔举办的国际索尔维物理学第六次会议上的一件事有趣地说明了这一点。

在一个玻尔出席的讨论中，爱因斯坦展示了一个"思维实验"。由于时间是时空中的第四维坐标，而能量也是动量的第四分量（质量x速度），他认为海森堡的不确定方程暗含着时间不确定与能量不确定的相关性，而两个量的乘积至少等于普朗克常量h。爱因斯坦想要证明这个所暗示的内容压根不成立——时间和能量都是确定的，没有任何的不确定性。他说，设想一个理想的盒子，其中排列着理想镜面，它可以无限地储存辐射能。称量一下这个盒子，接下来过了一段时间，在一个选定的时刻, 一个提前预设过的钟表构件像时间炸弹一样, 按时打开了这个理想密闭容器并释放出一些光。现在再次称量这个盒子, 质量的变化显示出所放出光的能量。通过这个方法, 爱因斯坦说, 我们可以以任何所需要的精度, 测量出释放的能量以及释放的时间, 这与不确定原理是相矛盾的。

第二天一早, 几乎一夜未眠的玻尔对爱因斯坦的反驳给出了致命的一击。他提出一个相反的思维实验, 其中有一个他自己的理想实验装置(作者作为玻尔的学生, 之后用木头和金属将它真实制造了出来, 为玻尔在该课题的讲座上使用, 图7-22)。玻尔将矛头指向爱因斯坦盒子的称重。他说, 假想一个弹簧秤, 所带的指针可以根据物体的质量指示在一旁的竖直标尺上, 这个装置就能实现测量的功能。现在, 因为随着重力的改变, 这个盒子只能在竖直方向上移动, 因此, 玻尔指出, 它竖直方向的速度具有不确定性, 从而它距离桌面的高度也具有不确定性。进一步来说, 它在地球表面上高度的不确定会导致时钟速度的不确定, 因为根据相对论理论, 时钟的速度取决于其在重力场中的位置。玻尔继续说明了, 时间不确定和这个盒子质量改变的不确定之间确实是有关联的, 而这正是爱因斯坦试图去否定的。

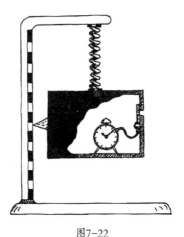

图7-22

爱因斯坦–玻尔测量光的质量的秤。

爱因斯坦被自己的理论反咬了一口，他不得不同意玻尔–海森堡的概念是没有内部矛盾的。但是直到他生命的最后，都拒绝接受不确定原理的概念，并且对物理学将来的某一天会回到确定性上怀有希望。

什么都没有的洞

保罗·安德里安·莫里斯·狄拉克（图7-17）在他二十出头的时候，就获得了电力工程的学位，并觉得自己很快该找份工作了。但是他找不到，于是申请了剑桥大学研究生奖学金并且被录取了。不到十年，他就获得了物理学的诺贝尔奖，表彰他在量子力学上所做出的重要贡献。狄拉克在当时是，现在仍然是一名"里程碑"似的科学家，虽然他总是乐意和他的朋友聊一聊他去东方的旅行或是任何其他日常的话题，但是在做研究的时候，他总是喜欢自己一个人。不过，在学术会议上，他的观点总是那么的有见地并且一针见血。一次，在哥本哈根举办的理论物理学会议上，他聆听了一位日本物理学家仁科芳雄的报告，他在黑板上写满了计算过程，并最终得到了一个关于自由电子短波辐射的分散情况的重要公式。狄拉克提出，他在黑板上推导的最终公式的括号中的第三项前面是一个负号，但是在原始手稿中这一项是正的，这引起了仁科芳雄的注意。"这个，"仁科芳雄解释说，"手稿应该是对的。在黑板上推导这个公式的时候，我可能在哪个位置的符号上出了差错。""某个奇数个位置上出了差错。"狄拉克纠正他。确实，三，五，七，等等，错误在这些步骤也能获得相同的结果。

又一次，狄拉克在多伦多大学演讲完后的问答环节当中，观众席上的一位加拿大教授举起了手。"狄拉克博士，"他说，"我不清楚你是怎么推导出黑板上左上角的那个公式的。""这是一个陈述句，不是一个问题，"狄拉克说，"请问，还有下一个问题吗？"

狄拉克一次访问哥廷根大学时，为当时大学里困扰了数学家和物理学家许久的一道难题提供了一个非同寻常的解决方法，这证明了他的思维快速运动的能力。当时的问题是，用且仅用四个数字2以及所有可用的代数符号：+，−，幂，开根号等等，表示出从1到100中所有的数字。因此，比如说，1可以被写成 $\frac{2\times2}{2\times2}$，2可以被写成 $\frac{2}{2}+\frac{2}{2}$，3可以被写成 $2^2-\frac{2}{2}$，5可以被写成 $2^2+\frac{2}{2}$，7可以被写成 $\frac{2}{2\times2}+2^2$……

得到这个问题后，狄拉克很快找到一个将任意数字用三个2表达的通解。这个通解为：

$$N = -\log_2\log_2\sqrt{\sqrt{\sqrt{\sqrt{2}}}}$$

其中开根号的次数等于给定的数字N。对于了解一些代数的人来说，这个结论是不证自明的。

但是在所有这些重要的数学发现之中，最令迪拉克自豪的一个发现并没有为他带来任何的声誉。在一次和同事妻子的闲谈中，他一直看着她织围脖类似的东西。回到自己的科研工作中，他在脑海中重复起这位女士手里拿着毛衣针快速穿梭的画面，然后得出结论，还有另一种织毛衣的可能方式。他飞快地跑回去告诉她他的发现，不过令他失望的是，女人们都熟识"正针"和"反针"这两种方法好几百年了。

不过，虽然迪拉克错失了拓扑领域这一重要发现，但是他为相对论量子理论领域做出了许多的贡献。当时在非相对论性运动的问题上，即以相对于光速很小的速度运行的粒子的运动问题，薛定谔开创性地用刚刚诞生几年时间的波动力学对它们进行了阐述。而这时理论物理学家们绞尽脑汁，他们试图将两个伟大的理论：相对论和量子力学结合起来。此外，薛定谔的波动方程将电子作为一个点来看待，而所有将电子作为一个旋转而具有小磁极性质的粒子的努力，最终都没有得到任何满意的结果。

在1930年，迪拉克发表的一篇著名论文中，他推导出一个新的方程，现在以他的名字命名，这个方程终于一石二鸟地解决了这个问题。它满足所有的相对论要求，无论电子 运动速度多快都可以应用，同时它自发地引导向一个结论，那就是电子一定具有磁化的小陀螺一样的性质。迪拉克的相对论性波动方程实在是太复杂了，在此就不予讨论了，不过读者可以放心地相信它是完全正确的。

即便迪拉克的方程如此好，但是它立即导致了非常严峻的复杂性，因为它如此完备地将相对论以及量子理论结合到了一起。这个事实所引起的问题（在第六章中没有讨论）就是相对论力学使两个完全不同的世界在数学上成为了可能：一个是我们所生活的"正向"世界，而另一个是挑战我们想象力的陌生的"反向"世界。在这个"反向"世界中，所有物体都是具有负质量，这意味着如果往一个方向推动物体，它会朝着相反的方向开始运动。通过明显的相似性，我们可以进行类比，将负质量的电子称为"驴电子"。在这个负质量的世界，会发生许多奇怪的事情。为了使一个物体向前运动，我们必须对它施加拉力，而为了让它停下来，我们得向前推动它。假想两个距离相近的电子处于静止状态。由于它们所带的电荷，它们之间会产生相互排斥的力。如果两个电子都是"正常"的，那么这两个力会分别给它们相反方向的加速度，然后它们会以很高的速度渐行渐远。但是，如果其中一个电子是"驴电子"，那么它上面作用的斥力会使它向着另一个电子运动，而另一个电子依旧要远离它。因为两个加速度在数值上是相等的，所以这两个电子会以不断增长的速度分开，"驴电子"追在正常电子的后面疾驰而去。至此仍符合能量守恒定律。正常电子的动能是 $\frac{1}{2}mv^2$，而我们可以知道，"驴电子"的动能是：

$$-\frac{1}{2}mv^2$$

因此，这个系统总的能量为 $\frac{1}{2}mv^2 - \frac{1}{2}mv^2 = 0$，等于两个电子静止的初始系统所具有的能量。

没有人曾看到过"驴电子""驴石头"或是"驴星球"，这只是爱因斯坦的相对论力学方程求解出来的一个假想出来的附加解。而在迪拉克将相对论和量子理论结合起来之前，没有理由为这件事而担忧。事实上，一个正常电子静止时所具有的能量是 m_0c^2，当它以速度 v 运动时，它的总能量要加上动能的部分。另一方面，"驴电子"的静止能量为 $-m_0c^2$，而它的运动会导致一个附加的负动能。因此，两种电子的能量图如图7-23所示。这张图分成了两部分，上面是普通电子的能量图，下面是"驴电子"的能量图，中间相隔了 $+m_0c^2$ 和 $-m_0c^2$ 的间隙，这中间不对应任何可能的运动。因此，如果粒子运动是连续的，那么它不可能从图的上部分变换到图的下部分，我们只需简单地说："我们的电子是带有正质量的表现良好的粒子，我们才不需要关心什么其他的数学上的可能性！"这样就轻松回避了这个难题。

然而，我们不能如此简单地从这个困难中逃离出来，因为我们要将相对论和量子理论建立起联系。事实上，根据量子理论，电子就是喜欢从一个能级跳到另一个能级，即使两个运动状态之间没有连续变化的路径。如果电子可以从一条玻尔轨道跃迁到另一条，并且以光量子的形式辐射出能量，那么它们为什么不能从图7-23的上部能量等级跳到下部能量等级呢？但如果这是可能的，每个独立的正常电子都可以向下跃迁到"驴电子"所在的稳定的负能量状态，并且这个过程的结果会导致电子通过辐射失去越来越多的能量，从而运动得越来越快，以至获得了越来越多的负动能……当然这并没有发生，但是为什么不可能呢？

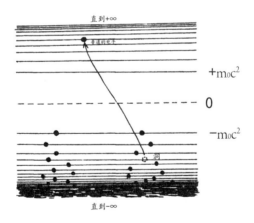

图7-23

迪拉克的"驴电子"海洋展示了一个电子对（正质量电子和负质量电子）的形成过程。

迪拉克解决这个问题的唯一办法就是假设所有负能量状态完全被"驴电子"占满,这样在正能量状态下的电子被泡利不相容原理禁止跃迁下来。当然,这意味着真空就不再是真空,而是被往所有可能方向以任何可能速度运动的"驴电子"(反物质)填满!事实上,任何单位体积的真空中一定包含着无穷多个这种自相矛盾的粒子对!为什么我们从未注意到它们?那么,对这个问题的解释就更高深莫测了。想象一条深水鱼,它从未到过海洋的表面,所以它不知道海洋的上部是有边界的。如果这条鱼足够聪明可以观察它所处的周边环境,它也根本不会把海水当作一种"介质",而只是把它想作"自由空间"。同样地,我们可以认为物理学家没有察觉到这种无穷多又稠密的"驴电子"群的存在,是因为它们在空间中相当均匀地分布。当然,这个想法让人联想到过时的固体以太,但是它还是值得被研究的。回到我们的智能深水鱼上,我们可以想象,通过空啤酒瓶子,其他垃圾或者甚至是整艘沉入海底的游艇,它的脑海中已经形成了重力的概念。但是有一天,沉船船舱中封锁的一些空气逃离了出来,被我们的深水鱼看见了,它看到这些闪闪发亮的银色气泡一串串地上升,直到海洋的表面。这条鱼当然会非常诧异,适当反应之后,它会得出结论:这些银色球体一定具有负质量。确实,重力拉扯着所有东西向下的情况下,它们怎么能向上运动呢?

这样,迪拉克产生了相似的想法,他的海洋中被负能量状态的电子所充满。假设在迪拉克海洋中出现了一个气泡,也就是说,其中一个"驴电子"消失不见了。物理学家会怎样理解它呢?由于一个负电荷的缺失等同于一个正电荷的出现,他可以把气泡当作一个带正电的粒子。类比于气泡的话,应当改变质量的符号,缺失的负质量可以被理解为正质量的产生。迪拉克海洋中的气泡有可能不是别的,正是一个普通的质子吗？这是个绝妙的想法，不过并不能解决问题。狄拉克试图把质量更大的"可能是质子的"气泡用"驴电子"之间的相互作用产生的高黏性来解释，但是也失败了。带正电气泡粒子的质量总是固执地和一个正常电子的质量相等。由于泡利的计算，这个困难变得愈加复杂了，他指出，如果在迪拉克的海洋中质子真是气泡的话，那么，氢原子不可能在可忽略不计的那么短的时间内存在。确实，如果氢原子是"气泡周围旋转的液滴"，那么这颗液滴将会进入气泡并填满它的空缺，而氢原子就会在火光中消失殆尽。根据这个关联，泡利提出了所谓的"泡利第二原理"，根据这个原理，任何理论物理学家产生的新想法会立即应用到组成物理学家身体的所有原子上面。即迪拉克在产生上述想法后，他的身体会在一微秒中的一小段时间内消失殆尽，而其他物理学家只是听到这个理论所以获救了……

在1931年，一位美国物理学家卡尔·安德森正在研究大量宇宙射线中的高能电子在云室中产生的轨迹。为了测量这些电子的速度，他在云室中放置了一个强磁场，但是出乎他意料之外的是，图像显示一半的电子向一个方向偏转，而另一半电子都朝另一个方向偏转了。因此，这些电子是50%正电荷电子和50%负电荷电子的混合，二者的质量相同。这些就是迪拉克海洋中没有用质子填满的洞，而以粒子的形式出现了。正电子（经常被叫作"positron"）的实验很快证实了迪拉克空洞理论中所有的猜想。用高能光量子（伽马射线或宇宙射线）撞击原子核的过程中，会产生一个带正电和一个带负电的电子对，而这些事情发生的可能性与建立在迪拉克理论的基础上所计算出来的数值完全吻合。在穿过普通物质的过程中，可以观察到正电子与普通电子撞击而湮灭，能量等于他们的质量以高能光子的形式释放。现实中的每一个细节都与所预测的不谋而合。

那么, 把正电子理解为密布着无穷多的负质量电子的空间中的空洞, 这个绝妙的理论如何呢? 当然, 理论就应该是理论, 它被符合它的实验证据所论证, 无论我们满意不满意。自从迪拉克原始论文的出现, 这一点已经得到了证明。实际上, 不需要假设无穷密布着负质量电子的海洋存在, 并且在空无一物的空间中填充空洞的正电子可以被理解为达到实际的目的。

反物质

发现了正电子之后, 物理学家期待着可能出现负质子, 它与普通的正质子的关系就像正电子与电子的关系一样。但是由于质子大约是电子质量的两千倍, 产生它们的能量需要达到几十亿电子伏特。于是开始了许多建造粒子加速器[1]的宏伟工程, 可以为投射原子核提供如此巨大的能量, 而在美国就为两个这样的超级加速器打下了基础: 一个是伯克利州加利福尼亚大学的放射性实验室中的质子加速器以及纽约长岛的布鲁克黑文国立实验室中的高能同步稳相加速器。这场比赛的赢家是西海岸物理学家埃米利奥·赛格雷以及O·张伯伦等人, 他们于1955年10月宣布, 他们观察到了负质子在6.2倍十亿电子伏特产生的原子投射的轰炸下, 从目标物中放射出来。

观察轰击目标物产生的负质子的最主要困难在于, 这些质子会伴随着成千上万个其他粒子(重介子)在撞击过程中形成。因此, 必须要从所有伴随的粒子中将负质子过滤和独立出来。通过一个由磁场、狭缝等等形成的复杂 "迷宫" 就可以达到这一目的, 只有具有反质子期望

1.见第八章中标题为第一次核裂变的部分。

特性的粒子才能通过这个迷宫。当轰击目标物（位于质子加速器的轰击束中）产生的一大群粒子穿过"迷宫"时，理论上只期望有负质子从另一端出来。当启动这个机器后，四个实验者很满意地观察到在机器的后出口，每六分钟会出现一个快速运动的粒子。进一步的研究表明，这些粒子是高能质子加速器产生的粒子束轰击目标产生的真正负质子。研究表明它们的质量等于1840倍电子的质量，也就是一个正常正质子所具有的质量。

正如人工产生的正电子在穿过含有许多普通负电子的普通物质时会发生湮灭，负质子在遇到原子核中的正质子并与之发生碰撞时而被湮灭。由于质子-反质子湮灭过程中涉及的能量超出电子-反电子碰撞过程中产生的能量将近两千倍，所以这个湮灭过程发生时会剧烈得多，以至于许多放射粒子会形成一个"耀眼的星"。

负质子存在的证实是根据理论预测出物质性质再通过实验验证的一个非常棒的例子，虽然当时它的理论的提议看起来是那么的难以置信。接下来，在1956年的秋天，发现了反中子，即它与普通中子的关系正如负质子与正质子之间的关系。在这种情况下，由于它们是不带电的，所以中子和反中子之间的差别只能通过它们相互湮灭的能力来观察。

既然组成一般物质原子中的质子、中子、电子存在反物质态，那么我们可以想象由这些反粒子所组成的反物质。反物质的所有物理和化学性质都应当与普通物质没有差别，唯一可以区分两块石头是否互为反物质的方法就是将它们放在一起。如果什么都没有发生，那么它们是同种物质；如果它们在一个巨大的爆炸中湮灭了，那么它们就是"反物质"。

反物质存在的可能性给天文学和宇宙学带来了巨大的问题。宇宙中的物质都是同一种吗，还是由我们所熟悉的物质以及反物质在无尽的空间中不规则分布呢？有一个强有力的论点，就是在我们的银河星系系统中，所有的物质都是同种物质。事实上，如果不是这样，行星和散布的星际物质湮灭过程中就会产生强大的可观测辐射。但是，宇宙中离我们最近的邻居，巨大的仙女座星云以及200英寸帕洛马天文台可观测到的空间中散落的成百万上千万个其他恒星星系，它们都是由同种物质组成的吗？还是一半物质和一半反物质混合在一起的呢？如果宇宙中所有物质都是同一种，又为什么会这样呢？而如果有一部分是普通物质而另一部分是反物质，这两种互相排斥的部分是如何分开的呢？我们没有其中任何一个问题的答案，我们只能寄希望于未来的一代的物理学家和天文学家有朝一日能解决这些谜题。

量子统计

运动的量子理论对本书第四章所讨论的热动力学理论造成了深远的影响。确实，如果原子中运动的电子只能只具有某些离散的动能值，那么这个结果也应当同样适用于密闭容器中运动的气体分子。因此，考虑气体分子间能量的分布时，我们就不能假设气体分子具有任何动能（图7-24a），就像玻尔兹曼、麦克斯韦、吉布斯以及其他人产生的经典理论中所假设的一样。相反地，容器中应当具有确定的量子能级，取决于容器的大小，这些能级之间的能量是不能达到的。

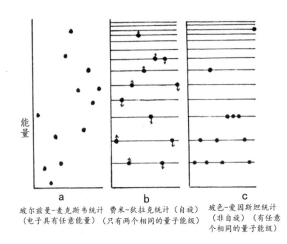

玻尔兹曼-麦克斯韦统计　费米-狄拉克统计（自旋）
（电子具有任意能量）（只有两个相同的量子能级）

玻色-爱因斯坦统计
（非自旋）（有任意
个相同的量子能级）

图7-24

十二个气体粒子能量分布的三种统计方法。

　　由于一些粒子（比如电子）遵循泡利不相容原理，禁止它们中两个以上的粒子占据相同的量子级别；而另一些粒子（比如空气分子）并不被这个原则所束缚，这会使情况有些复杂。这个事实会导致两种不同的统计方法：一个名叫费米-狄拉克统计，应用于遵循泡利原理的粒子，另一个名为玻色-爱因斯坦统计，应用于不遵守泡利原理的粒子。在图7-24b, c中，意图阐明这两种统计学之间的区别。量子统计的整个发展过程是十分振奋人心的，而如果不借助于"专业"术语又是极难解释清楚的。

　　因此，在此可以说明的是，两种新的统计方法与对于日常生活中的所有情形，比如大气层中的空气，实际上与所采用的古老的经典统计方法并没有什么不同。差异是存在在预期中的，也是被观测到的，只有对于金属中电子气体的情形以及在"白矮"星的情形下才是符合费米-狄拉克规则的，而只有对于普通气体在接近绝对零度的情形，这才是由玻色-爱因斯坦规则所统治的。读到这里,作者希望对这个问题深感兴趣的读者可以在现代物理学的基础上,采用一种更加创新的方法继续研究下去。这样,经过你们几年的研究,量子统计的问题就会像水晶一样清晰可见。

第八章 原子核和基本粒子

放射性的发现

在1896年初，法国物理学家亨利·贝克勒尔得知了伦琴最近对X射线的发现，他决定去找一找是否有类似于X射线这样，也从在入射光线的作用下会发光的荧光物质中释放出来的物质。在这些研究中，他选择了一种矿物晶体，名叫铀酰（铀和钾的双硫酸盐），他在之前的研究中用到过它，因为它表现出强荧光性。贝克勒尔认定辐射是向外发光的产物，所以他将铀酰晶体放置在用黑纸包裹的照相底片上，并将装置放在窗台上。几个小时的阳光照射之后，他将底片冲洗出来，发现底片上放置铀酰晶体的下方显示出一个发暗的点。他把这个实验重复了几次，这个暗点始终存在，哪怕他用更多的黑纸来包裹照相底片，结果也是一样。

1896年2月26和2月27日，巴黎的天空被厚厚的乌云笼罩着，不时地还下些雨，林荫大道上的生物全都躲在咖啡店和餐厅的遮雨棚下避雨。贝克勒尔教授不是很开心，他把刚包好的上面有铀酰晶体的照相底片放到了书桌的抽屉里，等着天气放晴。直到3月1日，太阳才出来，不过那也是被云朵不时遮蔽住的昏暗的日光。即便如此，贝克勒尔又一次将他精心设计的装置暴露在了太阳光线下，然后去暗室查看结果。不可思议的事情发生了! 出现的并不是之前阳光充足时全天暴晒得到的发暗的点, 而是在铀酰晶体被放置的地方出现了木炭黑点! 很明显, 这次底片变黑与铀酰晶体在阳光下的暴晒并没有关联, 底片上放置铀酰的地方在贝克勒尔的书桌的抽屉里, 逐渐地加深、变暗。

这是类似于X射线的穿透放射性射线, 只不过它是全凭自己散发出来的, 不需要对原子进行任何的外部刺激, 推测起来可能是贝克勒尔晶体中铀的部分具有这种性质。贝克勒尔试着对这块晶体进行加热, 冷却, 将它磨成粉, 用酸来溶解以及做任何他能想到的事情, 但是这个神秘辐射的强度始终保持不变。人们逐渐知道, 这种新的物质的性质, 被称为"放射性", 它与物理变化或者原子相互结合的化学变化并无关联, 这是隐藏在原子自身深处的一个性质。

放射性元素

在发现放射性的最初几年中, 许多化学家和物理学家忙着研究这个新现象。玛丽·斯卡洛夫斯卡·居里夫人, 她出生于波兰, 专业领域是化学, 是法国物理学家皮埃尔·居里的妻子, 她对于所有化学元素以及它们的化合物都进行了大量的放射性检测, 并且发现钍释放出的辐射与铀的相似。对比铀矿石和金属铀的放射性, 她发现矿石的放射性是从它们的含铀量推测出的放射性的五倍, 这表明矿石中一定包含少量其他放射性物质, 并且它的放射性比铀本身还要强, 但是为了将它们分离, 需要大量贵重的铀矿石。居里夫人成功地从澳大利亚政府获得了一吨(在当时)毫无价值的残留物, 这些是波希米亚的约阿基姆沙尔国立生产铀的工厂提取铀之后的废料, 但它们仍保留了大部分的放射性。被穿透性、放射性的提修斯线绳所牵引, 居里夫人终于分离出与铋具有相似化学性质的物质，为了纪念她的祖国母亲，她给这种元素起名为"钋"。在接下来更多的工作之后，另一种与钡具有相似化学性质的元素被分离出来，这种元素被命名为"镭"，它的放射性比铀要强两百万倍。

未知新国度的开元者以及科学新领域的先驱，这些人往往会最先受到路途中隐藏危机的陷害成为受害者。居里夫人就在67岁时去世，死于白血病，现在人们知道这种疾病是长期处于穿透性辐射的状态所引起的。当物理学家们已经学到如何小心翼翼地面对辐射的时候，在居里夫人的实验室书籍每页之间都放置了底片，洗好的照片中显示出无数的指纹，这些都是居里夫人的手指触碰书页所残留的放射性。

发现钋和镭之后，紧接着又发现了越来越多的放射性物质。它们之中有锕，它与发生核裂变的铀有紧密的联系，由德比埃尔和吉赛尔将其分离出来；还有放射性钍和新钍，由奥托·哈恩将它们分离出来，并且在大约四十年之后，发现了铀裂变现象。

放射性家族

从物理的角度来看，对穿透性、放射性的研究工作一直在进展。1899年，年仅28岁的欧内斯特·卢瑟福发现一共存在三种不同的射线：

（1）阿尔法（α）射线，它会被一张纸遮挡住，并且被证明就是氦离子。（它们实际上是氦原子的原子核，但是直到卢瑟福在十二年后所做的散射实验，他才知道这个真相。）

（2）贝塔（β）射线，它可以穿透几毫米厚的铝箔，并且之后发现它们是以超高速运动的电子束。

（3）伽马（γ）射线，它可以穿透几厘米厚的铅制防护，与X射线类似，然而，只是波长相对较短。

通常物理教科书中会提供一个类似于图8-1的图（包括本书作者之前所撰写的读物），这张图展示的是α，β和γ射线通过一个磁场（或电场）后发生的偏转情况。阿尔法粒子束向左偏转（带正电），贝塔粒子束向右偏转（带负电），伽马粒子束保持不偏移原轨迹运动（电磁波）。

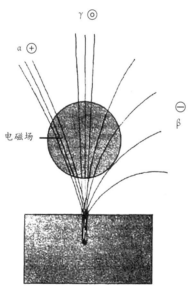

图8-1 α射线、β射线和γ射线。

然而，这个实验在放射性研究的早期到底有没有真正执行过？这是值得怀疑的事情（阿尔法粒子明显的偏转需要相当强的电磁铁，而这在许久之后才被建造出来），而阿尔法和贝塔之间的差别是通过更多更复杂的手段建立起来的。

在这个游戏的起始，卢瑟福和他的合作者，弗雷德里克·索迪，得到了一个结论，放射性现象是一个化学元素自发的向另一种化学元素转变的结果。电荷为+2，质量为4的阿尔法粒子的释放导致形成了在元素周期表中向左移动两个位置的元素，并且它的原子质量少了四个单位。贝塔粒子的释放（一个负电子）产生了在元素周期表中向右移动一个位置的元素，它的原子质量不发生改变。伽马射线的释放仅会在一个带正电或者带负电粒子的释放作用下，引起原子的扰动。

一系列连续的阿尔法和贝塔衰变使放射性元素的不稳定重原子降级，它们的原子序数会降低，原子质量也会减小，直到它们最终达到稳态，也就是变成了铅原子。由于阿尔法衰变将原子重量改变四个单位，而贝塔衰变根本不改变原子重量，所以总共有四个放射性元素族：

1）原子重量是四的倍数：4n的元素族

2）原子重量是4n+1的元素族

3）原子重量是4n+2的元素族

4）原子重量是4n+3的元素族

铀的原子重量是238，即4×59+2。因此，铀和它经历阿尔法、贝塔衰变中产生的所有族成员属于上述分类中的第三类。钍的原子重量是232，即4×58，所以钍族属于第一类。镁，衰变过后成为锕以及锕族中的其他成员，它的原子重量是231，即4×57+3，因此属于第四类。原子重量为4n+1的放射性族（第二类）在自然界并不存在，但是可以在原子堆中人为地产生。

通过对放射性的早期艰苦研究工作，存在于放射性族的图谱树就这样被建立起来了。下一页中所示的是铀家族的衰变列表,从"辈分"最高的铀238经过八次阿尔法衰变和六次贝塔衰变,完成了到稳定的铅206的变化。

图中每个放射性元素的名字上面有两个数字,给出了这种元素的原子序数和原子重量,而元素下方的数字是它的半衰减周期,单位分别是年、天、小时、分钟或秒。钍、镁以及人工生成的第四族元素(没有名字)都可以建立起类似的衰变列表。

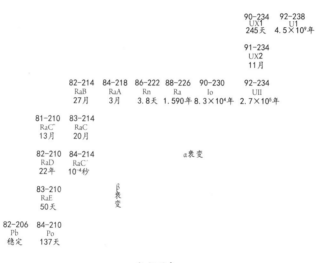

衰变列表

生存规律

如果我们追踪一个很大的人类婴儿种群、小狗种群、小鸭种群或是任何其他物种的新生群的生命历程,并且这个生物群中所有的对象都在同一天出生,那么我们会发现它们并不是也在同一天死亡。有些会活得久一点,有些则生存较短时间,如果我们按照某天仍存活的个体比例, 并画成一个曲线的话, 就会得到一个典型的如图8-2a这样的生存曲线。它表示存在着一个确定的"寿命预期", 在图中所示的生存曲线中, 人类的预期寿命大约在75岁, 狗的预期寿命大约在15岁, 而鸭子的预期寿命很短。

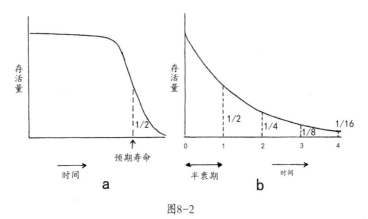

图8-2

(a)动物的生存曲线和(b)原子核的生存曲线。

这条曲线表明在某个年龄之前它们死亡的概率相对较小, 并且达到这个年龄之后继续活下去的概率也同样较小。

而对于放射性原子的情况来说, 生存曲线就完全不同了, 由上一辈的"再生"(通过阿尔法衰变或者贝塔衰变)新产生出来一个放射性族成员继续"再生"出新成员的概率, 与从它形成之后经过的这段时间相独立。这个情形类似于与敌人卷入连续战斗的士兵的情况, 每天都有一定比例的人牺牲, 而且并不知道第二天敌方和我方, 哪方的人数会更多些。在这个情况下, 我们就不能确定"预期寿命"了, 而是应当引入一个完全不同的"半衰期"的概念, 即在这段时间中, 一半的士兵被杀害或是一半的不稳定放射性原子会衰变。这个过程的曲线如图8-2b所示,数学家将这张图称为"指数型曲线"。不同的放射性元素之间半衰期的变化很大。铀衰变50%比率需要45亿年,镭需要1590年,而RaC′原子分裂一半仅需万分之一秒。三种放射性家族在自然界中存在是因为它们的祖辈:铀I(即$_{92}U^{238}$)、钍($1.3×10^{10}$年)以及镁的"祖父"($5×10^8$年)[1]有很长的寿命,可以与宇宙的年龄相较。

4n+1类的家族在自然界中是不存在的,是因为人们发现,当这些元素的原子核通过原子堆人为生成之后,家族中第一个元素的生命相当的短暂,整个家族在很长时间以前就已经完成了衰变了。

漏洞的壁垒

对于阿尔法变换缓慢的解释是由本书作者独立给出的,当时我正在德国工作,在罗纳德·格尼(澳大利亚)和爱德华·康登(美国)的团队中,并且这个解释是以波动力学为基础的。我们知道,原子核是被高电势势垒所环绕的,这一点由卢瑟福的阿尔法粒子散射实验首先发现。当一个阿尔法粒子接近原子核的时候,它受到的斥力正比于原子核带电量(Ze)与阿尔法粒子带电量(2e)的乘积除以它们之间距离的平方。当粒子接触到原子核时,它与粒子间的凝聚力拉着粒子并将它紧紧留在原子核内部。根据这两种力所作的势能曲线如图8-3所示,它的形状看起来就像是一个具有里面陡外面缓的壁垒或是防御墙。为了到达原子核,入射的阿尔法粒子需要爬到壁垒的顶端,然后掉进原子核内

1.镁本身的半衰期只有12000年,但是锕家族从镁开始的前辈,都是经历一次α衰变和一次β衰变产生的,它们的半衰期都在5亿年左右。锕家族的系谱并没有一个名字,但是作为铀的同位素,锕被简单地称为U235。放射出一个α粒子,$_{92}U^{235}$转变为$_{90}UY^{231}$,通过接下来的β衰变,继续转变为$_{91}Pa^{231}$。U235本身具有铀家族的名字,却实际上属于锕家族(典型的4n+3),它是最著名的"可裂变"铀,使得"原子"弹和核反应的发展成为了可能。

部。同样地，任何要离开原子核的粒子也需要先从内部爬上壁垒的围墙，然后沿着外部的斜坡滚下来。通过研究铀的一个阿尔法粒子散射，卢瑟福发现这个元素原子核周围的势垒至少有14×10^{-6}尔格这么高，因为从RaC′中释放出快速的阿尔法粒子，而具有这么高的能量依然没有显示出达到势垒顶端的迹象。

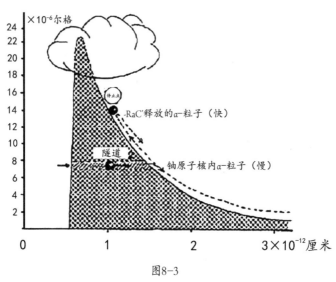

图8-3

铀原子核周围的势垒，它与卢瑟福的散射实验中得到的相类似。

另一方面，从铀辐射出的阿尔法粒子本身具有的能量只有：8×10^{-6}尔格。一个具有如此微弱能量的逃逸粒子是如何翻越比它高几倍能量的壁垒的呢？根据经典力学的理论，这当然是不可能做到的。假如在桌子上建造起一个木制壁垒，使球滚向它，小球具有的能量仅为到达制高点所需能量的一半，那么这颗球将总是顺着斜坡滚到一半处就滚下来了。但是根据波动力学会得到一个完全不同的结论，为了理解它，我们必须引入一个德布罗意波和光波的类比。在光学几何中，我们熟悉一个叫作"全内反射"的概念。如果光线通过玻璃（图8-4a）落到了玻璃与空气的交界面AB处，在一个相对较小的入射角下，它会被全部折射进入空气，出射方向会比入射方向更接近交界面AB。但是，如果入射角大于某个临界值，那么就不会有光线进入空气，这道光会在交界面发生全反射。

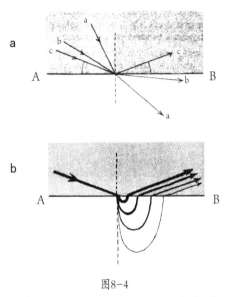

图8-4

（a）根据几何光学的光的全内反射和（b）根据波动光学的光的全内反射。

　　然而从光的波动本质的角度来考虑这个现象，我们会得到一个不同的结论。结果表明，确实有一些光跨越了交界面AB进入到空气中去，但是它并没有穿透得很远，在穿透几个波长厚度的空气层之后又回到了玻璃中。图8-4b中的线示意出会发生的事情，它不再代表光线，而是辐射能的流线。如果我们拿来另一块玻璃，接近交界线AB的话，那么空气中的这部分流线就会进入第二块玻璃中。如果两个交界面之间的距离恰好等于几个波长的长度（即几微米）的话，这个现象就能在实验中被观察到。

正如几何光学完全不允许的穿透在波动光学是被允许的一样，借助波动力学可以让物质粒子做出用百分百经典力学的认识看来完全不可能的事情。

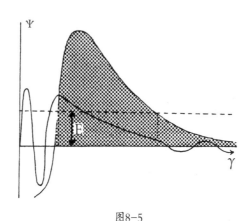

图8-5

一个阿尔法粒子的波动力学穿透使它通过了原子核的势垒。

原子核中的阿尔法粒子是处在一个快速运动的状态下的，它不断地冲击着围绕它们的势垒的墙壁。而引导这些粒子运动的德布罗意波，缓慢地渗透进壁垒的围墙，使阿尔法粒子可以即使不达到势垒顶端也能穿过它（图8-5）。原子核势垒的可穿透性极其低，这意味着对于铀原子核来说，10^{38}个尝试中仅有一次可以成功。由于阿尔法粒子的运动是限制在10^{-12}厘米的空间中，且具有$10^9 \frac{cm}{\sec}$这么高的速度，所以它在每秒钟可以撞击势垒内壁10^{21}次，那么它需要$\frac{10^{38}}{10^{21}} = 10^{17}$秒，也就是几十亿年，才能成功地突破出去。对于RaC′的原子核，势垒的可穿透性相对较高，只需要10^{17}次尝试就可以成功。因此对应的半衰期就是$\frac{10^{17}}{10^{21}} = 10^{-4}$

秒，与观察到的一样。对于不同的放射性元素基于这个理论计算出的半衰期与观察到的数据完美吻合。

无须多言，那种波动力学的现象仅在原子和原子核的微观世界中是非常重要的。对于上述初速度较低的小球滚上木质斜坡而无法跨越坡顶，它仍然有机会通过潜在的障碍，就像一个老式的幽灵穿过城堡的墙壁一样，但是计算得到的这个几率大约是$10^{-10^{27}}$，这是一个小数点后面有10^{27}个零的数字。如果我们试着将这个数字写出来，第一个重要的数字将出现在用200英寸望远镜观察到的最远银河系附近的星系中。因此，就不要再花时间做这种尝试了吧！

核结构和中子

将放射性现象解释为原子核的自发衰变，无疑说明原子核是一个复杂的力学系统，由许多粒子的成员组成。所有元素同位素的原子重量都非常接近整数值，这个事实说明质子一定是组成原子核的一员。但是光有质子还是不够的。事实上，以碳的原子核举例，它具有的原子重量是12，那么它应该具有12个质子。但是由于碳原子核所带的电荷只有6，所以一定有6个带负电的粒子出现，人们推测这些负电荷是由6个电子提供的，这些电子与12个质子一起形成了碳原子核。然而，这个在原子核中有电子出现的推测从量子理论的角度来看，会导致非常严重的困难。因为，由于一个电子量子态的能量是随着电子被限制所在区域尺寸的减小而迅速增加的，这导致我们不得不认为，原子核内部运动的电子一定具有上十亿电子伏特的能量。这个从量子理论直接得来的结论听起来很奇怪，而在宇宙射线下观察到了这部分能量，但是这个与原子核现象相关的能量只有百万（注意不是十亿）电子伏特。当尼尔斯·玻尔将"无法更改的事实"告诉欧内斯特·卢瑟福之后，他们认为解决这个问题的唯一办法就是假设一种不带电质子的存在，他们将它暂时命名为"中子"。在这个假设下，原子核中就不需要电子的存在了，以碳原子核为例，它的组成就可以被写为：$_6C^{12}$＝6质子＋6中子。

在二十世纪中叶，卡文迪许实验室开展了一个生机勃勃的项目，目的是从一些较轻元素的原子核中将这些假设的"中子"踢出来，这样就能直接证明它们的存在。但是实验结果是差强人意的，这个方向的研究被暂停，而中子的发现也被延迟了许多年。直到1932年，卢瑟福的学生J·查德威克，对这个谜题进行了研究，证明了高穿透性辐射（首先被W博特在阿尔法粒子撞击目标铍的实验中观察到）是由质量十分接近质子的中子束形成的。因此，前人的失败之后，中子终于在卡文迪许实验室中诞生了。

β衰变和中微子

阿尔法粒子的释放意味着一个真正的原子核衰变，结果产生了较小原子重量的产物，而贝塔射线的释放只是伴随着一次或者多次阿尔法粒子释放所导致的原子核电量的调整。在前面章节的讨论中，我们知道了原子核是由质子和中子组成的，在较重元素的原子核中，中子的数量超过了质子的数量。比如说，对于$_{88}Ra^{226}$，它的中子数是226－88＝138，质子数仅为88，数量比为$\frac{138}{88}=1.568$。而对于镭经过阿尔法衰变产生的$_{86}Rn^{222}$的原子核，中子数仅仅为136，质子数为86，数量比为$\frac{136}{86}=1.581$。因此，阿尔法衰变的过程中，原子核中中子与质子的比例在增加，经过了几次阿尔法衰变过程之后，中子的数量可能会变得比两种粒子和谐共处的数量要多。在这种情况下，中子通过释放出一个贝塔粒子的负电子而将自己转变成质子。通过观察本章的衰变列表,就会注意到贝塔衰变总是成对出现的。这是因为原子核中的中子和质子就像原子中的电子一样,也是遵循同样的泡利原理的。每一个量子能级只能被它们中的两个所占据(自旋方向相反)。因此,当能级变得不稳定,就会有两个粒子开始进行贝塔衰变,一个接着另一个。

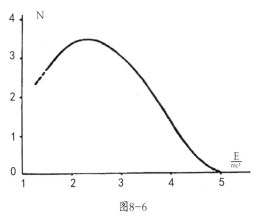

图8-6

In^{114}的贝塔射线谱。以mc^{2}为单位的电子能量(E)所对应电子的数量(N)被画成的曲线示意图。

1914年,一位年轻的英国物理学家,詹姆斯·查德威克,当时在知名的德国物理学家弗里茨·盖革(盖革计数器的发明者)的指导下,在柏林大学工作。他的工作内容是研究被不同放射性物质释放出来的贝塔射线谱,它与阿尔法和伽马射线谱看起来有着本质的不同,因为它们的动能会从接近零的位置到相当高的范围之间连续分布(图8-6)。第一次世界大战爆发的那年秋天,查德威克完成了他的这部分工作并将它向公众发表,他很快就被当作一个敌人被逮捕了,并被送进了战俘集中营,这段时间是在监狱里度过的。在集中营的头一年是很无聊的,因为这位年轻又具天赋的物理学家不能和他的狱友交朋友，他的狱友都是一些商人或是巡回推销员等等。不过，法国某个地区一场巨大的战争过后，集中营里来了一位新狱友。他是C·D·埃利斯，是一名英国高地地区杰出的官员，在那场战争的战场上被俘虏了。这两个英国人成为了朋友，为了消磨时间，查德威克开始教埃利斯核物理方面的知识。当战争结束之后，两人均被释放回国，埃利斯成为了剑桥大学的一名研究生，查德威克是这所大学的老师。几年之后，埃利斯发表了一篇论文，展示了关于查德威克研究成果的一个重要进展。

对于贝塔射线的连续能量谱的一个可能的解释是，贝塔粒子从产生它们的放射性物质中逃离的时候经受了大范围的能量损失。埃利斯设计了一个非常聪明的实验，在这个实验中所有由放射性物质释放出的贝塔射线都会被一块铅所吸收，然后仔细地测量由此产生的热量。这个实验的结果说明每个粒子释放的总能量精确地等于连续谱中电子的平均能量，这说明物质没有损失的发生。因此，这位物理学家面对的是一个矛盾的情形。在一系列放射性变化中，释放的阿尔法粒子总是具有明确的能量，等于母核与子核这两代原子核之间内部所含的能量差，而贝塔粒子的能量就在很大的范围内发生变化。如果对相同放射性元素的两个原子核而言，又会发生什么呢？其中一个放射了一个快速运动的贝塔粒子，另一个放射出相对缓慢的贝塔粒子。尼尔斯·玻尔对于上述矛盾的情形感到非常兴奋，他甚至建议能量守恒定律对于放射性贝塔衰变的情况可能不成立，也就是放射出缓慢运动的贝塔粒子的情况，释放出的那部分能量就会化为虚无，对于放射出快速运动贝塔粒子的情况，一些附加的能量会凭空出现。根据这个假设，能量守恒在基本核过程中只是在平均意义下成立的，因此，基于放射性衰变过程的第一类永动机（见第四章）是不可能被建造出来的。

　　沃尔夫冈·泡利关于这个问题的观点更保守些，他提出了一个可以平衡原子核衰变过程能量簿的替代方案。他考虑的一个可能性是，贝塔粒子的放射总是伴随着另一种"神秘粒子"的同时放射，这种"神秘粒子"逃脱了观察者的眼睛并且带走了平衡的能量。如果假设这些原子核中的"巴格达窃贼"本身不带有电荷，并且它的质量与一个电子一样小或者比电子的质量还要小，那么它们携带着部分能量确实容易逃逸出物理学家们所设置的最严密的障碍。泡利给这些假想的"窃贼"一个"中子"的名字（这早于查德威克1932年发现的现在所谓的"中子"）。但是所有这些讨论是在这个领域的对话以及私下的通信中进行的，这个名字并没有通过被印到科学杂志上而获得"版权"。在查德威克发现了中子之后，当时是罗马大学教授的恩里科·费米（图7-15）在宣讲会上做了一个有关查德威克论文的报告，观众席上的一个人问他查德威克的中子是否就是泡利之前所提到的粒子。"不是，"费米回答，"le neutrone di Chadwick sonno grande. Le neutrone di Pauli erano piccole; egli devono star chiamato neutrini."（这是意大利语，它的意思是说：查德威克的中子很大，而泡利的中子很小；他所说的中子应当被称作"中微子"。其中意大利语的"neutrino"就是小型的"中子"的意思。）

　　由于引用一些关于伟大物理学家们的小故事成为了本书的惯例，而且恩里科·费米是我们时代最伟大的物理学家之一，所以，在此引用了一个基于他自己的话的关于他的小故事。由于他早期在物理领域做出的贡献，他被选举为意大利皇家科学院的一员，并被本尼托·墨索里尼授予了"卓越"的头衔。一次，他开着他的小菲亚特去参加由墨索里尼亲自组织的学院会议。而通往院子的大门处有两位宪兵把守着，他们把手里的步枪交叉拦在费米的小车前方，问道："你是谁？"如果我说自己是'卓越'头衔的获得者，他们才不会相信呢。"费米想，"因为所有被授予'卓越'奖章的人看起来都很高贵，都会坐着私人司机驾驶的豪华轿车来。"所以他冲宪兵们笑了笑，说自己是"卓越"成就者费米的司机。这个计策成功了，他们让他把车开进去并等着他的主人会议结束后出来。

回到中微子上，人们对它的印象是它真的非常难以捉摸，追踪它很长一段时间的核物理学家，也只能看到它所造成的损害，却不能捕获这个粒子本身。不过，在1955年，来自拉莫斯（美国新墨西哥州中部城市）科学实验室的弗雷德·莱茵斯以及克洛伊德·考恩，设法捕捉到了它。最密集的中微子来源是核反应堆，链式反应核裂变产物的贝塔衰变导致了大量的中微子被释放出来。而且，即使反应堆周围的厚厚的混凝土防护墙能有效地阻挡住最具穿透性的伽马射线以及运动速度最快的中子，穿透防护对它们来说，就像是一大群蚊子飞进鸡笼里一样简单容易。为了探测到它们，莱茵斯和考恩在混凝土防护的外围又放置了一个巨大的充满氢气的容器，被各种不同类型的粒子计数器的电池所包围。预期得到的实验结果是：快速运动的中微子与质子发生了撞击，并放射出一个正电荷，并将质子转变成中子：$P+v \rightarrow n+\overset{+}{e}$；但是理论上可以估算出上述过程发生的可能性是极其微小的。为了检测到这个过程，他们使用了中子和正电子计数器，二者的连接方式保证当计数器同时分别受到中子和正电子撞击时会发出信号。由于发生一个偶然巧合的机会极其低，只有从上面写的反应方程才可能得到两个计数器上同时的撞击。在反应堆的全反应下进行这个实验，他们每分钟就会获得一些信号，但是当反应堆被切断时，信号很快便消失了。从他们的观察中发现，在反应过程中，中微子将一个质子转变成中子的有效截面积仅有10^{-43}cm^2，这意味着，如果要将一束中微子的强度削弱到一半的话，需要使用一个上百光年厚度的挡泥板。

费米提出的伴随着一个电子和一个中微子释放的中子-质子转化理论与关于贝塔衰变的所有实验数据非常地一致。这个理论也成为了之后发现的所有衰变理论的原型，这些理论与基本粒子之间各种各样的转换过程有关。

第一次核裂变

自从卢瑟福意识到放射性现象意味着一种化学元素向另一种化学元素的自发性转变，他就特别希望从一些稳定元素的原子核中也能得到一次裂变，使其变成另一种元素，从而实现古代炼金术士的梦想。第一次世界大战于1914年爆发，英国海军部命令卢瑟福将他最近刚开始负责的卡文迪许实验室变成一个战争研究机构，为了对抗德国的U型潜水艇而发明一种反潜军事方法。由于卢瑟福有着更重要的事情要做，也就是将原子核炸裂，所以他拒绝接受这个命令。确实，卢瑟福的这项工作为研制世界上威力最强的战争武器——原子弹和氢弹铺平了道路，但是卢瑟福当时并没有预见到这些方面的发展。事实上，在1937年，他去世前不久，卢瑟福与匈牙利物理学家利奥·西拉德展开了关于大规模的核能释放的可能性的一次激烈辩论，卢瑟福坚持这件事不会发生。西拉德为了证明自己的观点，他去了专利局获取了大规模核反应的专利。三年之后，铀原子核的裂变反应被发现，又过了六年，第一颗原子弹在日本广岛爆炸，宣告了第二次世界大战的结束。卢瑟福的在天之灵肯定看得到这些发展，他悠闲地坐在云朵上听着竖琴发出的美妙音乐，不过老人心里更可能这样想："你对了又怎样？现在这些……家伙在用我的发现当作武器来杀人！"

但是我们必须回到1919年，看看卢瑟福关于分裂原子核都做了什么。由于随着门捷列夫的原子序数的增加，围绕原子核的库仑斥力的壁垒会越来越高，所以最好的机会是轰击较轻的原子核。同时，从放射性元素快速衰变得到的高能阿尔法粒子也会比速度慢的要有效。因此，在卢瑟福的第一次尝试中，他决定用RaC'衰变得到的阿尔法粒子轰击氮气原子核，令他十分满意的是，除了许许多多被氮原子核分散开的阿尔法粒子之外，他还观察到了少数某种其他粒子的快速运动，卢瑟福认为它们是质子。卢瑟福的首次观测是闪烁计数法的结果，但是很快，使用一款绝妙的发明大大促进了核转化的研究，这个发明名叫"威尔逊室"，或"云室"，是由C·T·R·威尔逊发明的，我们曾在关于J·J·汤姆生实验的章节中提到过威尔逊的这项研究成果。这个装置基于的原理是：任何时候一个快速运动的带电粒子穿过空气（或者任何其他气体），它会沿着它的路径将周围的气体分子离子化。如果这些粒子穿过的空气中的水蒸气是饱和的，那么刚产生的离子就会作为细小水滴的凝结核，我们就会看到沿着粒子的轨迹有一条细细的雾延伸开来。云室的示意图如图8-7所示。它由一个金属制的圆柱形容器C，一个透明的玻璃盖子G以及一个活塞P组成，活塞的上表面用黑色颜料涂满。活塞和玻璃盖子之间的空气一开始是水蒸气接近饱和的状态，并通过圆柱金属壁上开的小窗W透过的光源S将空气照亮。现在我们假设开口O附近的针N的顶端有少量的放射性物质。

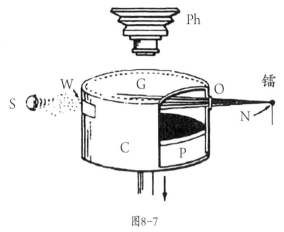

图8-7

C·T·R·威尔逊云室的示意图。

放射性原子释放出的粒子会穿越云室中的空气,并沿着它们的轨迹将其中的空气离子化。然而,由于空气中的水蒸气并没有那么饱和,所以并没有出现液化的现象,飞过的粒子产生的正负离子也很快地再次组合在一起形成了中性的分子。不过,假设将活塞快速地下拉一定的距离,活塞和玻璃顶端之间所夹空气的扩张使这部分气体的温度下降,并导致了水蒸气的液化,正如陆地的大气中潮湿的空气流上升形成了云,是一个道理。但是,由于此刻带电粒子穿过云室所产生的离子在水蒸气的液化过程中起了很大一部分作用,所以雾的形成只会沿着粒子轨迹而发生,又细又长的雾线会在光线照射黑背景下,显得十分清晰。我们可以直接从透明的玻璃顶端观察到这一画面或是从照相机拍摄的照片上看到。

插图V,见前文,是1925年由卢瑟福的学生,P·M·S·布莱克特得到的第一张人工分裂原子核的照片。图片边界以外的点散射出的无数条轨迹是由放置于该点的放射性物质产生的阿尔法粒子造成的。这种放射性物质是RaC和RaC'的混合物，是由RaC经过阿尔法衰变过程而产生的。从RaC放射出的阿尔法粒子运动得相对较慢，在图片中间的位置它们的运动就被空气停下来了。而RaC'所放射的阿尔法粒子大约是放射性物质所能放射出的速度最快的粒子了，它们可以穿透较厚的空气层，轨迹在照片的顶部才结束。在图片的中上部，我们可以看到一个叉子的形状，这是由于在阿尔法粒子的撞击下氮原子核内发生的转化所形成的。往左端的细长轨迹属于从原子核中被踢出来的质子，而图片中显示出的往上的较宽的轨迹是由快速运动的氧原子核产生的。这里所发生的反应可以用一个公式来表示：$_7N^{14} + _2He^4 \rightarrow _8O^{17} + _1H^1$，根据变换的写法，其中下角标表示的是原子序数，上角标代表的是原子重量。原子$_8O^{17}$代表普通氧原子$_8O^{16}$的较重同位素，有少量会出现在大气层空气中。通过测量该反应中产生的$_1H^1$和$_8O^{17}$的能量（根据它们轨迹的长度就可以测量出来），会发现与阿尔法粒子的初始能量之间相差了1.26兆电子伏特。将上述反应式的两端质量分别求和，我们会发现：

$$He^4 = 4.00388 \qquad H^1 = 1.00813$$
$$N^{14} = 14.00755 \qquad O^{17} = 17.00453$$
$$\overline{ 18.01143} \qquad \overline{ 18.01266}$$

因此，对于这个变化来说，能量平衡是个负数，它的值是-0.00125单位，它等于-1.16兆电子伏特。这个数字在实验误差的范围内与之前提到的反应能量损失的数值相吻合。这样的测量结果意味着爱因斯坦质能守恒定律的第一个直接实验论证的诞生。因此，在这个反应中，并没有释放出核能，而是有能量损失。然而，在其他核反应中，比如阿尔法粒子轰击铝原子核，则会产生相当大量的核能。

由于阿尔法粒子是天然放射性元素所能释放的唯一一种重抛射物，所以人工核反应的早期工作只被限制在阿尔法粒子轰击原子核的这种类型中。1939年，本书的作者在与卢瑟福勋爵于剑桥大学工作的过程中，基于势垒理论的计算得到，质子其实是一种更好的抛射粒子，因为它的带电量和质量都相对较小。计算结果表明，事实上，被一百万伏特的电势所加速的质子所带有的能量比从RaC'中辐射出的阿尔法粒子所带能量的几分之一还小一些，它可以使较轻元素的原子核产生显著的分裂。卢瑟福让他的学生J·考克罗夫特（现在是约翰爵士）以及E·T·S·沃尔顿建造出来一个能产生上述能量质子束的高电压仪器，第一台"核粒子加速器"于1931年开始运行。通过向目标锂原子核轰击质子束，考克罗夫特和沃尔顿证明了：每一次成功的撞击会产生两个新的阿尔法粒子，它们从撞击点开始往相反的两个方向飞去。这个反应式很明显就是：$_3Li^7 +_1 H^1 \rightarrow 2_2He^4$。用锂替代硼重复实验，他们会观察到三条径迹（插图V，见下文），这表明，经过一个质子的撞击，硼原子核分裂出三个相等的碎片：$_5B^{11} +_1 H^1 \rightarrow 3_2He^4$。

考克罗夫特和沃尔顿的创始工作之后，通过运用各种各样巧妙的原则，越来越大的粒子加速器逐渐地发展了起来。其中一类加速器是根据它的创始人—范德格拉夫所命名的，它建立在静电学的简单基本原理之上，根据这个原理，从入口处进入中空金属球内部的带电粒子会沿着它的外表面进行分布。事实上，引入的电子之间的相互排斥作用会使它们尽可能地远离彼此。范德格拉夫的仪器是由一个巨大的不接电的球形金属罩以及里面一个不断被外界充电然后在金属罩内放电的传送带所组成的。虽然范德格拉夫起电机所能产生的电压仅限于几百万伏特, 但是它们已经被改进成为了结构紧凑而坚固的实验仪器, 方便于多种实验室工作。

另一种核粒子加速器则更为巧妙, 它是由欧内斯特·奥兰多·劳伦斯所发明创造的。今天加利福尼亚大学放射性实验室的名字就是以他的名字来命名的。这种粒子加速器是基于一个完全不同的原理, 它利用了带电粒子在磁场中沿着圆形进行了多次加速。

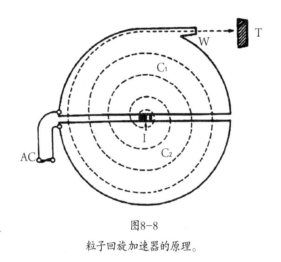

图8-8

粒子回旋加速器的原理。

这个回旋加速器的原理如图8-8所示。它本质上是由一个被切成两半——C_1和C_2的圆形金属室组成的, 并被置于一个非常强的电磁铁的两极之间。两个半圆金属室C_1和C_2分别与交流高压电AC的两极相连, 这样C_1和C_2狭缝间的电场可以周期性地改变方向。用于撞击原子核的元素的离子以相当低的速度从装置的中心I射入加速室, 它们的运动轨迹在磁场的作用下发生偏转, 而弯成了半径较小的圆。关于回旋加速器一个容易搞混的概念是: 带电粒子沿着圆形轨迹运行的周期独立于这个运动粒子的速度。由于轨迹的半径以及周长的增加均与速度的增长成正比，所以每一次旋转所需要的必要时间保持不变。

如果按照这样的方式进行：进入磁场的离子经过半圆所需要的时间等于电源AC产生的交变张力的周期的话，那么，到达半金属室C_1和C_2边界的粒子每次都会受到与粒子运动方向相同的电场作用。因此，每当离子通过边界之后，它将被再次加速，它的速度也会逐渐增加。离子将沿着环绕的螺旋形轨迹累积速度，最终从窗口W朝着目标物T的方向被释放出去。

插图VI的上图是一个科罗拉多大学改进后的回旋加速器，由它产生的粒子束能量可以达到大约30兆电子伏特。可以从图中清晰地看到大型电磁场的上面部分以及一根支撑梁。加利福尼亚大学的质子加速器（插图VI的下面部分）以及长岛的同步稳相加速器在原始的回旋加速器原理上得以进一步地发展。

对于被快速的投射物轰击的不同元素原子核产生的核反应，物理学家在描述它们的实验结果时，总是会谈及"有效截面"或是简称为"截面积"。为了理解这个概念，我们可以想象一个可以将接近我们的敌方空中飞行器击落的对空导弹。如果敌人笨到竟然会派遣一架小型软式飞艇过来（图8-9a），那么任何对它自身的打击都是致命的，这个飞艇的"有效截面"就等于这个飞行器的几何横截面。但是对于一架飞机来说（图8-9b），本应由外壳的碎片承担的力会被分散到其他结构件上，这样就不至于让整架飞机失事。仅有少部分区域，比如飞行员的头部和身体，发动机的核心部位以及操纵系统，必须要击中这些部分才能将飞机打落。这些位置的轮廓区域之和，被称为"有效截面积"，它可能会比物体本身的截面积要小很多。因此，举例来说，杀死阿基里斯的"有效截面"仅为他左脚脚后跟的那几平方英寸。

无论是对敌方的飞行器还是原子核,当考虑到"致命概率"时,我们在撞击它的时候感兴趣的只是应当被击中的总廓形面积的一部分,而不需要非得打击到敏感点确切的位置。这种情况类似于一个瘦子和一个胖子决斗。胖子提出异议,他觉得比赛对他来说不公平,因为他的手枪子弹靶区比对手的手枪子弹靶区要大得多。"那么好吧,"瘦子说,"让你的手下在你的大衣上用粉笔画出我的轮廓,子弹打到你身体这部分以外的地方不算。"

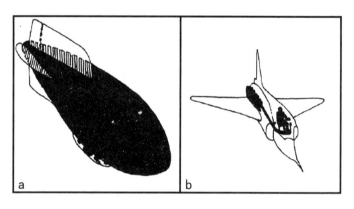

图8-9

图中黑色所示为(a)小型软质飞艇的"致命截面",以及(b)一架飞机的"致命截面"(假设油箱是自动防爆的)。

原子核的半径在10^{-12}厘米数量级,所以它的几何截面大约是$10^{-24}cm^2$,恰好为$10^{-24}cm^2$的截面积被称为"靶恩",因为这已经是最大的了,如果每次击打都会击中一个原子核,那么有效截面积大约为一靶恩。不过,由于这样或者那样的原因,如果我们说一百次轰击只有一次击中原子核,那么有效截面积为0.01靶恩或者是$10^{-26}cm^2$。在进一步的讨论中,读者会看到在轰击原子核的过程中有效截面更小的例子。

核结构以及核稳定性

当原子的电子在空间中自由地飞行,它们之间的间距是自身直径的几千倍时,组成原子核的质子和中子像桶里的鲱鱼一样紧密地排布着(图8-10)。因此,对于一个原子的情况,虽然我们可以说,电子的大气环境就像普通气体一样具有许多相同的性质,但是原子核的材质则更接近于分子在内聚力的作用下抱成一团的一滴液体。原子核的"液滴模型"是由本书作者大约在30年前提出来的,通过它,我们可以理解许多原子核的性质。

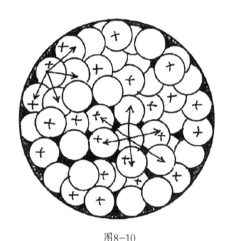

图8-10

由质子和中子组成的原子核。内部的粒子不受力,而位于表面的
粒子受到向内的拉力。

首先,由于气体分子之间有很多空间,所以气体很容易被压缩;而虽然液体体积也与压力相关,但无论对液体施加多大的压力,它的

体积改变也很小。确实，我们以前也见过，沿着门捷列夫的元素周期表看下去，越来越多的电子被安排到量子轨道上，而随着原子序数的增加，量子轨道的直径越来越小，所以，总的来说，原子的体积基本保持不变。不过，从另一方面来看，测量结果显示，原子核的半径随着它的质量的立方根在增长，所以，原子核体积的增长与质量成正比，密度保持一个常量。如果说形成原子核的液滴，也就是核流体，它的密度是水的密度的10^{14}倍，一量杯该种液体将会重达五十亿吨！核流体就像其他液体一样，它会表现出表面张力的现象，位于原子核表面的核子受到其他核子内聚力的拉力作用下，趋向于将表面积减少到最小。但是，正如密度的情况，核流体的表面张力比普通液体的表面张力要大得多。如果我们用一段直导线穿过U形导线，并以此为框架制作一个肥皂薄膜的话，可移动直导线可以承受的重量大约为70mg/cm乘以它的长度。如果用核流体做同样的实验，可承受的力将会是一百亿吨。在表面张力的作用下，原子核的形状非常接近一个球体，就像雨滴一样，而这些微小液滴的振动和旋转是导致激振原子核放射出伽马射线的原因。

不过，普林斯顿的物理学家约翰·惠勒指出，核流体并不一定要以小球体的形式存在，理论上来说，可以假设它的不同形状。问题在于，在那种情况下，除了原子核的内聚力，在带正电的质子之间还存在着库仑斥力。惠勒在他的一篇未发表论文中写道，这些斥力的存在可以使核流体形成假想甜甜圈的形状。事实上，在这个情况下，将甜甜圈向球体发生转变的表面张力将会受到两端之间静电斥力的阻挠，整个形状将会非常稳定。这种比铀原子核大很多，且具有上千原子质量的甜甜圈原子核，环绕着它们的电子会沿着类似于环绕环形磁铁的线圈一样的轨道，在更接近它的表面范围内运动[1]。这种甜甜圈原子核在自然界中不存在，也很难想象它们将来能被最熟练的核物理学家在某一天制造出来。但是，如果人们可以将这种原子核制造出来，则可以把它们链接成长长的链条。这种核链的威胁会极其地强大，虽然像蜘蛛网一样纤细，却能承受一艘战舰的重量。不过原子核做的链条也会很重，一码长的重量就可以达到1000吨左右。

惠勒的甜甜圈核模型看起来不太可能找到实际应用的方向，但是同样两种力作用下形成的相对简单的原子核形状，也为我们打开了核能新纪元的大门。我们来考虑一下，一个原子核中的表面张力以及静电力二者能量的平衡问题。总的表面能当然正比于它的表面积，随着原子核的变大而增加。由于核流体的密度保持不变，它的体积与它的质量（原子质量）成正比，原子核半径与质量的立方根成正比，因此，总的表面能与表面积成正比，并随着质量的立方根的平方而增长，换句话说，就是随着质量的三分之二次方增长。为了计算库仑能，我们必须用到一个静电学定律，即带电球体的势能与它所带电荷量的平方成正比，与它的半径成反比。原子核所带电荷是由它的原子序数决定的，原子序数近似正比于原子重量。记住，核半径是随着原子重量的立方根而变化的，所以我们可以得到库仑能的增加近似地正比于原子质量的$1\frac{2}{3}$次方。这比表面张力能增加得快多了，由此我们可以得出结论，虽然在轻原子核中静电斥力的影响不大，但是对于较重原子核，它们有着非常重要的地位。由于表面张力趋于将液滴保持成一个整体，从而阻止两颗液滴相互接触后形成一个较大的液滴，所以我们会期望在较轻原子核的核聚变过程中可以释放出能量。在另一方面，对于重核来说，库

1.对比图V-11。

仑斥力的破坏占主导地位,核裂变应该会是一个能量释放的过程。计算结果显示,"聚变区"大概占到元素周期表前三分之一的位置,并且越接近极限边界,预期释放出的能量则越小。而"裂变区"始于与前一个区域对应的那一点,相应地,释放的能量相对较低,然后随着到达最重元素的最高原子序数,释放的能量值急剧地增长。因此,每一种化学元素都具有成为核能源的潜在来源,问题只在于:如何开始这个核反应以及如何将反应进行下去。

原子核的液滴模型是一种与真实情况非常近似的表征,但是我们不要忘了原子核内部的质子和中子与原子中的电子遵循着一样的量子规律,而这会使真实情形与上述给出的简化模型有一些区别。而且,确实,这些区别在更细致的核性能研究中被发现出来。原子核从最轻核到最重核的整个变化范围内,对应着每个核子束缚能的变化,如图8-11所示。我们会注意到这个序列的第一部分,束缚能有规律地减少,过了一会儿,又会缓慢地增长,这对应于核聚变区以及核裂变区。

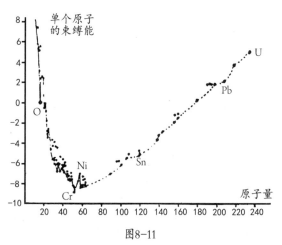

图8-11

序列下单个核子的束缚能是原子重量的函数曲线。

但是我们还会注意到, 这条曲线并不平滑, 其中有一些奇点表示核子间的异常强的束缚力。这些位置对应于原子核内完整的核子层, 正如原子中的电子层被填满的情况。在原子的情况下, 那些电子层被填满的元素(稀有气体)在化学性质上呈现的是惰性的, 因为它们对于自己的电子组分布是"完全"满意的。对于原子核类似的效应如图8-12中所示, 图中所示的是不同元素原子核获得入射核子的相对可能性大小。对于已经在原子核中核子的个数, 对应于某几个值(50, 82, 126), 从外界再获得一个核子的可能性就急剧减小, 这表示这些原子核包含完整的核子层。研究这些以及许多其他原子核性质的异常现象都会得出这样一个结论, 无论是中子还是质子, 当它们的个数等于以下其中一个数字: 2, 8, 14, 20, 28, 50, 82和126时, 原子核内部就形成了强有力结合的内部核子层。

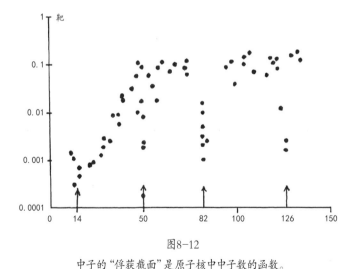

图8-12

中子的"俘获截面"是原子核中中子数的函数。

然而, 一定要注意的是, 虽然原子中每个新增加的电子层都是位于上一个电子层的外侧，因此，形成像洋葱一样层层包裹的结构，但是原子核中的中子层和质子层却是彼此贯穿的，每一条量子轨道都占据了整个原子核的体积。原子核子层之间这种缺少几何区别的事实使它们的效应并不显著，而且研究和解释起来也更加困难。然而，芝加哥的玛丽亚·格普费特·迈耶以及海德尔堡的汉斯·詹森同时也是独立地克服了这个困难，他们能够建造出一个与观察到的事实完全相符的原子核核子层完整系统。当他们为了对比各自的结果会面时，他们发现彼此是出生在同一年同一天的，于是他们成为了非常要好的朋友。

裂变链式反应

1939年1月27日，理论物理学的一次小型会议在乔治华盛顿大学（当时作者在这所大学任教）和华盛顿卡耐基研究所的联合举办下开展了，会议的地址就在华盛顿特区。这一天，与会重要人物之一的尼尔斯·玻尔收到了一封来自德国女物理学家，丽斯·迈特纳的来信，她当时（由于希特勒）在斯德哥尔摩工作。她在信中写道，她收到一封前同事奥托·哈恩从柏林的来信，信中说道：他本人和助手费利兹·斯特拉斯曼用中子轰击铀，发现了钡的存在，这是一个位于元素周期表大约中间以下的元素。迈特纳以及随着她一起来到斯德哥尔摩的侄子奥托·费尔什（发现这个故事里有两位奥托）认为这可能是核裂变的结果，也就是铀原子核在中子的轰击下从一个变成了两个。当玻尔一把这封电报读给与会人员听，会议的讨论立即从相对平淡沉闷的话题转向了一个激烈的争论，即铀原子核的裂变是否可能导致大规模的核能释放？恩里克·费米也在会议当中，他走到黑板上写下了关于裂变过程的一些公式。一位来自华盛顿报的记者刚才还在前面的会议上打盹，现在也醒来了，并开始记笔记，但是卡耐基研究所一位名叫莫尔·图夫的核物理学家却很快将他请了出去，声称现在的讨论对他来说，技术含量太高了。这是"原子能"发展上首次出现保密行为，之后安全条例被迅速应用在了这个问题上。不过，那位记者被轰出来之前听到的内容还是在报纸上报道出来了，第二天早晨，作者就被一通来自加利福尼亚罗伯特·奥本海默的长途电话叫醒，他想知道到底是怎么回事。于是事情就这样开始了。

尼尔斯·玻尔和约翰·惠勒的关于核裂变的文章发表在1939年9月《物理评论》的期刊中，这是在安全帷幕落下之前发表的第一篇也是最后一篇关于这个主题的文章，它的内容是基于上面讨论的原子核的液滴模型。当被入射中子击中的原子核开始振动，经过一系列被拉长的形状，表面张力和静电力之间的平衡被打破；前者试图使原子核回到初始的球形，而后者则在增加伸长率。如果椭圆体的长短轴之比超出了某个极限值，沿着赤道面就开始发生分裂，原子核完整地分成了两个（图8-13）。

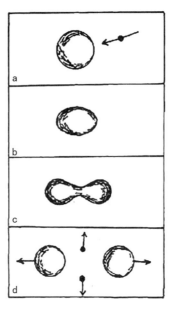

图8-13

由于中子撞击发生的重核的裂变。

　　人们很快发现, 铀原子核的裂变伴随着一对 (更确切地说, 是2.5个) 中子的放射, 然后轮到它们继续撞击附近的两个原子核, 使它们分裂, 而这又会新产生四个中子, 可以使另外四个原子核破裂……这样的连锁反应会迅速吞噬整个铀块, 并且伴随着大量核能的释放。

　　关于众所周知的 "原子能", 就这个主题来写文章, 是很困难的。初期, 大部分的事实和数据都隐藏在厚重的安全屏障之下, 可陈述的内容并不多。不过现在, 从大量的书籍、杂志和报纸上, 可以获取许许多多的信息, 这个话题又变得枯燥和琐碎了。另外, 虽然铀原子核的裂变可以被当作物理学故事里十分有趣的一段 (但只有一段), 但是原子弹、反应堆和催化剂却更应该属于物理学技术领域。因此, 除了原子弹和反应堆 (泳池形) 的两张美丽照片 (如果它们是彩色的就更漂亮了)

的复制品外（插图VII），本节只讨论最至关重要的步骤。

　　首先，和上述的华盛顿会议同时期出现了一个令人失望的事实，这个事实就是：并不是铀的主要同位素会表现出裂变现象，而是数量仅占0.7%的非常稀有的同位素U^{235}发生的裂变现象。另外，自然界中占了99.3%的铀的主同位素U^{238}也不仅仅是一种无害的混合物，而且它具有吸收中子的极强"胃口"，并以遏制在U^{235}中任何可能开始的链式反应的速度捕获这些中子。只有两种办法来应对这种情况：要么将U^{235}从有害的U^{238}中分离出来，要么就试图在天然铀中发生反应，通过一些零碎的东西，让"贪婪"的U^{238}远离它的"猎物"。

　　这两种方法都尝试过了。在田纳西州橡树岭的最高机密工厂中，对将铀的同位素分离的许多方法进行了研究，最终生产集中在一种扩散方法上，这种方法利用了含有较轻同位素的铀的化合物比含有较重同位素的化合物在多孔薄膜中的扩散速度快的性质。

　　在天然铀中进行反应所需的零碎东西大多数由恩里科·费米所发明，它是建立在现代理论的基础之上。人们发现铀的重同位素对于运动相对较快的中子胃口很大，而轻同位素对运动较慢的中子则更感兴趣。由于铀的核裂变过程所释放出的中子具有非常高的速度，所以人们必须将这些中子的速度降到U^{235}胃口的足够快速度水平，以至于它们不会被U^{238}所吞噬。可以通过在自然铀中混合大量所谓的"慢化剂"来达到这一目的，即添加一种元素，这种元素的原子完全不需要中子，它会在碰撞过程中带走中子一部分的动能。物理学家发现两种最好的慢化剂是氘原子（重氢同位素）和碳原子，它们决定了现在在用的两类反应堆（碳和重水）。第一类原子反应堆使用的是碳慢化剂（石墨砖），在费米的监督管理下，它建立在芝加哥大学体育场的看台下面，并从

1941年12月2日开始运行。当然，慢速堆中的核链式反应进行得非常缓慢，它们产生的能量既不能被军事所用也不能用于和平的目的。但其中有一个小窍门！当U^{235}原子核间开始了裂变链式反应，一些中子被饥饿的U^{238}原子核吞噬掉了，而借助于慢化剂，这些U^{238}被剥夺了继续参加盛宴的权利。当U^{238}吞噬一个中子后会发生的事情可以由下列反应方程式给出：

$$_{92}U^{238} + _0n^1 \rightarrow _{92}U^{239} + \gamma$$

$$_{92}U^{239} \rightarrow _{93}Np^{239} + \overline{e}$$

$$_{93}Np^{239} \rightarrow _{94}Pu^{239} + \overline{e}$$

其中Np代表镎元素，Pu代表钚元素，是原子反应堆中产生的两种"铀后"元素。镎仅仅在反应中的过渡阶段产生，而钚的意义就很大了！钚具有和U^{235}一样的性质，只会比它更多。被中子击中后的钚原子核更容易分裂，并且它的裂变反应伴随着更多的次级中子产生。而当然最重要的一点是，钚具有与铀不同的化学性质，这样可以在反应堆中发生的进程结束之后，可以轻易地将它们从剩下的铀中分离出来（理论上这么说）。

　　时至今日，美国可裂变物质的产物每年可以达到x吨，相比于每年的产物可达y吨的苏联。

裂变式原子弹和反应堆

　　关于裂变链式反应的所有讨论中，最重要的一个概念是"临界体积"。在给定的纯U^{235}或者纯U^{239}的样本中发生了一次裂变过程，那么，在原子核分裂发生的这个位置会产生几个裂变中子（铀中子的平均数为2.5个，钚中子的平均数为2.9个）。平均一个裂变中子为了到达下一个原子核,需要在物质间穿过10厘米左右的距离, 所以, 如果以上样本的尺寸小于这个数值, 那么, 大部分裂变中子在有可能引发下一次裂变反应并产生更多的中子之前, 它们就穿透样本表面飞走了。所以, 如果样本尺寸太小的话, 就不会有连续的链式反应发生。而对于越来越大的样本, 我们发现内部产生了越来越多的裂变中子, 它们在逃离出样本表面之前, 有机会撞击原子核, 从而产生一个新的裂变。对于合适大小的样本, 在样本内产生下一次裂变的裂变中子数量也足够将反应速率随着时间而增加得相当快。某种给定的可裂变物质的样本大小, 其中引起后续裂变过程的中子比例足够高, 可以保证发生一个连续的链式反应, 这就是所说的这种物质的 “临界体积”。由于, 钚每次裂变所产生的中子数量比U^{235}每次裂变所产生的中子数量要多, 所以, 钚元素样本的临界体积小于U^{235}样本的临界体积, 因为前者可以承受从表面失去更多的中子。

为了产生一次核爆炸, 在不足以使链式反应发展到具有任何强大威力的短时间内, 人们需要建造一个裂变物质的高度超临界样本。比如, 我们可以通过将一个超临界质量以足够快的速度打击到另一个超临界质量中来完成, 这样, 链式反应还没有发展到任何可观的程度就已经完成了 “装配”。除此之外, 还有其他独创性的方法 (但属于机密) 可以达到同样的目的。

如果需要使核裂变链式反应在可控的条件下发生, 以便将它用于能量产出的目的, 那么样本量需要一直保持在尽可能地接近临界体积的数量上。一定要记住, 原子核链式反应本质上就是一个爆炸反应, 任何将它保持在一个稳定的速率下所进行的努力, 就像是用TNT做燃料来保持火炉的持续燃烧一样。但是, 事实上, 这件事情有可能完成,发生事故的可能性也很小。它可以通过使用含有吸收中子的物质（例如硼）做成的"控制棒"来实现，当中子产物低于比率或者超出需求值的时候，控制棒会自动地从正在反应的裂变物质中开辟出的狭窄通道里来回穿梭，这样就可以达到控制的目的。

今天核反应被成功地用作煤矿或石油短缺的国家作为能源工厂使用，比如英国的能源供给，美国舰艇，比如"原子能"潜水艇的发动装置以及苏联的"原子"破冰机。

热核反应

几百年来，天文学家和物理学家都在思考到底是什么使太阳（以及其他所有恒星）发光发热。很明显，普通的"燃烧"是不够的，即便太阳上的物质是最优质的航空汽油，它也不会从埃及金字塔时期一直持续燃烧到现在。大约一百年前，来自德国的赫尔曼·冯·亥姆霍兹（一听名字就是德国人）以及来自英国的开尔文勋爵（这也显而易见）提出，太阳可以保持光和热的辐射是自身缓慢收缩的结果。计算结果表明，太阳从一个非常大的原始尺寸收缩到现在的大小，在这个过程中，会释放出足够保持它辐射一亿年的能量。但是最近估算的太阳系年龄表示，即便如此庞大的数量也是不够的，而且太阳一定至少闪耀了几十亿年。计算太阳如此长寿命的唯一方法就是假设它的能量来自于某种核反应变化。在1929年，一位英国天文学家罗伯特·阿特金森以及一位澳大利亚物理学家弗里兹·豪特曼斯，将他们的智慧凝聚在一起来考察这个观点的正确性。他们的观点是，太阳炽热内部的原子间的热碰撞会诱导出一些核反应，反应进行得足够迅速从而提供了所需要的能量。一位英国天文学家阿瑟·爱丁顿爵士的研究成果表明，太阳内部的温度可高达2千万度，所对应的热运动的能量大约为每个粒子4×10^{-9}尔格。这个能量值是人工转变元素的传统实验中所使用的原子投射物能量的几百分之一，但是一定要考虑的是，人工加速的原子核投射物会迅速失去它们的初始能量，并且在速度降下来之前击中目标原子核的几率很小，而热运动会无限期地进行下去，并且具有热运动的粒子会不断地与另一个粒子撞击直到永远。运用穿透原子核势垒的波动力学理论，这一理论是在一年前提出的。豪特曼斯和阿特金森能够证明：在太阳内部可以获得的温度和密度条件下，氢元素核子（质子）和其他轻核核子之间的热核反应可以释放出足够多的能量来解释所观测到的太阳辐射。这个理论早在科克罗夫特和沃顿的质子轰击下元素的人工转变实验之前被提出，关于不同的轻原子核被质子撞击时会发生什么，目前所知甚少。豪特曼斯和阿特金森在当时提出，一定存在某些轻元素原子核，它们具有捕获质子并可以将其保留在核内相当长一段时间的能力。当第四个质子被捕获之后，在原子核这个"质子的陷阱"内部会形成一个阿尔法粒子，放射这个阿尔法粒子会同时释放出大量的核能。他们暂时将自己发表在1929年德国物理杂志《物理学期刊》上的论文命名为："如何在一个电势锅中烹饪氦核？"[1]，不过这个标题被杂志的编辑更改为更传统的表达了，这个人真是没什么幽默感。

大约十年之后，当有关质子轰击轻核发生核反应的信息积累到足够多的时候，豪特曼斯和阿特金森的"质子诱捕原子核"被认出，它的身份就是碳原子核。美国的汉斯·贝特以及德国的卡尔·冯·魏茨泽克分别独立地提出如图8-14所示的碳素循环。在这些核反应系列中，四个质子被碳原子原子核连续捕获，并且它们其中的两个质子转变为

1.原文为：Wie Kan Man Ein Helium Kern in ein Potencial Topf Kochen?

中子后, 会释放出一个阿尔法粒子。整个循环的周期是6百万年, 在这个过程中所释放的能量会达到$4×10^{-5}$尔格。根据关于太阳化学组成的最新数据资料, 每克太阳物质包含0.0001克的碳($5×10^{18}$个碳原子), 碳循环的总能量释放速率为1尔格每克每秒, 仅为太阳内部需要产生的能量速率的1%。

　　同时, 查理斯·克里奇菲尔德提出了另一个过程, 他当时还是一名乔治·华盛顿大学的研究生。他的观点是: 如果两个质子在碰撞中, 其中一个质子通过释放一个正电子而转变成了一个中子, 这样就可以形成一个氘(重氢同位素)原子核。通过后续的反应, 氘会被重建为氦, 从而达到与碳循环同样的结果, 不过这个过程要快得多。

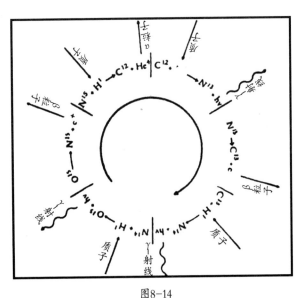

图8-14

产生恒星中热核能量的碳循环。

　　这个被称为"H-H"过程中参与的反应为:

348

$$_1H^1 + {}_1H^1 \rightarrow {}_1D^2 + \overset{+}{e} + v$$

$$_1D^2 + {}_1H^1 \rightarrow {}_2He^3 + \gamma$$

$$_2He^3 + {}_2He^3 \rightarrow {}_2He^4 + 2{}_1H^1$$

在2千万摄氏度的高温下，这个反应要进行3×10^9年，并且每个质子对应释放出4×10^{-5}尔格能量。由于氢元素占据了构成太阳物质的一半左右（2×10^{23}个原子每克），所以能量释放的总速率大约等于100尔格每克每秒，这个数据与观测值十分吻合。

不过，太阳中的H–H反应相比较C循环更有优势，在于它并不是一个通用的规则，在许多恒星中，结果却是相反的。问题的关键在于这两套热核反应对于温度有不同的敏感度，同时，C循环的反应速率正比于T^{17}，而H–H反应的速率只是正比于T^4。因此，在比太阳还耀眼的恒星情况下，比如内部中心温度更高的天狼星，C循环比H–H反应更占上风。另一方面，而对于比太阳微弱的恒星—大部分恒星都属于这一类—能量的产生完全是依靠H–H反应来完成的。

如果读者试着将发生在太阳中的能量产生速率与普通的电力装置（比如电动咖啡壶）产生热量的速率相比较，那么他（或她）一定会感到非常地吃惊。100尔格每克每秒大约相当于2×10^{-5}卡路里每克每秒，在这种热量供应速率下，需要花5×10^7秒，即一年半的时间，它才能将1克的冷水煮沸！因此，如果使用的咖啡壶的加热装置和太阳中热核反应的效率一致的话，我们得等上几年才能喝上煮沸的咖啡，还得在咖啡壶完全绝缘的条件下，也就是没有发生热量损失。尽管太阳的热供率低得可怜，但它依然如此炽热的原因就是它的体积十分庞大。事实上，因为总的产热值与体积（即R^3）成正比，而热量损失是与表面积（即R^2）成正比，所以即使巨大的物体内部每单位体积的产热速率非常低，它们还是会变得非常炽热。

从上述讨论中，我们清楚地知道，为恒星提供能量照亮我们的宇宙的两个反应，既不是C循环也不是H–H反应。对于那些出于自身的某种目的想要使用核能的雄心勃勃的聪明人来说，这已经足够了。美国化学家哈罗德·尤里发现，这个问题解决的关键是在重氢同位素——氘 D^2 上，而还有一种更重的氢的同位素存在，就是氚 T^3。虽然氚的含量相对较小，不过氘在自然界中是存在的，每三千个水分子当中就含有一个氘原子。由于分离同位素方法的发展，得到氘所需的经费从昂贵的法国香水降到了廉价的威士忌，而且在海洋中有大量的水。氚是一种不稳定的同位素，它在自然界中不存在（除了大气中由宇宙射线产生的少得可以忽略的那部分），而且只能以很高的成本从原子反应堆中人工制造出来。将氚用作主要燃料实在是太贵了，但是它对氘的热核反应起着"核引燃"的作用。

重氢同位素之间可能发生的反应如下：

$$_1D^2 + _1D^2 \rightarrow _2He^3 + _0n^1 + 3.25mev$$

$$_1D^2 + _1D^2 \rightarrow _1T^3 + _1H^1 + 4mev$$

$$_1D^2 + _1T^3 \rightarrow _2He^4 + _0n^1 + 17.6mev$$

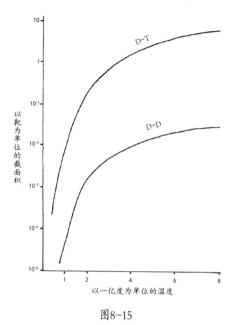

图8-15

绝对温度下, 反应的热能与氘-氚反应以及氘-氘反应的截面积的
对应关系。

根据隧道效应理论所计算出的它们的有效横截面积, 以图像的
形式给出, 见图8-15。因此, 为了在重氢同位素之间产生热核反应所必
须做的就是, 要将它们加热到几亿摄氏度。1952年11月1日, 洛斯阿拉莫
斯的科学家们做到了这一点, 当他们使第一颗热核弹在太平洋上的一
个名叫伊鲁吉拉伯的珊瑚岛上爆炸之后, 将这个岛变成了一个大约1英
里宽, 200英尺深的大水池。这是通过一颗威力巨大的裂变式原子弹的
爆炸来挤压和加热适当量的重氢而实现的。

然而, 如果需要热核反应在控制的条件下进行, 而且将释放出的
能量用于建设性目的而非破坏性的目的的话, 情况就变得十分复杂了。
很明显, 如果这样的话, 就需要将产生热核反应的物理条件进行彻底的改变了。首先，这个反应应当在极低的密度下进行，从而避免在几亿摄氏度的温度下会产生的不可承受的超高气体压强。事实上，气体环境在那种温度和密度条件下，氘气的气压会上升到大约一亿磅每平方英寸，没有容器可以将它保持在原位。图8-16的图像表示的是纯氘和氘氚混合物在不同的气体密度下，热核反应能量的产生速率。我们可以看到，为了使能量产生速率达到100瓦特每立方厘米，也就是现今核裂变反应所能达到的能量产生速率，需要将氘的密度降至大气密度的万分之一这么低，这个数值对应于我们实验室中所能达到的最好的真空效果。第二个问题就是需要将这个高温稀薄的气体从容器壁远离，否则的话，热传导到容器壁上会很快将氘气的温度降低到热核反应所需要的临界温度以下。

我们可以通过一些不同的方法来达到这个目的，而所有的方法都是主要基于强磁场的使用。在这种情况下，管道中的氘气需要超高温度才能完全地被离子化，并全部变成带负电的电子和带正电的氘离子。（在今天，这种物质的状态被称为"等离子体"。）我们知道，当一个带电粒子通过磁场时，会受到垂直于它的运动方向和磁场方向的力。

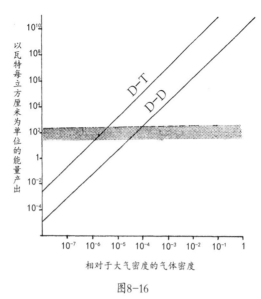

图8-16

在$7 \times 10^9 K$(大约等于太阳内部温度的2倍)的温度下,不同气体密度的核能释放速率。图中的阴影区域表示在现有的铀反应堆以及钚反应堆中的能量产生。

这个力迫使粒子沿着磁场线的方向螺旋形前进,如图8-17a所示。因此,通过在管道中形成一个轴向强磁场,我们就可以有效地阻止自由氘离子和氚离子接近容器壁。如果这个可以做到,在沿着管螺旋形前进的粒子之间发生的碰撞预计会导致D-D反应或者D-T反应,并且在这个过程中,会伴随着核能和大量中子的释放。当然,为了使上述反应开始进行,需要将管中的气体通过一些外界的媒介加热到一个非常高的温度。

第二种可能的方案是利用通过管道时间很短但是强度很高的电而产生磁力。众所周知,两束流动方向相同的平行电流会由于磁场作用而相互吸引。在电流强度足够大的情况下,管中的气体(或者等离子体)将会产生离开容器壁的趋势,并且被挤入沿轴的狭窄收口。

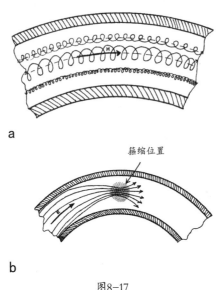

a

箍缩位置

b

图8-17

为了控制热核反应发明的两种主要方法。普林斯顿的"仿星器"以及
洛斯阿拉莫斯的"角箍缩"。

这个被称为"收缩效应"的原理是如何运作的,可以通过参照图
8-17b来理解。与前文中所描述的上一种方法进行对比,这个"收缩效
应"装置的运行是时断时续的,就像汽车发动机那样,但是它的优点在
于:管中的气体会被充电电荷自发地加热,而不需要外界加热。经过估
算,将几十万安培的电流通上几微秒的时间,就可以产生一个足够强的
"收缩",从而可以引起氘中的热核反应。至今,这个方向的研究工作
在全世界的很多实验室中进行着,很可能在不久的将来,人们就能解
决热核反应的控制问题。

介子和重核子

二十世纪三十年代初期,物理学家对于"物质是由少量的粒子所组成的"这一观点很满意。质子和中子组成了原子核,电子在核外形成包裹,还有一哦,对了—还有中微子,它是那个时期的问题儿童。但是,1932年出现了一篇论文,作者是一位日本物理学家秀城汤川,这篇论文让关心原子核凝聚力本质的每一个人都感到头疼。汤川提出,这些力是由于一种新的粒子被连续不断地在质子和中子之间交换产生的。如果在所有可能的情况下,用简单的方式来描述"交换力"这种复杂的概念将会非常地困难。也许把它想象成两只饥饿的狗为了占有一块鲜美的骨头,它们从对方的嘴里把这美味的骨头抢过来,抢过去,这就是对它所能做到的最好的描述了。这块美味的骨头不断地从一只狗的齿间移到另一只狗的齿间,结果就是这两只狗被它拴得死死的。汤川的想法是,核子之间的引力是由于一场类似的争夺新的美味粒子的斗争。那种新粒子可能是电中性的,也可能带有一个正电荷或者一个负电荷。在这些情况下,新粒子的交换过程看起来就像图8-18所示的一样。

汤川指出,为了观察到核力的性质,我们需要假设这种新粒子的质量介于质子的质量和电子的质量之间,大约比前者轻10倍,比后者重200倍。没有人相信这些粒子的存在,就暂时把这种粒子叫作"汤川子"。直到许多年之后,加州理工大学的物理学家卡尔·安德森,他发现从上层大气射向地表的宇宙射线中存在质量在这个范围内的带正电和带负电的粒子。

由于这个发现,这个新粒子的名字经过了几个进化阶段。有时它被称作"重电子",有时则被称为"轻质子",之后又有人提议了"介子"(mesotron)这个名字,它是从希腊词汇mesos（μέσος）而来的,意思是

"在中间的"。

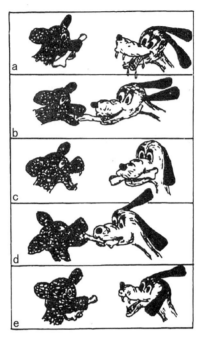

图8-18
两个核子之间交换一个介子（一块骨头）。

但是维尔纳·海森伯格的父亲是一位古典语言的教授，他提出异议，认为"tr"不应当出现在这个名字中。确实，"电子"（electron）这个名字是从希腊词汇electra（意思是"琥珀"）而来，而希腊单词mesos确实不包含"tr"。而法国物理学家不希望新粒子的名字和法语词汇maison（意为"家"）相混淆，所以在他们的抗议下，"汤川粒子"的名字最终被确定为"介子"（meson）。

一开始的时候，介子让物理学家十分头疼，因为它们在大气中的吸收量似乎有问题。对于具有极高能量的粒子（几十亿电子伏特）被不

356

同物质的吸收量应当仅取决于它们穿过的物质总量（质量）。确实，由于所有的原子、电子所具有的能量，伴随着它们与这些快速运动的粒子的撞击也可以被认为是自由的（参考讨论汤普顿效应的章节），在这个问题中电子的数量是关键变量，而并不是它们依附不同原子核的方式。因此，如果我们从一座高山的顶端和山脚下来测量宇宙射线的密度，密度的减少一定仅取决于在重力的作用下，从较低海拔到较高海拔沿竖直方向延展的空气柱的重量。我们说，如果这两个位置之间的大气压差为100毫米汞柱，这就意味着这部分空气柱的重量等于100毫米水银柱的重量，因此，穿过一层100毫米厚的水银的宇宙射线吸收量与穿过从山顶到山脚之间的空气层的吸收量一样多。这个规则对于宇宙射线电子十分适用，但是，它好像在新发现的粒子上却行不通。

1940年，布鲁诺·罗西等人在丹佛（海拔1616米）附近，接近埃文斯山顶端的回声湖（海拔3240米）进行了一个重要实验（图8-19），两个位置之间的大气压差为14.5毫米汞柱或者等价于2米水柱。他使用了两个一模一样的介子计数器——一个放在丹佛，另一个放在山上，后者被浸在湖面下2米深的地方[1]。因为在那种情况下，由于湖水产生的吸收量与山里湖和丹佛街道之间的空气层产生的吸收量相当，所以，两个计数器也应当显示出相同的结果。但是，实验结果与预期并不相符，位于丹佛的计数器显示的介子数总是会小很多。唯一可能的解释就是，除了被大气吸收这个原因以外，还有一个原因会减少到达地面的介子的数量。恩里科·费米提出这个效应也许是介子固有的不稳定性所造成的。事实上，如果介子在飞行过程中会发生分裂，那么成功穿过空间的

1.在真实的实验中，使用的是一块相当于2米水柱厚度的铁板，但是在这里写作美丽湖泊的参与显得更加地诗情画意。

这部分的多少将会由它们穿过空间的时间所决定。由于介子到达丹佛需要多走1624米的路程,而它们运行的速度实际上就是光速,所以,到达丹佛所需要的时间间隔为$\frac{1.6\times10^5}{3\times10^{10}}=5\times10^{-6}$秒。通过这个数据以及地面观测到的减少的强度值,可以计算出介子的半衰期,结果发现半衰期是由它们的速度所决定的。对于能量为250兆电子伏这种运动速度非常快的介子,它的半衰期大约为2×10^{-3}秒,而对于能量为100兆电子伏的运动速度较慢的介子,所观测到的半衰期仅为5×10^{-4}秒。

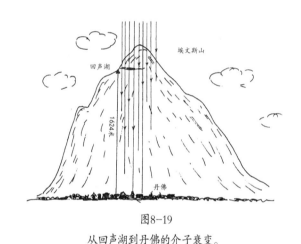

图8-19

从回声湖到丹佛的介子衰变。

这些现象为爱因斯坦的时间膨胀提供了第一个实验性证明,而且实验结果与公式$\Delta t'=\dfrac{\Delta t}{\sqrt{1-\dfrac{v^2}{c^2}}}$十分吻合。在接下来的实验中,还可以继续测量介子进入一块吸收材料静止了之后的半衰期,结果发现是一个更小的数据,仅为2.5×10^{-6}秒。如果宇宙射线中,快速运动介子的半衰期是这个值的话,那么,它们在高空大气中就会衰变,我们也永远也不会在地面上观测到它们了!

一个介子将要消失,这时会发生什么呢?这个问题只能通过介子轨迹的照片和它的衰变产物来回答。对于类似宇宙射线介子这种强穿透力的粒子的情况，没有必要使用云室，在任何情况下，借助气球或者火箭使它们飞上天空，都显得太过笨重了。而研究这些粒子的标准方法是利用涂有厚乳胶层[1]的相片底片。许多这种底片被堆叠成堆，当一个高能粒子穿透这一层层底片时，会对沿途经过的照相乳胶的敏感晶粒产生影响。在显微镜下观察冲洗好的照片，就可以看到变暗晶粒度细长的线条，可以显示出粒子的轨迹。一个复合材料厚乳胶相片如插图VIII所示，见上文，它上面记录了图片中最后一条轨迹发生的那一刻之前所发生的一系列事情。倒数第二段轨迹（从底部到左上部的那条）是一个介子的轨迹，可以通过计算每单位长度轨迹照相乳胶晶粒的数量来得到这个结论。最后一段轨迹（左边由上到下的那条）是一个普通电子的轨迹，在介子轨迹结束的位置产生了这个电子。电子被抛向相反的方向运动说明了一定还有一个粒子或者更多个粒子参与了衰变过程并继续向左飞去。而并没有看到其他轨迹的事实说明这些粒子一定是电中性的。之后，在这些结论引导的方向以及所涉及的能量方面展开了详细的研究，并得出一个结论，那就是，实际上存在另外两个粒子，中微子，它们都成为了我们的老朋友。因此，介子衰变可以通过下面这个方程来描述：

$$\mu^{\pm} \rightarrow \frac{\pm}{e} + 2\nu$$

其中，+和−对应于带正电的介子和带负电的介子。由于介子的质量是206倍电子质量，电子自然就是1个电子质量，而中微子实际上根本没有重量，所以205倍电子质量仍然无法解释。根据爱因斯坦的质能守

1.译者注：粒子径迹探测器中使用的照相乳胶后发展为核乳胶，主要成分是溴化银微晶体和明胶的混合物，与普通照相乳胶不同的是它含溴化银的量相对较多，晶粒更小，乳胶层更厚。

恒原理，这部分超出的质量会变成100兆电子伏左右的能量，在衰变中形成的粒子之间共享。

在介子第一次被发现的时候受到了广泛的赞誉，因为根据汤川的交换现象理论，这种粒子可以解释核子之间的凝聚力。但是，人们很快就发现事情根本不像想象中的那么简单。如果介子在轨迹上飞行时受到一块厚厚的吸收材料阻碍，速度减慢，很难引出介子会怎么做的相关问题。在这种情况下，带正电介子和带负电介子的命运应当相当不同。物质的带正电的原子核可以减慢正介子的速度，它们彼此之间相互排斥，它们会像无家可归的人一样漫无目的地游走，在几微秒以内，衰变成一个速度很高的正电子和一对中微子。而高能正电子会冲出障碍物，穿过厚块周围无数介子捕捉器组成的围墙当中的一个，并宣告一个正介子生命的终结。

另一方面，对于慢速的负介子来说，它会被其中一个原子核的一条量子轨道捉住，暂时性地充当原子系统中的一员。恩里科·费米和爱德华·泰勒的计算表明，这种捕捉的速度极其快，远早于慢速的介子轨道。由于玻尔量子轨道的半径与粒子的质量成反比，所以这个介子轨道会比最近的一条电子轨道小大约200倍，这个被捕捉的介子就会在非常接近原子核表面的周围运动，就像地球的卫星一样。一旦进入了轨道，这个介子面临着两个选择：它可以分裂成一个高速运动的负电子和两个中微子，障碍物周围的计数器会记录下这个负电子的死亡。但是，由于介子距离原子核太近，它也可能会被原子核吞掉。事实上，如果质子和中子之间的作用力是由于它们之间连续交换介子产生的，那么一定存在一个反应：

$$P^+ + \mu^- \to n^0 + \nu^0$$

从核力的强度可以估算出这应当是一个极其快速的反应，发生时间仅有大约10^{-22}秒。由于介子的自然衰变需要的时间大约为10^{-6}秒，因此，实际上，所有介子在自然死亡以后都应该被原子核吞噬很长一段时间。10^{16}个介子中最多只有一个介子在被吞噬之前有机会分裂成一个电子和一个中微子。因此，介子减速装置中就不会有负电子辐射出来。但是实验证据与这个结论大相径庭。尽管从减速装置射出的负电子数量要小于正电子的数量，对于一些材料来说，它们之间是2倍关系，而对于另一些材料则是10倍的关系，当然不会小到10^{16}倍！这意味着原子核对介子的吸引力要比汤川描述的产生足够强的交换力所需的强度要小几千万亿倍。所以我们现在能做什么呢？先是预测有介子的存在，然后介子被发现，但是它们很明显不是所预测到的那种介子，原子核对它们的兴趣还不及狮子对干草的兴趣呢！

1947年，英国物理学家C·F·鲍威尔在高层大气的气球中拍下的一张厚乳胶照片对这个状况提供了帮助。这张照片中显示出两条轨迹的末端连到了一起。其中一条轨迹是质量为206的普通介子，而另一条轨迹一定是由质量为273带同种电荷的粒子产生的。这个较重的粒子一开始被称为"重介子"（这听起来就像是"重中量级拳击手"），不过很快更名为"π介子"（或者"pion"），而前面发现的"轻介子"则被更名为μ介子（或"muon"）。

之后的研究表明，一个带正电或者带负电的π介子会衰变成一个（带正电或者带负电的）μ介子以及一个中微子，所依据的方程式如下：

$$\pi^{\pm} \rightarrow \mu^{\pm} + \nu^{0}$$

它们产生于大气的上边缘,是基本宇宙射线(主要包括高能质子)撞击原子核的结果,它们的半衰期(2.6×10^{-8}秒)如此短以至于即使在爱因斯坦时间膨胀理论的帮助下,它们也永远到达不了地球的表面。插图VIII的上图显示的就是用原始宇宙射线质子撞击照相乳胶底片上的一些原子核,产生的一群π介子,它们之中一个π介子的轨迹连续转变成为一个μ介子以及一个电子。μ介子的类型只有两种: μ^{+}和μ^{-}, 而π介子有三种: π^{+}、π^{-}和π^{0}, 而最后这种π介子会分裂成两个高能辐射量子:

$$\pi^{0} \rightarrow 2\gamma$$

而π^{0}的半衰期只有10^{-16}秒。

在接下来的几年时间里,越来越多不同种类的粒子被发现落在了物理学家的头上。出现了一种质量为965倍电子质量的K介子,还有比质子还要重的几种粒子,被取名为"重核子"。它们的名字、衰变方式以及半衰期在表1中显示出来,而且不能保证在不久的将来不会发现更多新成员。

表1　物质基本粒子的性质

（表格中的绿色标注的符号不对，参照英文原书321页）

名称及符号	质量（换算成电子质量）	平均半衰期（单位为秒）	衰变过程	质量（换算成$137m_e$）
Xi; 三$^\pm$	2585	10^{-10}	$\Lambda^0+\pi^\pm$	18.88
Sigma; $\Sigma^\pm$	2330	10^{-10}	$n+\pi^\pm$	17.02
Lambda; Λ^0	2182	2.7×10^{-10}	$p+\pi^-$或$n+p^+$	15.92
中子; n	1838.6	10^3	$p+e^-+\nu$	13.40
质子; p	1836.1	稳定		13.40
Tauon; $\tau^\pm$	966.5	10^{-8}	$\pi^\pm+\pi^0+\pi^0$, 等等。	7.05
Theton; θ^0	965	10^{-10}	$\pi^0+\pi^0$或$\pi^++\pi^-$	7.05
π介子; $\pi^\pm$	273.2	2.6×10^{-8}	$\mu^\pm+\nu$	1.995
π介子; π^0	264.2	10^{-16}	2γ	1.928
μ介子; $\mu^\pm$	206.7	2.2×10^{-6}	$e\pm+2\nu$	1.511
电子; $e^\pm$	1	稳定	–	–
中微子; ν	0	稳定	–	–

　　基本事件的照片变得越来越复杂，其中一张图片就是插图VIII的下图。这张图片是由一种新设备——"气泡室"所拍摄的，某种程度上说，"气泡室"与云室相反。它并不是要在气体中产生液滴，而是要利用在液体介质，比如液氢中形成的气体气泡。尽管我们关于基本粒子的真实信息正在急剧增长，但是当我们在试图理解它们的过程中就会碰到一堵坚固的墙，而至今为止朝这个方向发展的所有理论都还是纯粹的现象学本质。

镜中世界

当你找到左脚的一只鞋子，你会肯定右脚的另一只鞋就在这附近的某个地方,也许就在床底下或者沙发底下。手套以及许许多多其他的配对也是一样的。但是无论是男人还是女人,他们的心脏都是在身体的左侧,而其他附件器官则是在右边。生物学一个更基本的事实是,所有由蛋白质分子组成的生命体都是左旋对称的,像阿米巴虫,人类,青鱼或者玫瑰丛之类的。地表上不存在右旋对称的植物或者动物世界。非常奇特的是,因为每当有机化学家用元素合成蛋白质时,他都会得到50%的左旋分子以及50%的右旋分子。也许我们地球上生命进化的早期阶段存在着两个世界:一个是左旋的世界,一个是右旋的世界。而二者不能和谐相处或者甚至会对彼此造成威胁,终于在一次战斗过后,其中一方被完全毁灭了。

但是,在常规物理学中,总是满足镜面对称原理(被称为"奇偶性"原理),对于任何一个物理过程总能发现另外一个过程,看起来和第一个过程的镜像一模一样。1956年,两位年轻的美国华裔物理学家——杨振宁和李政道,他们提出:基于理论的考虑,对于基本粒子的情况,这个原则可能不成立。

正如前面几次提到的,基本粒子,特别是中子,可以被认为是绕着它们自身转轴旋转的小陀螺。当然,这个自旋既可以是顺时针也可以是逆时针,并且可以通过简单地把头尾颠倒就能将两种运动状态进行相互转换。中子衰变释放出的电子会优先沿着它的转轴飞行,人们相信释放出的电子在两个方向(比如,对于北极或者南极来说)具有相同的概率。如果这是真的,那么奇偶性原理是能得到满足的,衰变的中子的镜像与原始状态一模一样,因为只要把其中一个上下颠倒就能使二者重合。但是,如果释放出的电子总是沿着一个方向(图8-20a),情况就完全不同了。事实上,看着镜子里的中子衰变图像(图8-20b),我们就会发现没有办法将它颠倒而与原状态重合。如果在这两种情况中，电子都是被向上发射的，正如图8-20中所示，那么这两个中子是按照相反方向旋转的。如果我们把其中一个，镜像或是实体（在脑海中）上下颠倒时，这时，两个电子释放的方向则是相反的。奇偶性原则就会被打破，镜子中另一边基本粒子的行为就与镜子前面的基本粒子行为就不一致了。

　　为了测试杨振宁和李政道的猜想，展开了一个直接实验，目的是找出在中子自旋方向和电子放射方向之间是否存在任何联系。一个β衰变的放射性物质被冷却到一个非常低的温度，然后被放置于一个强磁场当中。在这些条件下，当热搅动基本停止之后，所有原子都沿着磁力线朝向同一个方向。如果电子从相对于中子转轴的两个方向被等量地释放，那么从磁铁的南极和北极都能观察到等量的飞行电子。然而，这个实验却导向一个完全相反的结论，正如杨振宁和李政道所预测的，所有电子都朝同一个方向射出。不久之后，对于μ介子衰变也获得了同样的结果。

图8-20
中子衰变的镜像。

这就是奇偶性原理的坍塌。在基本粒子的世界中，被证明是不平衡的。那么对应于"镜中世界"物理学，它的另外一半在哪里呢？我们不得而知，在理解基本粒子的基本性质之前都将一直困惑下去。

物理学的未来

从前面说的内容我们清楚地知道，物理学的未来在于对基本粒子的进一步研究和理解上，虽然现在这一领域中的实验性进展正在顺利进行，但是实际上理论仍停滞不前。2500年前，德谟克利特提出了"物质是由微小离散部分组成的"这个假说，我们现在对那个假说的正确性越来越信服。仅仅大约在半个世纪之前，我们了解到能量也具有一个"原子"构型，现在我们将其称为能量量子。在最近的60年中，物理学家学习着如何将不同类别的能量量子化。在电磁辐射的情况下，能量的取值只能是nh_v，其中 v是振动频率，n是一个整数。在一个简单的氢原子核中，不同量子状态的能量等于$1/n^2$，随着n的变化而变化，其中n为正整数。对于其他的原子，薛定谔和狄拉克的方程给出了更复杂也更准确的答案。但是，对于物质粒子的情况，我们依然处于一种完全一无所知的状态。我们不知道为什么电子的电荷总是同一个值：4.77×10^{-10}esu。对于为什么粒子的质量是量子化的（表1中可以看出相关数值），我们完全不知道。而至于为什么物质应该是由不可分割的粒子构成而这些粒子不是真正连续的，我们也没有比德谟克利特更好的想法了。

上面这些问题的答案会建立起未来的物理学，但是过去的几十年中，在获得这些答案上还没有成功地前进一步，也没有人能预测何时会迎来这个突破。不过，我们不应当责备在思索这种类型问题的人，虽然他们还不知道正确答案。让我们以基本电荷e为例,我们都知道,e^2除以光速c与量子常量h的乘积是一个纯数字或者说是一个无量纲的常数,这意味着无论我们是用厘米–克–秒的单位制来表示e, c和h, 还是用英寸–磅–小时来表示或者是用任何其他单位制系统(假设都是常用的单位),这个比值将会保持不变。这个比值被称为"精细结构常数",因为它出现在将巴尔莫线系划分为几个非常接近部分的描述中,它的数值大约等于1/137。为什么是137, 不是75或是533呢? 物理公式的数值系数总具有一些数学上的意义。比如说, 如果研究钟摆的周期斜体,摆长斜体以及重力加速度斜体之间的关系, 无论使用何种单位, 总会得到这么一个公式:

$$T = 6.283\sqrt{\frac{l}{g}}$$

数字6.283是什么意思? 如果有人试图将它与数学当中的不同数字联系起来, 会发现它的结果实际上就是2π。确实, 如果用理论力学公式来推导这个周期公式的话, 我们会发现公式中的系数一定是2π。相似地, 通过包含c和h的相对论量子理论的公式推导出基本电荷的表达式, 就可以得到"比值hc/e^2('精细结构常数'的倒数)是某个数值上等于137的特定数学表达式所给出的"这一结论。但是, 现在没有人知道如何得出这样一个理论, 不难猜测, 6.283是$2\times3.141\cdots\cdots$的结果, 不过137是何方神圣, 这就真的很难猜了!

在很多年前, 为恒星内部结构理论做出无价贡献的阿瑟·爱丁顿爵士为了解释137而做了一次勇敢尝试。他的论证粗略地记录如下: 我们生活在一个四维的世界中(x, y, z, ict), 而4×4=16。因此, 让我们建立一个矩阵, 即一个方形网格, 一共有16行和16列。让我们进一步假设这个矩阵关于它的对角线是"对称的"，即第n行第m列方格的内容等于第m行第n列方格的内容。这样的话，我们有多少个独立的方格呢？这并不难计算。整个矩阵一共有16×16=256个方格。其中，16个方格在对角线上，减去它们之后，还剩下240个方格。因此，对角线上下每个三角形区域分别有120个方格。由于对角线上下两部分的方格是对应相等的，所以这一部分有120个独立方格，再加上对角线上的16个方格，一共是136方格。爱丁顿通过这个关系首先推导得到这个结果时，当时人们都认为经验值应该是136。但是几年之后，更精确的测量结果将这个值增加到了137，这迫使爱丁顿不得不再提出一个"修正理论"来实现这个附加单位的增补。

由G·贝克、H·贝特和W·里茨勒尔所撰写的一篇很短的论文中，爱丁顿的这个想法遭到了嘲讽，这篇论文于1931年1月9日发表在德国杂志《自然期刊》上。这篇论文试图说明做数字游戏是多么危险的行为，摘录如下：

"关于零点温度量子理论的一些探讨"

让我们考虑一个六面体晶格，它的绝对零点是通过凝固它的所有自由度决定的，当然，除了玻尔轨道上电子的运动不需要被控制以外。根据爱丁顿的说法，每个电子占据 $\frac{1}{a}=137$ 个自由度。除了电子之外，这个晶体内也包含相同数量的质子。为了达到零点温度，每对核子（一个质子加一个电子）的自由度为 $\frac{2}{a}-1$，减掉一个自由度是因为电子在它的轨道上运行期间，有一个自由度被凝固了。因此，我们得到的零点温度是：

$$T_0 = -(\frac{2}{a}-1)\text{度}$$

假设 $\frac{1}{a} = 137$，我们得到的零点温度为：

$$T_0 = -273 \text{ 度}$$

这个数值与经验数值十分相符。我们需要注意，我们的结果不受某种特殊晶格的选择限制。

当然，上述137和273这两个数字的关系仅仅是个巧合，因为137是个真正的纯数字，而绝对零度的数值是有很多的，这取决于我们用的是摄氏度、华氏度还是列氏温度。这篇论文发表之后，柏林的一位物理学家告诉这个杂志的编辑：这是一个骗局，他还写了一封言辞激烈的信给这篇论文的作者们，他们这些作者当时是在剑桥大学工作。他们随即很谦虚地进行了回复，内容是说作者对这个误会感到十分抱歉，但是他们确信这篇论文会被认为是对某些物理学家提出他们的理论方式的一种拙劣模仿。因此，在《自然期刊》下一期上，编辑写了一段声明，希望所有读者可以理解，贝克、贝特和里茨勒尔的文章只是在拙劣地模仿。这时，阿瑟·爱丁顿爵士就爆炸了！

上文提到的诗人弗拉基米尔·亚历山大·福克在当时创作了下面的一首诗[1]：

137——1840

虽然我们可以随意计算出它的大小，

我们几近疯狂，也已精疲力竭，

但是137仍然对于我们，

依然是个神秘的未知世界。

但是，爱丁顿说他想明白了，

1.由B·P·G从原始的俄罗斯化德文翻译成英文诗句。

并对讥讽他的那些人说：

这是世界的维度，

难道不可能吗？

就是你和我所在的这个世界？

就是这个阿瑟·爱丁顿所在的世界？

就是这个我们身临其境的世界？

哦，天呐！他是认真地说吗？

我自己也有个神秘数字，

（我享受针锋相对的瞬间）：

我告诉你，就是一千八百四十。

这是个严谨的数字，

阿瑟，相比之下你的就显得微不足道了吧！

这对于你的来说，就是宏伟帝国！

我的1和8和4和0

是否适合我们未知的世界，

它的演出永远不会停歇！

在我下面的灶台上，

让这4个数字耀眼地发光吧！

让魔鬼困惑去吧！

　　所有这些都发生在大约30年前，但是今天我们仍不知道为什么这个数字是137，而不是其他别的什么数字。并且爱丁顿的"解释"到底是由于一个纯粹的巧合还是有真实的元素在里面。当然，我们可以把爱丁顿的努力归类到"数字命理学"当中, 这在今天蕴含着某种不好的暗示, 但是还有个更确切的词汇: "数字理论", 这是纯数学的很大又备受推崇的一个分支。在物理学家为了解决自然界的谜题而努力的过程中, 他们总是求助于纯数学, 而在许多情况下, 因此都获得了答案。当爱因斯坦想把重力解释为四维时空连续统的曲率变化时, 他发现等待他的是弯曲多维空间的黎曼理论。当海森堡寻找一些不寻常的数学来描述一个原子中的电子运动时, 非交换代数已经准备好了。只有数论和拓扑(拓扑学)仍保持着纯数学的模样, 而没有被应用到任何物理学问题中。它们会不会就是我们在未来寻找而且能够帮助我们理解自然界谜题的工具呢?

但是, 回到物理学未来的问题上, 你可能会发现解释基本粒子的质量比解释它们的电荷还要困难一些。事实上, 用速度(c)、函(h)以及一个常数表示质量的任何公式, 一定还会包含一个长度量。公式可以写作:

$$mass = A \times \frac{action}{velocity \times length}$$

其中A是某个合理的数值, 比如说1, $\sqrt{2}$, $\frac{3}{5}\pi$, $\frac{1}{2}\pi^2$, 等等。如果我们把A取作1, 函等于h(6.55×10^{-27}), 并且速度等于c(3×10^{10}), 想要获得一个物质粒子的平均质量, 即一个介子的质量(2×10^{-25}), 就像我们必须使长度大约等于10^{-12}厘米。当然, 如果A不等于1, 而是(约等于6)或者(约等于10), 那么长度就会更小, 约为10^{-13}厘米。根据经典电动力学理论计算出来的"电子的半径"为2.8×10^{-13}厘米, 而在两个粒子之间开始产生核力的距离为1.4×10^{-13}厘米。因此, 看起来是10^{-13}厘米几倍的长度在基本粒子的问题上有一个根本的意义。

几十年过去了，当前理论物理学家已经开始指望10^{-13}厘米数量级的长度（通常被称为λ），在未来的理论发展中可以充当基本长度的身份。就像c是相对论理论中可能达到的最高速度，h是量子理论中可能作用的最小角动量，λ在将来的物质理论中可以成为一个可能达到的最短距离。也就是说，它将会是"一个数学上的点的直径"，谈及比这个数字更小的距离则没有意义。这个可能性是一个非常有趣也令人振奋的梦想，它很可能会实现，但是没人知道，它何时才会实现。

为了在本书的最后达到一个戏剧性的结论，反正我们也已经为此写了这么多，我们可以得到一个在基本粒子领域观察到的"数字命理学"关系。我们不能理解137的含义，所以让我们试着用137倍电子质量来表示所有基本粒子的质量。在表1中显示出这个结果（第x页）；我们发现所有这些数字都极其接近于整数，有两个数是例外的，它们是介于两个整数之间。这可能是偶然，但是这种偶然出现的概率是几十亿分之一！而且，如果这并不是一个偶然，它又包含怎样的意义呢？在一些合理的理论的基础上可以解释这个"神圣数字"的序列吗？

19; 17; 16; 13½; 7; 2; 1½

比如说，这有可能与数字理论、质数序列或是更复杂的数列有某种联系吗？还是它与拓扑学相关，与四维多面体的顶点、边、面和空间边界的个数有联系呢？我们不得而知。但是让我们期望，后代物理学家的工作成果能将这些问题变成一个成功的答案。

参考文献

那些从过去伟大物理学家们的著作中引用的内容主要来自以下资料：

《一本希腊科学的资料书》作者M·R·科恩，以及I·E·德拉布金。麦格罗-希尔出版社，纽约，1948。

《关于世界体系的对话》作者伽利略·伽利莱。芝加哥大学出版社，1953。

《艾萨克·牛顿爵士的自然哲学的数学原理以及他的世界系统》加利福尼亚大学出版社，1934。

《光的色彩》作者艾萨克·牛顿爵士。阿瑟·贝尔父子有限公司，伦敦，1931。

《达拉第日记》为英国皇家学会出版，阿瑟·贝尔父子有限公司，伦敦，1932。

图书在版编目（CIP）数据

物理大师：从伽利略到爱因斯坦 / (美) 乔治·伽莫夫著；金歌译.

— 北京：团结出版社，2019.11

ISBN 978-7-5126-7512-4

Ⅰ.①物… Ⅱ.①乔…②金… Ⅲ.①物理学家–生平事迹–世界

Ⅳ.①K816.11

中国版本图书馆CIP数据核字(2020)第000432号

出版：团结出版社

（北京市东城区东皇城根南街84号 邮编：100006）

电话：(010) 65228880　　65244790　（传真）

网址：www.tjpress.com

Email：zb65244790@vip.163.com

经销：全国新华书店

印刷：大厂回族自治县德诚印务有限公司

开本：148×210　1/32

印张：12

字数：265千字

版次：2020年6月　第1版

印次：2022年7月　第2次印刷

书号：978-7-5126-7512-4

定价：48.00元